dtv

TIM MARSHALL

ABSCHOTTUNG

Die neue Macht der Mauern

Aus dem Englischen
von Hans-Peter Remmler

Mit Karten und Abbildungen

dtv

Ausführliche Informationen über unsere Autoren und Bücher www.dtv.de

Dieses Buch ist auch als E-Book erhältlich.

Von Tim Marshall außerdem bei dtv:
Die Macht der Geographie. Wie sich Weltpolitik anhand von 10 Karten erklären lässt
Im Namen der Flagge. Die Macht politischer Symbole

MIX
Papier aus verantwortungsvollen Quellen
FSC www.fsc.org FSC® C083411

dtv Verlagsgesellschaft mbH & Co. KG, München

Titel der englischen Originalausgabe:
›Divided. Why We're Living in an Age of Walls‹
(Elliot and Thompson Limited, London 2018)

Satz: Greiner & Reichel, Köln
Druck und Bindung: CPI Ebner & Spiegel, Ulm
Gedruckt auf säurefreiem, chlorfrei gebleichtem Papier
Printed in Germany · ISBN 978-3-423-28981-8

Für meine Mutter Margaret McDonald,
die ihr ganzes Leben mit dem Bau
von Brücken zugebracht hat

INHALT

EINLEITUNG

Die Grenzmauer zwischen Israel und dem Westjordanland gehört zu den abschreckendsten und feindseligsten Grenzbefestigungen der Welt. Aus der Nähe, ganz gleich von welcher Seite, ragt sie unmittelbar vor dem Betrachter auf, bedrückend und überwältigend. Vor dieser blanken Wand aus Stahl und Beton kommt man sich winzig vor, nicht nur wegen ihrer schieren Größe, sondern vor allem wegen ihrer Aussage. Auf der einen Seite stehst du – auf der anderen »die«.

Vor 30 Jahren wurde eine Mauer niedergerissen – ein Ereignis, das ein Zeitalter der Weltoffenheit und Internationalität einzuläuten schien. 1987 trat Präsident Ronald Reagan ans Brandenburger Tor im geteilten Berlin und rief seinem Gegenüber in der Sowjetunion jenen berühmten Satz zu: »Mister Gorbatschow, reißen Sie diese Mauer ein!« Zwei Jahre später fiel die Mauer tatsächlich. Berlin, Deutschland und dann auch Europa waren wieder vereint. Aufregende Zeiten waren das, und nicht wenige Intellektuelle sahen schon ein Ende der Geschichte kommen. Allein, Geschichte endet niemals.

Seit ein paar Jahren geht der Ruf nach dem Einreißen von Mauern zusehends in der allgegenwärtigen Festungsmentalität unter. Er wird kaum noch vernommen, kommt nicht mehr an gegen die erschreckenden Ausmaße der Massenmigration, den Widerstand der Globalisierungsgegner, den wiedererstarkten Nationalismus, den Kollaps des Kommunismus und all die Spätfolgen der Anschläge vom 11. September 2001. Diese Verwerfungen werden unsere Welt auf Jahre hinaus prägen.

Allenthalben sehen wir, wie neue Grenzmauern hochgezogen werden. Offenbar fühlen wir uns gespaltener denn je – Globalisierung hin, technologischer Fortschritt her. Überall auf der Welt sind im 21. Jahrhundert Tausende Kilometer an neuen Mauern und Zäunen entstanden. Mindestens 65 Länder, mehr als ein Drittel aller Staaten der Welt, haben Barrieren an ihren Grenzen errichtet. Die Hälfte aller Grenzbefestigungen, die seit dem Zweiten Weltkrieg entstanden, datieren aus dem Jahr 2000 und danach. Innerhalb weniger Jahre könnten die Staaten Europas von mehr Kilometern an Mauern, Zäunen und Barrieren umgeben sein, als es zum Höhepunkt des Kalten Kriegs gab. Es begann mit den Grenzen zwischen Griechenland und Mazedonien, Mazedonien und Serbien, dann Serbien und Ungarn, und – der Schrecken ob der neuen Stacheldrähte war kaum gewichen – es ging immer so weiter. Slowenien schloss die Grenze zu Kroatien, Österreich schottete sich von Slowenien ab, Schweden errichtete Barrieren gegen illegale Einwanderer an der Grenze zu Dänemark. Estland, Lettland und Litauen wiederum haben allesamt begonnen, Verteidigungsstellungen an der Grenze zu Russland aufzubauen.

Dabei sind die Europäer gewiss nicht die Einzigen: Die Vereinigten Arabischen Emirate haben einen Zaun an der Grenze zum Oman gebaut, Kuwait desgleichen an der Grenze zum Irak. Den Irak trennt eine massive Grenze vom Iran, dasselbe gilt für die kompletten 700 Kilometer zwischen Iran und Pakistan. In Zentralasien hat sich Usbekistan, obwohl komplett landumschlossen, von seinen fünf Nachbarn Afghanistan, Tadschikistan, Kasachstan, Turkmenistan und Kirgisistan abgeschottet. Die Grenze zu Tadschikistan ist sogar vermint. Und so geht es immer weiter, über die Barrieren, die Brunei von Malaysia, Malaysia von Thailand, Pakistan von Indien, Indien von Bangladesch, China von Nordkorea, Nord- von Südkorea trennen, und wo sonst noch auf der Welt.

Wir haben jede Menge Gründe, Mauern zu bauen – Reichtum, »Rasse«, Religion, Politik. Hier und da entzündet sich an diesen Trennlinien auch Gewalt, und Mauern werden gebaut als Schutz oder zur Verteidigung. Bisweilen sollen Mauern bestimmte Menschen fernhalten. Oder es werden gar keine physischen Mauern aufgestellt, und dennoch spüren wir die Trennung; es ist die Mauer in unseren Köpfen. Und diese unsichtbaren Barrieren sind oftmals nicht minder wirkungsvoll.

All diese Mauern sagen uns eine Menge über internationale Politik, doch die Ängste, für die sie stehen, gehen weit über die Staatsgrenzen hinaus, an denen sie errichtet wurden. Der Hauptgrund für die Mauern, die überall in Europa aus dem Boden schießen, ist das Aufhalten der Migrationswelle – zugleich aber sagen sie sehr viel aus über die tiefgreifende Spaltung und die Instabilität innerhalb der Europäischen Union und innerhalb der Mitgliedsstaaten selbst. Die von Präsident Trump angekündigte Mauer an der Grenze zwischen den USA und Mexiko soll Migranten aus dem Süden stoppen, nutzt jedoch auch eine tiefer liegende Furcht vor demographischen Veränderungen, die viele seiner Anhänger umtreibt.

Trennlinien prägen die Politik auf allen Ebenen – auf der persönlichen, der lokalen, der nationalen und der internationalen. Wir müssen uns aber darüber im Klaren sein, was uns getrennt hat und uns weiterhin trennt. Nur dann können wir verstehen, was in der Welt von heute vor sich geht.

Denken Sie an den Anfang des Films ›2001: Odyssee im Weltraum‹, jenes Science-Fiction-Meisterwerk von Stanley Kubrick aus dem Jahr 1968. Die Sequenz ist betitelt mit ›The Dawn of Man‹, Aufbruch der Menschheit. In der prähistorischen afrikanischen Savanne hat sich eine kleine Horde Menschenaffen friedlich an einem Wasserloch versammelt, als eine andere Horde auftaucht. Unsere tierischen Urahnen teilen, was sie haben, gerne innerhalb der eigenen Gruppe – aber nicht mit dieser anderen, fremden,

»neuen« Gruppe. Unter großem Gekreische entwickelt sich ein Kampf, in dessen Verlauf die neue Horde das Wasserloch erobert und die bisherigen Besitzer vertreibt. Hätten die Neuankömmlinge zu diesem Zeitpunkt den Verstand besessen, ein paar Ziegelsteine zu fertigen und etwas Zement anzurühren, wären sie in der Lage gewesen, ihren neuen Besitz mit einer Mauer vor Konkurrenten zu schützen. Da das Ganze jedoch vor ein paar Millionen Jahren spielt, bleibt ihnen nichts anderes übrig, als sich dem nächsten Kampf zu stellen, als die erste Horde, diesmal mit Knochen bewaffnet, ein paar Tage später zurückkommt, um ihr Territorium zurückzuerobern.

Sich zu Gruppen zusammenzuschließen, durch Fremde in großer Zahl alarmiert zu sein oder auf wahrgenommene Bedrohungen zu reagieren, all dies sind zutiefst menschliche Verhaltensweisen. Wir schließen Bündnisse, die fürs Überleben wichtig sind, aber auch für den sozialen Zusammenhalt. Wir entwickeln eine Gruppenidentität, was nicht selten zu Konflikten mit anderen führt. Unsere Gruppen konkurrieren um Ressourcen, aber das Ganze hat auch Elemente eines Identitätskonflikts – die alte Geschichte des »wir« auf der einen Seite und »die« auf der anderen.

In der Frühgeschichte der Menschheit waren wir Jäger und Sammler: Wir hatten uns weder irgendwo angesiedelt noch permanente, feste Ressourcen angeeignet, die Begehrlichkeiten bei »den anderen« hätten wecken können. Dann begannen in der Region, die wir heute als Türkei und den Nahen Osten kennen, die Menschen mit der Landwirtschaft. Anstatt auf der Suche nach Nahrung weit umherzustreifen oder Vieh zu weiden, pflügten sie Felder und warteten ab, was dabei herauskam. Plötzlich (im Kontext der Evolution) sahen sich immer mehr von uns genötigt, Barrieren zu errichten: Wände und Dächer als Behausung für uns selbst und für das Vieh, Zäune zum Abstecken unseres Geländes, Festungen, in die man sich zurückziehen konnte, falls Eindringlinge das Territorium überrannten, und Wachposten zum Schutz des neuen Systems. Das Zeitalter der Mauern war über uns gekommen und hat für lange Zeit unsere Vorstellungswelt geprägt. Noch heute erzählen wir uns Geschichten über die Mauern von Troja, Jericho, Babylon, die Chinesische Mauer, Groß-Simbabwe, den Hadrianswall, die Mauern der Inka in Peru, Konstantinopels Mauern und viele andere mehr. Sie erstrecken sich durch alle Zeiten, Regionen und Kulturen, bis auf den heutigen Tag – nur kommen jetzt auch noch Suchscheinwerfer, Elektrizität und Überwachungskameras dazu.

Diese physischen Trennlinien finden ihre Entsprechung in den Köpfen – gemeint sind die großen Ideen, die unsere Zivilisationen geleitet und uns ein Gefühl der Zusammengehörigkeit vermittelt haben, etwa das große Schisma des Christentums, die Aufspaltung des Islam in Sunniten und Schiiten und in jüngerer Vergangenheit die titanischen Schlachten zwischen Kommunismus, Faschismus und Demokratie.

Der Titel von Thomas Friedmans Buch ›Die Welt ist flach‹ aus dem Jahr 2006 basierte auf dem Glauben, die Globalisierung würde uns unweigerlich näher zusammenbringen. Das hat sie in der Tat, aber sie hat uns auch inspiriert, Barrieren zu errichten. Angesichts wahrgenommener Bedrohungen – Finanzkrise, Terrorismus, gewaltsame Konflikte, Flüchtlinge, Einwanderung, die immer tiefer werdende Kluft zwischen Arm und Reich – klammern sich die Menschen noch fester an ihre jeweilige Gruppe. Mark Zuckerberg, der Mitbegründer von Facebook, nahm an, die sozialen Medien würden uns einen. In mancherlei Hinsicht taten sie das auch, gleichzeitig haben sie jedoch neuen Cyber-Sippen eine Stimme und eine Operationsbasis verliehen, und manche davon verbringen ihre Zeit größtenteils damit, ihre beleidigenden und spalterischen Äußerungen im World Wide Web auszukotzen. Heute scheint es mindestens so viele Sippen und entsprechend viele Konflikte zwischen diesen zu geben wie eh und je. Die Frage, vor der wir heute stehen, lautet: Welche Gestalt nehmen unsere modernen Sippen, Gruppen, Horden am Ende an? Definieren wir uns nach Gesellschaftsschicht, nach Abstammung, nach Religion, nach Nationalität? Und ist es für diese Gruppen überhaupt möglich, in einer Welt zu koexistieren, in der wir immer noch die Vorstellung von »wir und die anderen« pflegen?

Manchmal sprechen »die anderen« eine andere Sprache, haben eine andere Hautfarbe, eine andere Religion oder überhaupt andere Glaubensgrundsätze. Ein entsprechendes Beispiel konnte ich vor kurzem in London beobachten, als ich mit einer Gruppe junger Journalisten aus aller Welt zusammen war, die ich bei einer Schulung betreute. Ich hatte den Iran-Irak-Krieg erwähnt, in dem bis zu einer Million Iraner ihr Leben gelassen hatten, und benutzte irgendwann die vielleicht etwas unglückliche Formulierung »Moslems töten Moslems«. Ein junger Journalist aus Ägypten sprang auf und rief, er könne nicht zulassen, dass ich so etwas sage. Ich verwies auf die statistischen Daten zu jenem furchtbaren Krieg, und er gab zurück: »Ja, aber die Iraner sind doch gar keine Moslems.« Da fiel bei mir der Groschen, und ich sackte innerlich zusammen. Die Iraner sind mehrheitlich Schiiten, ich fragte ihn also: »Wollen Sie damit sagen, Schiiten seien keine Moslems?« »Genau, Schiiten sind keine Moslems«, lautete seine Antwort. Derlei Spaltungen haben nichts mit dem Streit um Ressourcen zu tun, sondern nur mit dem Beharren darauf, das jeweils eigene Denken stelle die einzige, absolute Wahrheit dar, und Menschen, die diese Ansicht nicht teilen, seien von minderem Rang. Bei solcher Gewissheit über die eigene Überlegenheit wachsen Mauern schnell. Kommt dann noch der Kampf um Ressourcen dazu, werden die Mauern nur noch höher. Genau an dem Punkt scheinen wir nun angelangt zu sein.

In diesem Buch steht der Begriff »Mauer« nicht nur für Mauern aus Stein, sondern für Barrieren, Zäune und Trennlinien aller Art. Wir sprechen in jedem einzelnen Kapitel von physischen Mauern – für die meisten davon braucht es Bausteine und Mörtel, oder Beton und Drahtzäune –, aber diese Mauern beschreiben das »Was« einer Spaltung, nicht das »Warum«, und sie sind erst der Anfang.

Ich konnte nicht auf jede geteilte Region der Welt eingehen.

Vielmehr habe ich mich auf diejenigen konzentriert, an denen sich die Herausforderungen in Bezug auf die (eigene) Identität in einer globalisierten Welt am besten aufzeigen lassen: die Auswirkungen der Migration (USA, Europa und der indische Subkontinent); Nationalismus als zugleich einende und trennende Kraft (China, Großbritannien, Afrika) und die Schnittstellen von Religion und Politik (Israel und der Nahe Osten).

In China sehen wir einen starken Nationalstaat mit einer ganzen Reihe von Spaltungen innerhalb der eigenen Grenzen – etwa regionale Unruhen und das Wohlstandsgefälle –, die eine Gefahr für die nationale Einheit darstellen, den wirtschaftlichen Fortschritt und die Wirtschaftskraft insgesamt bedrohen; deshalb muss die Regierung das Volk der Chinesen unbedingt unter strenger Kontrolle halten. Auch die USA sind gespalten, wenn auch aus ganz anderen Gründen: Die Ära Trump hat die Rassenkonflikte im »Land of the Free« verschärft, aber auch einen in dieser Heftigkeit nie gesehenen Riss zwischen Republikanern und Demokraten offengelegt, die sich unversöhnlicher denn je gegenüberstehen.

Die Bruchlinien zwischen Israel und Palästina sind nur zu bekannt. Bei den vielen weiteren Unterteilungen innerhalb der einzelnen Bevölkerungsgruppen ist es nahezu unmöglich, auch nur zu versuchen, sich einer Lösung anzunähern. An religiösen und ethnischen Grenzlinien entzündet sich Gewalt im gesamten Nahen Osten und unterstreicht dabei den zentralen Disput zwischen schiitischen und sunnitischen Muslimen – jeder einzelne Vorfall ist das Ergebnis komplexer Faktoren, aber vieles davon lässt sich auf die Religion zurückführen, insbesondere die regionale Rivalität zwischen Saudi-Arabien und dem Iran. Auf dem indischen Subkontinent offenbaren Wanderungsbewegungen heute und in den kommenden Jahren die Not derjenigen, die vor religiöser Verfolgung fliehen, aber auch der zahlreichen Wirtschafts- und Klimaflüchtlinge.

In Afrika erweisen sich die vom Kolonialismus hinterlassenen Grenzen als kaum vereinbar mit der nach wie vor starken Identität der verschiedenen Volksstämme. In Europa ist der Grundgedanke der EU in Gefahr, während neue Mauern hochgezogen werden. Diese zeigen, dass die Differenzen aus der Zeit des Kalten Kriegs keineswegs vollständig überwunden sind und der Nationalismus im Zeitalter des Internationalismus niemals wirklich gewichen ist. Und während Großbritannien der EU den Rücken kehrt, deckt der Brexit Bruchlinien im gesamten und gar nicht so vereinigten Königreich auf – lang etablierte regionale Identitäten, aber auch die aktuellen, sozial und religiös bedingten Spannungen, die im Zeitalter der Globalisierung entstanden sind.

In Zeiten der Angst und Instabilität werden sich die Menschen auch weiterhin zu Gruppen zusammenschließen, um gegen wahrgenommene Bedrohungen gewappnet zu sein. Diese Bedrohungen kommen nicht nur von außerhalb der Grenzen. Sie können auch von innen kommen – und China weiß das nur zu gut …

ERSTES KAPITEL

CHINA

»Wie in der realen Welt braucht
es auch im Cyberspace sowohl Freiheit
als auch Ordnung.«
Präsident Xi Jinping

Vorhergehende Doppelseite: Die Chinesische Mauer erstreckt sich über 21000 Kilometer und verläuft ungefähr entlang der Grenze zwischen Zentralchina und der Inneren Mongolei.

Chinesische Kaiser hatten seit jeher alle Mühe, ihre disparaten und geteilten Lehensgüter zu einem geschlossenen Ganzen zu vereinen. Präsident Xi Jinping geht es da nicht anders. Er mag vielleicht nicht Kaiser genannt werden, aber seine offiziellen Titel sagen eigentlich alles – Generalsekretär der Kommunistischen Partei Chinas, Präsident der Volksrepublik China, Vorsitzender der Zentralen Kommission für integrierte militärische und zivile Entwicklung – die Liste ließe sich fast beliebig verlängern. Er ist nicht einfach nur der Oberste Führer, er ist der Alleroberste Führer.

Alles unter seiner Führung ist riesig – einschließlich der Herausforderungen, vor denen er steht. Chinas fünf Zeitzonen stehen für eine geographische Ausdehnung, die derjenigen der USA entspricht. Auf dem Staatsgebiet leben 1,4 Milliarden Menschen verschiedener Ethnien, die Dutzende von Sprachen sprechen; es ist ein multiethnisches Reich mit den Eigenschaften des kommunistischen China. Zwar gibt es fünf geographische Zeitzonen, aber nur eine ist die offizielle. Die Antwort auf die Frage nach der Uhrzeit lautet: »Es ist immer so spät, wie Beijing sagt.« Dieser Zentralismus existiert schon lange, doch der Herrscher des 21. Jahrhunderts genießt einen Luxus, der nur wenigen seiner Vorgänger vergönnt war. Er kann sein Reich von der Luft aus überwachen – und zwar nicht nur die Region vom Himalaya bis zum Japanischen Meer, zur Wüste Gobi und hinunter bis zum Südchinesischen Meer, sondern heute auch ein Wirtschaftsimperium, das den gesamten Planeten umspannt.

Xi ist ein Meister in der Kunst der Machtprojektion. Er reist mehr als die meisten seiner Vorgänger. Er fliegt in die Hauptstädte der Welt, voller Vertrauen auf die geballte Wirtschaftskraft des neuen China, aber schon der Weg zum Flughafen erinnert ihn stets daran, wie sorgfältig Chinas Führung darauf bedacht sein muss, das Zentrum zusammenzuhalten.

Bei der Fahrt von Beijing auf der Flughafen-Schnellstraße in nordwestlicher Richtung zur Großen Mauer sind die Spaltungen innerhalb der Bevölkerung für den Fremden zunächst nur schwer auszumachen, aber dann werden sie immer offenkundiger. Für Xi ist das leicht erkennbar, denn viele dieser Spaltungen sind in seiner Zeit entstanden, manche gar unter seiner Führung.

Vom Stadtzentrum mit seinen im Neonlicht glitzernden Konsumtempeln und teuren Apartmentblocks für die Gutbetuchten führt die Straße kilometerlang an Hochhäusern mit Wohnungen für die unablässig wachsende Mittelschicht vorbei. Weiter draußen leben die Fabrik- und Industriearbeiter, die Jahr für Jahr vom Land in die Hauptstadt und andere Großstädte strömen. Ein Einheimischer erkennt gleich, in welchen Blocks die Besserverdienenden zu Hause sind und welche eher hastig hochgezogen wurden, um den enormen Zustrom an Menschen unterzubringen. Weiter draußen, wenn es durch Kleinstädte und Dörfer geht, sieht man kaum noch Neonlicht und noch weniger Kommerzialisierung. In diesem Teil Chinas wirken die Städte trist und öde, spartanische Orte mit wenigen Annehmlichkeiten; das allgegenwärtige erdrückende Grau ist für das Auge des Fremden der alles überlagernde Eindruck. Und hier liegt vielleicht die tiefste Spaltung in China: diejenige zwischen Stadt und Land, zwischen Reich und Arm. Wie wir später noch sehen werden, bereitet sie der herrschenden Kommunistischen Partei eine Menge Kopfzerbrechen. Die Partei weiß sehr wohl, dass die Einheit und Stabilität der Volksrepublik in hohem Maß von der Überbrückung dieser Kluft abhängt und dass ihr der eiserne Griff, in dem sie das Volk hält, entgleiten wird, wenn ihr dies nicht gelingt.

Einheit ist seit jeher ein entscheidendes Element chinesischen Erfolgs und zugleich eine der schwierigsten Herausforderungen für das Land. In der Vergangenheit gab es eine Sache, die physisch wie symbolisch eine entscheidende Rolle für die Einheit des Landes spielte: die Große Mauer. Würde Xi am Flughafen vorbei auf der Schnellstraße weiterfahren, ginge es auf einer achtspurigen Autobahn in Richtung Nordosten, und schließlich gelangte er zu jenem Bauwerk, das die menschliche Fantasie seit jeher fasziniert.

Auf dem Weg zum Mutianyu-Abschnitt der Mauer wird aus der breiten Autobahn eine schlichte zweispurige Straße, immer weniger Gebäude säumen die Strecke links und rechts, die Landschaft wird grüner. Ein paar Kilometer vor der Mauer führt die Straße auf einen Parkplatz, wo die Besucher in einen Bus umsteigen, der sie bis ans Ende der Straße bringt. Dort angekommen hat man die Wahl zwischen einer Seilbahn und einer drei Kilometer langen Wanderung, wobei auf dem steilen Weg nach oben auch die Begleitung durch eine Ziegenherde nicht auszuschließen ist. Die ungeführte Tour mit den Ziegen können Sie nicht buchen – wenn Ihnen die Ziegen folgen wollen, tun sie's, wenn nicht, dann nicht. Aber ganz gleich, welchen Weg Sie wählen: Am Ende erwartet Sie etwas, das die Mühe in jedem Fall wert ist.

Zunächst fand ich dieses Bauwerk, wie es sich über viele Kilometer die Berggipfel entlangschlängelt, längst nicht so spektakulär wie, sagen wir, den Anblick des Grand Canyon. Ich war auch nicht so überwältigt wie vom Anblick des höchsten Gebäudes der Welt, des Burj Khalifa in Dubai. Zudem konnte ich nichts von der politischen Ideologie verspüren, die die Mauer ausstrahlen sollte, anders als beim Besuch der Berliner Mauer zu Zeiten des Kalten Kriegs. Aber da war noch etwas anderes. Ich fühlte, zu Recht oder zu Unrecht, dass ich China jetzt ein kleines bisschen besser verstand als zuvor.

Ein Chinaexperte war ich damit noch lange nicht, doch in dem Moment konnte ich mit Begriffen wie »antike Kultur« und »die größte Leistung in der Geschichte der Menschheit« wesentlich mehr anfangen, ebenso mit der Vorstellung, dass viele Menschen in der Volksrepublik die Welt nach wie vor in »Chinesen« und »Nichtchinesen« unterteilen. Schließlich war das Fundament dieser Mauer ja ein ganz simpler Gedanke: Diesseits der Mauer war die Zivilisation zu Hause, jenseits davon die Barbarei.

Hinter mir, in südlicher Richtung, lag das Kernland des Reichs der Mitte, in dem das Han-Volk beheimatet ist. Nach Norden zu, weit weg hinter den Bergen, begann die Steppen- und Wüstenlandschaft der Mongolei, zur Rechten lag die Mandschurei, die Region Xinjiang zur Linken.

Bevor es die Mauer gab, also vor rund 2500 Jahren, boten die Berge im Norden dem Han-Volk einen gewissen Schutz. Die Han hatten sich in den fruchtbaren Regionen der nordchinesischen Ebene angesiedelt. Plündernde Horden und gelegentlich auch ganze Armeen aus allen drei Regionen fanden jedoch immer wieder Wege durch die Bergpässe in das bewirtschaftete Flachland der Feudalstaaten und Städte wie Beijing, Luoyang und Kaifeng. Und so entwickelten die Chinesen über die Jahrhunderte diesen Inbegriff des »wir hier, die anderen dort«.

Dem hervorragenden amerikanischen Sinologen John King Fairbank verdanken wir vielleicht eine der besten Beschreibungen der Großen Mauer – er nannte sie »eine Demarkationslinie, die die Steppe vom Ackerland trennt, das Nomadentum von der Landwirtschaft und die Barbarei von der Zivilisation«. Das passt sehr gut zur vorherrschenden Haltung des »Sinozentrismus« jener Zeit – dem Glauben, China sei das kulturelle Zentrum der Welt und die fortschrittlichste aller Zivilisationen. Die Han glaubten auch, der Kaiser von China sei der einzige Herrscher auf der Erde, der direkt vom Himmel beauftragt und damit der legitime Herrscher der Welt wäre. Daraus folgte, dass nicht nur alle anderen Regenten ihm untergeordnet, sondern auch alle anderen Zivilisationen von minderem Status waren. Unmittelbare Nachbarn unterschiedlicher Ethnien waren der Herrschaft des Kaisers einzuverleiben, auch wenn sie durchaus ihre örtlichen Anführer behalten durften. Nahe gelegene Barbarenländer konnten Könige haben, mussten aber anerkennen, dass der chinesische Kaiser auf höherer Stufe stand. Und sogar weiter entfernte Gebiete wie Xinjiang, Java und Japan galten als »tributpflichtige Länder«, mussten mithin Zahlungen an das Reich der Mitte entrichten. Mit dieser Weltsicht macht man sich gewiss keine Freunde, aber sie verfehlt ihre Wirkung auf die Menschen nicht, und über lange Zeit hat sie ja auch funktioniert.

Die Mauer hat über viele Jahrhunderte die Sicherheit Chinas gestärkt, die politische Einheit des Landes begründet und die Stabilität geschaffen, die es braucht, um Ackerland in den Regionen im Westen und Norden zu bewirtschaften. Mit der Ausdehnung der Mauer nach Westen diente sie auch dem Schutz der Seidenstraße und damit dem wirtschaftlichen Gedeihen. In der Zeit ihrer größten Ausdehnung maß diese Befestigung einschließlich der parallel dazu errichteten Mauern über 21 000 Kilometer. Nur damit Sie eine Vorstellung vom schieren Ausmaß bekommen: Das entspricht vier nebeneinander aufgestellten Mauern von der Ostküste der USA bis zum Pazifik – und da würden noch eine Menge Steine übrig bleiben.

Auch wenn die Mauer ihre physische Rolle bei der Vereinigung des Landes über die Jahre verlor, blieb sie doch ein wichtiges Symbol im Nationalbewusstsein. Das ging so weit, dass nach der Machtübernahme der Kommunisten 1949 Mao Zedong die Mauer in einem Gedicht über den »Langen Marsch« verewigte. In dem Gedicht mit dem Titel ›Das Liupan-Gebirge‹ heißt es:

Der Himmel ist hoch, die Wolken sind leicht,
Die nach Süden ziehenden Wildgänse sind nicht mehr zu sehen.
Wer noch nicht an der Großen Mauer war, ist kein Held,
An den Fingern abgezählt war die Strecke 20 000 Li …

Die vorletzte Zeile fand später Eingang in ein beliebtes Sprichwort: »Wer noch nicht an der Großen Mauer war, ist kein Held« soll heißen: »Ein Held ist nur, wer es schafft, größte Schwierigkeiten zu überwinden.«

Das Gedicht führte im neuen Regime zu Problemen, da die Kommunisten offenbar andere Ansichten über die Mauer hatten – viele sahen darin ein Symbol für die Feudalherrschaft früherer Zeiten und waren der Meinung, das gehöre der Vergangenheit an, ermunterten gar dazu, die Mauer zu zerstören. Da jedoch Mao darüber geschrieben hatte, wollten andere Kommunisten das Bauwerk besuchen und damit ihre Verbundenheit mit dem Geist des Großen Vorsitzenden Mao zeigen. Wenn Sie den Mauerabschnitt von Mutianyu besuchen, werden Sie die Worte »Loyalität zum Vorsitzenden Mao« in gigantischen weißen Schriftzeichen am Berggipfel geschrieben sehen. Und die Mauer wurde auch in der Nationalhymne erwähnt, auf die man sich 1949 geeinigt hatte. Damit stand fest, dass die Partei ihre kulturelle und historische Bedeutung anerkannte. Man beschränkte sich weitgehend darauf, sie zu ignorieren – jedenfalls vorerst. Während der Kulturrevolution machten sich jedoch die eifrigsten unter den Rotgardisten daran, Abschnitte der Mauer aktiv zu zerstören – für sie war sie nichts als ein Teil der »Vier Alten«, die im neuen China keinen Platz haben sollten: alte Gewohnheiten, alte Kultur, alte Sitten und alte Denkweisen. Mao starb 1976 und mit ihm die Kulturrevolution. Nach 1978 begann der neue Führer Deng Xiaoping mit der methodischen Sanierung der Mauer. Er ließ es langsam angehen – die frühen Jahre nach Mao waren eine Zeit der Vorsicht –, aber um 1984 hatte er genug Selbstvertrauen, um zu verkünden: »Wir wollen unser China lieben und unsere Große Mauer wieder aufbauen.« Es ist anzunehmen, dass Deng bei diesem Vorhaben mit einem Auge auch Tourismus und Devisen im Blick hatte. Die kommunistische Führung begann, Elemente des Kapitalismus zu übernehmen, und ihr war vollkommen klar, wie weit das Land hinter anderen Teilen der Welt in Rückstand geraten war. Also erließ sie Gesetze, die das Beschädigen, Entfernen oder Verunstalten der Mauer mit Graffiti unter Strafe stellte, dazu wurden Anstrengungen unternommen, die Mauer zu erneuern (mit gemischtem Erfolg) und für Besucher attraktiver zu machen.

Die Große Mauer spielt seit jeher eine gewichtige Rolle in der Vorstellungswelt der Menschen – bei den Chinesen wie beim Rest der Bevölkerung. Allerdings argumentieren manche Historiker, die Europäer hätten es damit sogar wichtiger als die Chinesen, und gerade deshalb sei die Wahrnehmung und die Identifikation mit dem Bauwerk in China selbst größer, als dies sonst der Fall wäre. Somit war und ist die Mauer ein definierendes Merkmal Chinas, von außen betrachtet wie auch innerhalb der Grenzen, die sie umschließt.

In Wirklichkeit war die Mauer militärisch gesehen allenfalls ein Teilerfolg. Ohne Zweifel sorgten ihr Frühwarnsystem, ihre Befestigungen und die strategischen Stützpunkte für ein gewisses Maß an Schutz, aber wie wir sehen konnten, war sie keinesfalls undurchdringlich. Als Symbol für die Verteidigung und als Schutzschild des Han-Volkes gegen »Eindringlinge« war sie dagegen von überragender Bedeutung. Bis heute ist sie die Ikone einer großen, antiken Kultur.

Aber wie sieht es mit der großen, modernen Kultur aus?

Qin Shi Huang, Gründer der Qin-Dynastie, vereinigte mit Erfolg im Jahr 221 vor unserer Zeitrechnung sieben einander bekriegende Staaten zu einem China – aber nur weil dieses China 23 Jahrhunderte überdauert hat, muss das nicht heißen, dass es noch ein weiteres halten wird.

Die Chinesen reden nicht gern mit Ausländern über die Probleme und Spaltungen in ihrem Land. Sie werden beispielsweise in Großbritannien oder Frankreich keine Schwierigkeiten haben, jemanden zu finden, der Ihnen sagt, sein Land gehe vor die Hunde. In China hingegen gilt es als unpatriotisch und als Gesichtsverlust, den Staat zu kritisieren. Außerdem könnte es in einem China, das nach wie vor eine Einparteiendiktatur ist, natürlich auch gefährlich sein, so etwas zu äußern.

Und doch gibt es sie, die Spaltungen und Bruchlinien in den 23 Provinzen, vier Großstadtregionen, fünf autonomen Regionen

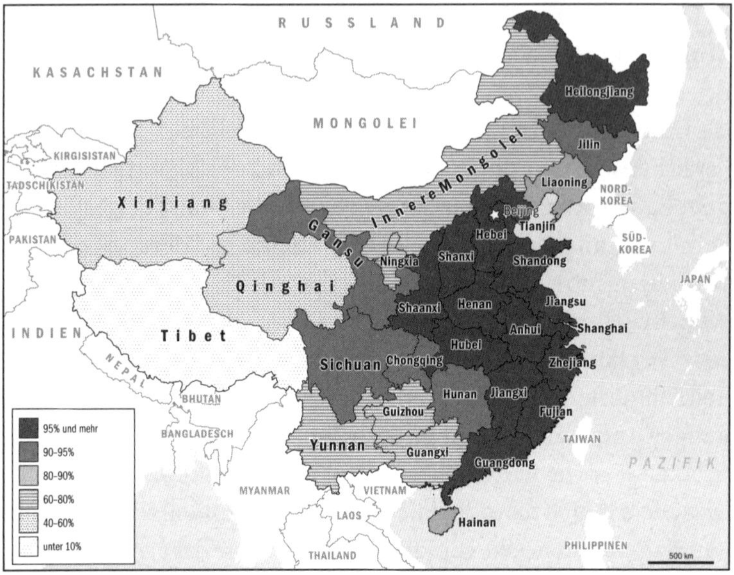

Bevölkerungsanteil der Han in den chinesischen Provinzen (2010)

und zwei Sonderverwaltungsgebieten. Eine der tiefsten tut sich zwischen dem Han-Kernland und den es halbkreisförmig umgebenden anderen Regionen auf.

Dies sind die Mandschurei im Nordosten, die Innere Mongolei im Norden, Xinjiang im Nordwesten und Tibet im Westen. Diese Regionen sind entscheidend für die Sicherheit, die Bodenschätze und den Handel, nicht alle aber sind mit der chinesischen Herrschaft einverstanden. Die Mandschurei steht heute unter völliger Kontrolle der Han, die anderen Gebiete pflegen jedoch weiter ihre Eigenständigkeit in Sachen Identität, Sprache, Tradition und, im Fall von Xinjiang und Tibet, Religion (Islam und Buddhismus), und es gibt dort nach wie vor separatistische Bewegungen.

China versucht seit Jahrhunderten, Xinjiang und das dort beheimatete Volk der Uiguren unter seine Kontrolle zu bekommen, dennoch hat die Bevölkerung die Herrschaft Beijings niemals vollständig akzeptiert. Es gab eine Reihe von Aufständen im 18. und 19. Jahrhundert und in den 1930er-Jahren sogar für kurze Zeit eine Republik Ostturkestan. Mao annektierte schließlich Xinjiang im Jahr 1949, und heute macht die Provinz rund ein Sechstel des chinesischen Territoriums aus. Um eine Vorstellung davon zu vermitteln, wie karg und dünn besiedelt Xinjiang ist: Die Region ist flächenmäßig etwa halb so groß wie Indien, hat aber weniger als ein Fünfzigstel an Einwohnern.

Zwischenzeitlich hat Xinjiang eine massenhafte Zuwanderung von Han-Siedlern erlebt, und in ein paar Jahren werden sie vermutlich fast die Hälfte der gegenwärtigen Bevölkerung von 22 Millionen ausmachen. Das blieb nicht ohne Widerstand. Die Uiguren beklagen, von besseren Jobs ausgeschlossen und durch Milizen verfolgt zu werden, die innerhalb der staatlich kontrollierten Bauindustrie gebildet wurden, und gelegentlich kommt es zu Unruhen und ethnischen Auseinandersetzungen. Opposition funktioniert bisweilen im Rahmen des Rechtssystems, es existiert allerdings auch eine kleine terroristische Bewegung, teilweise befeuert durch muslimische Kämpfer, die aus dem Irak und Syrien zurückgekommen sind. Man nimmt an, dass dschihadistische Organisationen in den zentralasiatischen Republiken diese Aktivisten finanziell unterstützen und ihnen, falls notwendig, Unterschlupf bieten. Sämtliche Alarmglocken schrillten, als die Terroristen des IS ein Video veröffentlichten, das uigurische Männer beim Training im Irak zeigte. Diese gelobten, die IS-Flagge in China zu hissen, und drohten, es würden »Ströme von Blut« fließen.

Im Frühjahr 2017 kam es zu gewalttätigen ethnischen Auseinandersetzungen zwischen Uiguren und Han in der Region. Was folgte, war eine massive Machtdemonstration schwerbewaffneter Regierungstruppen. Die regionalen Führer der Kommunistischen Partei empfahlen, die Soldaten sollten »die Leichen der Terroristen im riesigen Meer des Volkskriegs beerdigen«. Präsident Xi war etwas zurückhaltender und beschied sich mit dem Aufruf zum Bau einer »großen eisernen Mauer« zum Schutz von Xinjiang, verbunden mit der Warnung, eine ethnische Spaltung würde nicht hingenommen – »So wie man seine Augen liebt, muss man die ethnische Einheit des Volkes lieben«, ließ er verlauten.

Trotz der Unruhen sind die Aussichten, dass Beijing seinen eisernen Griff lockert, nahezu gleich null. Die Region dient als Pufferzone, liegt an der neuen Seidenstraße und ist damit wichtig für den Handel, außerdem verfügt sie über große Kohlereserven, auf die das energiehungrige China so dringend angewiesen ist. Und dennoch machen sich die Behörden ernsthafte Sorgen wegen der Vorkommnisse dort. Solche Spaltungen und Unstimmigkeiten untergraben das Ansehen der Kommunistischen Partei als einziger Machtquelle und Beschützer des Volkes.

Gleiches gilt für Tibet. Strategisch dient es als Pufferzone für das Kernland und hindert Indien daran, die Hochebene entlang der indisch-chinesischen Grenze zu beherrschen – eigentlich stellt eher der Himalaya die natürliche Barriere dar, und das ist vielleicht auch der Grund, warum es zwischen den beiden Ländern nie zu einem wirklich ernsthaften Konflikt kam. So kann China zudem seine Wasserquellen schützen – Tibet wird bisweilen als »Wasserturm Asiens« bezeichnet, denn zahllose Flüsse entspringen in dieser Region.

Gemessen an den drei tibetischen Provinzen umfasst Tibet etwa 2,5 Millionen Quadratkilometer, also etwa die vierfache Fläche Frankreichs. Das macht immerhin ein Viertel der chinesischen Landmasse aus. Im offiziellen Sprachgebrauch Beijings bezeichnet Tibet jedoch stets das Autonome Gebiet Tibet, das nach dem Sieg Chinas über die tibetische Armee im Jahr 1950 eingerichtet wurde. Es besteht aus weniger als der Hälfte der Fläche der ursprünglichen drei Provinzen, da der Rest der Region von anderen chinesischen Regionen aufgesogen wurde, und dort lebt auch nur ein Drittel der ethnischen Tibeter in China.

Wie die uigurischen Muslime pflegen auch die tibetischen Buddhisten ein starkes, von den Han-Chinesen getrenntes Identitätsbewusstsein. In beiden Regionen gibt es jedoch so gut wie keine Hoffnung auf Selbstverwaltung mehr. In Tibet sind heute geschätzt bereits die Hälfte der Einwohner Han-Chinesen. Genaue Zahlen sind schwer zu bekommen, man geht aber davon aus, dass insgesamt ca. sechs Millionen Tibeter und sechs Millionen Han in dem Gebiet leben. In den größeren Städten leben sie Seite an Seite, wenn auch oft in verschiedenen Wohnvierteln. In den ländlichen Gebieten sind die Tibeter noch in der Überzahl.

Der Staat glaubt, mit diesen ethnischen Spaltungen klarkommen zu können, solange sich die Konflikte innerhalb der Han selbst ausbügeln lassen. Und genau diese Spaltungen sind es, die die größte Gefahr für die langfristige Entwicklung von Wohlstand und Einheit Chinas darstellen könnten. Die Kommunistische Partei nimmt diese Gefahr jedenfalls sehr ernst. Sie hat ihre Lektion aus der Geschichte gelernt und weiß, was passiert, wenn der Zusammenhalt des Staates durch eine zersplitterte Bevölkerung geschwächt wird.

Im 19. Jahrhundert erlebte China eine entscheidende Umstellung in der Funktionsweise seines Handels. Die Handelsrouten über Land, quer durch Zentralasien, hatten immer ökonomische Priorität genossen, nun aber wurden die Seewege zur primären Handelsroute. Diese Umstellung geschah nicht ganz freiwillig – die Briten und andere fremde Mächte hatten mit ihrer Militärmacht China diese für sie günstigeren Handelsbedingungen aufgezwungen. In der Folge verlagerte sich der Handelsschwerpunkt an die Pazifikküste. Das förderte die Entwicklung der Städte in dieser Region, schwächte aber die Handelschancen im Landesinneren, was wiederum dazu führte, dass dort weniger in die Infrastruktur investiert wurde. Während also die Küstenregionen prosperierten, blieben die bettelarmen Bauern im Binnenland bettelarm – und die Fremden gewannen immer mehr Macht. Dies untergrub die Kontrolle des Zentralstaats über die Regionen und war teilweise verantwortlich für die Zersplitterung des Staates. Angesichts einer derart gespaltenen Bevölkerung war es unmöglich, das Zentrum beisammenzuhalten. Ein nun massiv geschwächtes China stand zunächst den »barbarischen« Kolonialisten, dann dem Bürgerkrieg und schließlich der 1931 begonnenen Invasion des Erzfeindes Japan hilflos gegenüber.

Nach dem Zweiten Weltkrieg und nachdem die Kommunisten den Bürgerkrieg für sich entschieden hatten, war ihnen klar, dass sie das Land irgendwie wieder zusammenbringen mussten. Kommunistische Regime sind weder für freiheitliche Tendenzen noch für ihren lockeren Umgang mit Vorschriften und dem Teilen von Macht bekannt. Also warf man die Fremden aus dem Land und besetzte die regionalen Hauptstädte mit Parteikadern. Unter Mao erstickten diese Kader brutal jedes Zeichen von Abweichung, das aus den Regionen kam, und bündelten alle Macht in der Parteizentrale in Beijing, das seit 1949 wieder die Hauptstadt des Landes ist.

Viele Handelsbeziehungen mit Industriestaaten wurden gekappt, womit zumindest teilweise jenes große kommunistische Ideal erreicht wurde: Gleichheit. Langsam, aber sicher wurden die Küstenregionen fast genauso arm wie das Landesinnere, und damit war diese Form der Ungleichheit zwischen den Regionen natürlich beseitigt. Abgesehen von diversen Parteibonzen blieben die meisten Menschen mehrere Jahrzehnte lang einfach arm, während Mao seine Macht konsolidierte und die nicht von Han bewohnten Territorien unter seine Kontrolle brachte.

Mao mag auch das Land insgesamt wieder geeint haben, aber das ging auf Kosten der Entwicklung und geschah just zu der Zeit, als andere Länder in der Region in die Weltwirtschaft hineinwuchsen und rasche Fortschritte machten. Japan, Südkorea, Singapur und andere ließen China wirtschaftlich klar hinter sich, manche sogar auch als Militärmacht. Wenn dieser Trend anhielte, würde das nicht nur die Landesverteidigung schwächen, sondern ebenso Chinas inneren Zusammenhalt, sobald offenkundig würde, wie weit die Chinesen hinter die anderen zurückgefallen waren.

Maos Nachfolger Deng Xiaoping atmete erst einmal tief durch und entschied sich dann für ein riskantes Spiel: Wenn Chinas Verbraucher zu arm waren, um sich viele der von China produzierten Waren leisten zu können, musste sich die Wirtschaft erneut für die Außenwelt öffnen. Das bedeutete Handel an der Pazifikküste, sodass die Wirtschaft an den Küstenregionen wieder schneller erblühte als im Binnenland, was natürlich die Gefahr einer erneuten Spaltung wie schon im 19. und 20. Jahrhundert heraufbeschwor.

Das Ganze war und ist ein Wettlauf gegen die Zeit – und zugleich eine Strategie auf der Grundlage einer Wirtschaftspolitik, die ohne Rücksicht auf Verluste ihr atemberaubendes Tempo beibehält. China muss einfach weiter Waren produzieren. Die Welt muss weiter diese Waren kaufen. Nimmt die Nachfrage ab, kann es sich China anders als »normale« kapitalistische Systeme nicht leisten, die Fertigung ganz herunterzufahren. Die Produktion muss weiterlaufen, die Schornsteine müssen rauchen, die Banken gestützt werden; Überschussproduktion? Macht nichts, dann muss man eben versuchen, die Sachen zu Schleuderpreisen irgendwo im Ausland loszuschlagen, und noch mehr davon an den Teil der eigenen Bevölkerung verkaufen, der es sich leisten kann. Nur das System darf auf keinen Fall ins Stocken kommen, sonst steht vielleicht am Ende das ganze Land still.

Das stellt eine faszinierende kapitalistische Version des alten Systems im Sowjetkommunismus dar. Dort wurden so viele Traktoren hergestellt, wie die Regierung vorgab, unabhängig davon, wie viele tatsächlich gebraucht wurden. Das System holte Hunderte Millionen Chinesen aus der Armut – allerdings auf Kosten massiver Umweltzerstörung und der neuerlichen Vertiefung der Kluft zwischen den Küstenregionen und dem Landesinneren, zwischen Reich und Arm.

Die Einkommensschere zwischen Industrie- und Landarbeitern hat sich in den letzten Jahren wieder etwas geschlossen, doch selbst jetzt kann ein Städter davon ausgehen, dreimal so viel zu verdienen wie ein Arbeiter auf dem Land.

Das Pro-Kopf-Einkommen im Jahr (2010)

Die Einkommensungleichheit ist fast nirgendwo auf der Welt so extrem wie in China, was einem das Gefühl vermittelt, die chinesische Geldmaschine hat nicht den vielen, sondern nur einigen wenigen zu Wohlstand verholfen – oder eben der »Familie Zhao«, wie die Chinesen diejenigen nennen, die das Sagen haben, oder »den oberen Zehntausend«. Der Ausdruck hat seine Wurzeln in einer beliebten Novelle aus dem Jahr 1921, ›Die wahre Geschichte des Ah Q‹ von Lu Xun. Darin kommt die Zeile vor: »Glaubst du, du bist es wert, den Namen Zhao zu tragen?« – gemeint ist damit ein reicher Clan. Die Formulierung begann 2015 im chinesischen Internet aufzutauchen, und heute bedeutet »Zhao und Nicht-Zhao« so viel wie »die Reichen und die armen Schlucker«.

Ungleiche Verteilung des Wohlstands gibt es in jedem Land, und jedes Land hat eigene Ausdrücke dafür, aber in China macht das extreme Ausmaß dieser Kluft den Unterschied aus, und die schiere Anzahl derjenigen, die auf der falschen Seite der Kluft stehen. Ein Bericht aus dem Jahr 2015 von den China Family Panel Studies an der Universität Peking untersucht das »Gesamtwohl der chinesischen Bevölkerung« und kommt zu dem Schluss, dass das Wohlstandsgefälle insgesamt größer wird. Laut dem Bericht befindet sich ein Drittel von Chinas Reichtum im Besitz von einem Prozent der Haushalte, die unteren 25 Prozent der Haushalte besitzen gerade einmal ein Prozent des Reichtums. Diese Disparität lässt sich bis auf die Öffnung der Wirtschaft des Landes im Jahr 1979 zurückverfolgen.

Die Regierung ist sich der mit diesem Gefälle einhergehenden Probleme und Gefahren sehr wohl bewusst, zumal eine Umfrage im Internet aus dem Jahr 2015 ergab, dass die ungleiche Verteilung des Reichtums und die entsprechenden Dominoeffekte für Gesundheit und Bildung das wichtigste Thema sind, das der Staat in Angriff nehmen sollte. In einem Artikel über die Umfrage kommentierte die Tageszeitung ›People's Daily‹: »Diese Ungleichheit nimmt ständig weiter zu. Wenn das nicht zufriedenstellend gelöst werden kann, könnte dies die soziale Stabilität bedrohen, und die zukünftige gesellschaftliche Entwicklung könnte ins Stocken geraten.«

Sogar zwischen den Generationen ist eine Spaltung wahrnehmbar; manche Ältere blicken dabei gerne auf die Zeiten der »Gleichheit« unter Mao zurück. Sie schauen argwöhnisch auf die junge Generation, die in der Mehrzahl in den Städten lebt, besser gebildet und konsumorientiert ist – oder es doch gerne wäre. Die Zukunft der Kommunistischen Partei hängt davon ab, was sie diesen Menschen bieten kann, und umgekehrt.

Die entstandenen Risse in der chinesischen Gesellschaft dürfen nicht noch tiefer werden. Einer der Wege, mit denen die Regierung das Problem in Angriff nehmen will, ist die deutliche Vergrößerung einer städtischen, konsumfreudigen Bevölkerung, um so die Schläge abzufedern, die der Wirtschaft beim Einbruch des Exportabsatzes drohen. Die Schätzungen gehen auseinander, aber allein in diesem Jahrhundert haben mindestens 150 Millionen Menschen die ländlichen Regionen verlassen, und diese Zahl wird wohl noch weiter steigen. Vor allem die Jüngeren kehren den Dörfern den Rücken, darunter ist ein unverhältnismäßig großer Anteil männlich – insbesondere verheiratete Männer werden sich oft aufmachen, um in den Städten Arbeit zu finden. Die Familie bleibt zurück und kümmert sich um die Felder. Dennoch darf keinesfalls übersehen werden, dass selbst heute noch rund 900 Millionen Chinesen auf dem Land leben und ca. 500 Millionen in den Städten.

Der Wandel kam schnell, und er wird sich noch beschleunigen. Beijing hofft, bis 2026 weitere 250 Millionen Menschen umgesiedelt zu haben – dann würde die Hälfte der chinesischen Bevölkerung in den Städten leben. Dazu bedarf es einer massenhaften Entwurzelung der Menschen, einschließlich der Zerstörung von Dörfern, und es muss gebaut werden: neue Städte, Megacitys, Straßen, superschnelle Schienennetze. Diese Umsiedlung wird weiterhin vor allem in West-Ost-Richtung verlaufen, der Westteil des Landes wird eher ländlich bleiben, auch mit einer höheren Analphabetenquote. Der Osten, vor allem in der Nähe der Pazifikküste, wird immer stärker urbanisiert und auf Technologie, Industrie und Business ausgerichtet sein.

Diese Massenwanderung in die Städte offenbart und verschärft eine weitere Spaltung innerhalb der Stadtbevölkerung, und auch hier handelt es sich um eine zwischen Arm und Reich. Entstanden ist sie durch das *hukou*-System, eine Form der Registrierung und Wohnsitzkontrolle, die in der gesellschaftlichen Struktur des Landes verwurzelt ist. Es gehört zu den Dingen, die die Wahrnehmung der Landbevölkerung als Bürger zweiter Klasse noch verstärkt haben.

Das *hukou*-System ist noch älter als die Große Mauer und geht bis auf die Xia-Dynastie (2070 bis 1600 v. Chr.) zurück, die damit anfing, jedes einzelne Mitglied jeder Familie zu registrieren. 1953 setzte die Kommunistische Partei den Einsatz dieses antiken Systems fort, begann aber auch, die Menschen nach ihrem ländlichen oder städtischen Wohnort zu klassifizieren. Das war nicht bloß ein weiterer Weg, alles und jeden unter Kontrolle zu haben; man beabsichtigte vielmehr, Menschen am Umzug in die Städte zu hindern, die zu jener Zeit gar nicht in der Lage waren, einen Zustrom aufzunehmen. Auch sollten damit die erneuten Benachteiligungen der Landbevölkerung aus dem vorherigen Jahrhundert vermieden werden.

Das System existiert bis auf den heutigen Tag, und von jedem Bürger müssen der Name, die Namen der Eltern, das Geburtsdatum, der Ehepartner usw. erfasst werden – so weit, so international durchaus üblich. Doch in China bestimmt der Ort, wo eine Person registriert ist, auch deren Wohnort und vor allem, wo und in welcher Form die betreffende Person staatliche Hilfen in Anspruch nehmen kann. Die entscheidenden Trennlinien ergeben sich aus den Kategorien lokal/nichtlokal und bäuerlich/nichtbäuerlich.

Angenommen, Ihre Familie ist in Shanghai als nichtbäuerlich registriert. Damit haben Sie in der Stadt unmittelbar Zugang zu einer Vielzahl staatlicher Leistungen im Gesundheits- und Bildungsbereich. Laut einem Papier in der ›China Economic Review‹ lag die Förderung pro Schüler in Beijing im Jahr 1998 zwölfmal höher als in der Provinz Guizhou – im Jahr 2001 war sie gar auf das 15-Fache angestiegen. Ist Ihre Familie dagegen als bäuerlich registriert und stammt aus einer landwirtschaftlichen Region 1600 Kilometer westlich von Shanghai, haben die Schulen einen weit geringeren Standard als diejenigen in Shanghai, dasselbe gilt für das begrenzte Angebot an sozialen Einrichtungen und Dienstleistungen. Überdies müssen Sie extrem anstrengende und mühsame Arbeit leisten, die oft gerade einmal für den Lebensunterhalt reicht.

Also ziehen Sie lieber nach Shanghai und suchen sich Arbeit in der Fabrik. Sie verdienen augenblicklich mehr Geld und können vielleicht sogar einen Teil davon nach Hause an die Familie schicken. Aber Sie sind immer noch als »bäuerlich/landwirtschaftlich« registriert, deshalb haben Sie keinen Anspruch auf Sozialleistungen oder Gesundheitsversorgung in Shanghai. Sollten Sie heiraten und ein Kind haben, berechtigt die Registrierung Ihres Kindes auch nicht zur Schulbildung in Shanghai. Das hat zum Entstehen einer riesigen Unterklasse städtischer Arbeitsmigranten aus ländlichen Gebieten geführt, die nun vollkommen von Sozialleistungen ausgeschlossen sind. Sie waren auf dem Land Bürger zweiter Klasse und müssen jetzt feststellen, dass sie in der Stadt ebenso behandelt werden.

Die Regierung steht vor einem Dilemma, wenn sie versucht, dieses Problem anzupacken. Eine Option besteht darin, eine Revolution der Sozialfinanzierung auf dem Land in die Wege zu leiten und die ländlichen Gebiete auf das Niveau der Städte anzuheben. Das würde aber nicht bloß Unmengen Geld kosten, es würde auch dafür sorgen, dass die Menschen lieber auf dem Land bleiben – und das ausgerechnet zu einer Zeit, da der Regierung bewusst ist, dass sie nach wie vor eine städtische Konsumbevölkerung schaffen muss, damit ihre Wirtschaftspolitik aufgeht. Und schlimmer noch: Einige derjenigen, die bereits in die Städte gezogen sind, werden zurück aufs Land gehen. Wenn dies geschieht, ist es vorbei mit dem Wirtschaftswunder, die Arbeitslosigkeit schießt in die Höhe, und soziale Unruhen sind die Folge.

Beijing ist gezwungen, irgendwie zu verhindern, dass die Bilanzen aus den Fugen geraten. Es muss ein *hukou*-System für diejenigen Städter finanzieren, die aus den ländlichen Gebieten zugewandert sind, zugleich die Sozialleistungen insgesamt erhöhen, da die Städte immer weiter wachsen – und dann muss der Staat, idealerweise gleichzeitig, die Standards auch auf dem Land anheben, ohne den Anreiz zum Umzug in die neu gebauten Städte aufzuheben. Am besten sollten dadurch neue Städte im Landesinneren entstehen.

Das ist eine gewaltige Aufgabe, und es ist nicht auf den ersten Blick zu erkennen, wie man das angehen soll. Ganz abgesehen von den enormen Kosten ist die Schaffung so vieler neuer städtischer Zentren, verteilt übers ganze Land, eine logistische Herausforderung. Beijing spielt mit dem Gedanken, den Regionalbehörden mehr Macht zur Erhebung lokaler Steuern einzuräumen, die Einnahmen durch Landverkäufe zu erhöhen und die Erträge nach eigenem Ermessen zu investieren. Das könnte schon funktionieren – aber wenn nicht, muss Beijing die betreffende Regionalregierung quasi herauskaufen. Und selbst wenn es gelingt, könnte es etwas anheizen, was die Partei fürchtet: Regionalismus.

Deng scheint gewusst zu haben, dass dieses Glücksspiel viele solcher Probleme aufwerfen könnte. In einem berühmten Interview im Jahr 1986 befragte Mike Wallace von CBS News den 82-jährigen Kommunistenchef zu der verblüffenden Aussage aus den späten Siebzigern, die ihm zugeschrieben wird: »Reich werden ist ruhmvoll.« Deng gab zurück: »Der Marxismus sagt, die kommunistische Gesellschaft gründet auf materiellem Überfluss … Reich zu werden ist folglich keine Sünde. Allerdings haben wir eine andere Vorstellung als Sie davon, was Reichtum bedeutet. Reichtum gehört in einer sozialistischen Gesellschaft dem Volk. In einer sozialistischen Gesellschaft reich zu werden bedeutet Wohlstand für das ganze Volk. Die Grundsätze des Sozialismus sind: Zuerst kommt die Entwicklung der Produktion, danach der allgemeine Wohlstand. Wir gestatten einigen Menschen und einigen Regionen, zuerst Wohlstand zu erlangen, um so den allgemeinen Wohlstand schneller zu erreichen. Deshalb wird unsere Politik auch nicht zur Polarisierung führen, zu einer Situation, in der die Reichen reicher und die Armen ärmer werden.«

Damit lag er zur Hälfte richtig und zur Hälfte falsch. Falsch, weil die Reichen eben doch reicher wurden, aber richtig, weil trotz der riesigen Ungleichheit die Armen immerhin nicht ärmer wurden – viele sind sogar tatsächlich reicher geworden.

China hat eine Mittelschicht mit rund 400 Millionen Menschen geschaffen, und weitere viele Hundert Millionen hat es zumindest aus bitterer Armut herausgeholt. Das Ganze ist ein laufendes Projekt, und die Möglichkeit, dass sich die Dinge wieder rückwärts entwickeln, ist nicht auszuschließen. Es gibt jedoch noch genug

Chinesen, die sich erinnern können, wie arm die meisten Menschen früher waren, und auch, dass es praktisch keine Chance gab, sich selbst aus dieser Armut zu befreien – immerhin waren die meisten Großeltern der heutigen Erwachsenen einstmals Bauern in einer Feudalgesellschaft. Dadurch gewinnt die Partei etwas mehr Zeit, um das Problem anzugehen; wenn es ihr aber nicht bald gelingt, das Wohlstandsgefälle zu verringern, wird am Ende der Unmut der »Nicht-Zhaos« zunehmen.

Ein anderes Problem für die Regierung besteht in der alternden Bevölkerung. Das trifft natürlich nicht nur auf China zu. Aber für China ist es ein besonders akutes Problem wegen der »Ein-Kind-Politik« und führt dazu, dass die demographische Alterung weitaus schneller ansteigt als in anderen Ländern. In nicht ganz einem Jahrzehnt ist die Anzahl der Älteren von 200 auf 300 Millionen gestiegen. Ist die Regierung für einen solchen demographischen Wandel gerüstet? Ihre Wirtschaftspolitik baut auf junge und im Überfluss vorhandene Arbeitskraft. Dieser Anteil an Arbeitskräften – und Steuerzahlern – schrumpft proportional, während die Kosten für die Pflege der Älteren steigen und das wirtschaftliche Wachstum gefährden.

Wieder ist nicht klar, worin die Lösung des Problems besteht. Eine Option wäre es, das Rentenalter um fünf Jahre hochzusetzen. Das verschiebt das Thema jedoch nur, und gleichzeitig entsteht dadurch ein neues Problem: Das Erziehungssystem produziert am laufenden Band Schulabgänger, die Arbeit suchen. Jetzt schon sind Arbeitslosigkeit und mangelnde Karrierechancen ein Thema, das noch virulenter wird, wenn die Älteren später in Rente gehen. Die Alternative besteht darin, die Renten abzusichern und die »Ein-Kind-Politik« fallenzulassen. Letzteres ist 2015 geschehen. Doch die Regierung sucht nach wie vor nach Lösungen für die Renten.

Dies also sind die diversen schwelenden Konflikte innerhalb der Han-Bevölkerung, und alle können sich zu einer Gefahr für den Staat auswachsen. Die Behörden brauchen die Kontrolle über das chinesische Kernland, wenn sie die Wirtschaft auf Kurs und die entlegenen Regionen in Schach halten wollen. Ihre Lösung besteht darin, den Informationsfluss zu kontrollieren, die Verbreitung abweichender Gedanken zu unterbinden, eine Konsolidierung der Opposition zu verhindern. Sie müssen spalten, um die Einheit zu wahren; und so entstand, im Zeitalter des Internets, die digitale Version der »Great Wall«, wie die Chinesische Mauer im englischen Sprachraum heißt: die »Great Firewall«.

Daraus ergeben sich zwangsläufig Widersprüche: Informationen unterdrücken und gleichzeitig eine dynamische Wirtschaft schaffen, die vermehrt auf Datenaustausch im Land selbst, aber auch mit dem Rest der Welt angewiesen ist – wie soll das gehen? In der Anfangszeit des Internets war das kein Problem für eine Regierung, die von ihrer Stellung als Chinas einziger Quelle von Macht und Informationen keinen Millimeter abzurücken gedachte. Der Zugang wurde eingeschränkt und die gesamte Kommunikation im Land staatlich kontrolliert. Die wenigen Internetcafés oder Universitäten, die mit dem Web verbunden waren, waren nicht schwer zu überwachen, weder physisch noch elektronisch. Noch 2005 hatten gerade einmal zehn Prozent der Bevölkerung einen Internetzugang. Heute sind es allerdings schon 50 Prozent – und täglich werden es mehr. Das sind rund 700 Millionen Benutzer, etwa ein Viertel der weltweiten Online-Gemeinde. Das lässt sich schon viel schwerer überwachen.

Die Chinesen digital von der Außenwelt abzuschotten war und ist einfacher, als den Kontakt untereinander zu verhindern. Was der Rest der Welt als »Great Firewall« bezeichnet, kennt man in China als den »Goldenen Schild«. Diese nach außen gerichtete Firewall soll das Volk der Chinesen vor schädlichen Ideen wie Demokratie, freie Meinungsäußerung und überwachungsfreie Kultur abschirmen. Natürlich gibt es »Schleichwege« wie etwa VPN-Services (Virtual Private Network), die quasi einen Tunnel unter der Mauer hindurch legen, aber die meisten Chinesen haben keinen Zugang zu den unterschiedlichsten Websites – ›Time‹, Dropbox,

›The Economist‹, Facebook, YouTube, Amnesty International, ›The Tibet Post‹, NRK (Norwegische Rundfunkgesellschaft), ›Le Monde‹ oder Pornhub.

Die Mauern im Innern sollen derweil verhindern, dass politische Cybernetzwerke entstehen, und sie haben dafür zu sorgen, dass das, was in einem Teil des Landes geschieht – etwa in Xinjiang –, im Rest des Landes keiner mitbekommt. Insbesondere fürchtet die Partei die Nutzung sozialer Medien zum Zusammenschluss von Gleichgesinnten, die sich dann an öffentlichen Plätzen zu Demonstrationen versammeln könnten, was wiederum Unruhen und Aufstände auslösen könnte.

Rogier Creemers, Wissenschaftler im Forschungsbereich Recht und Staatsführung an der Universität Leiden in den Niederlanden, ist einer der weltweit führenden Experten für das chinesische Internet. Nach seiner Einschätzung hat die Außenwelt die Haltung der chinesischen Regierung zur digitalen Revolution nicht so ganz verstanden: »Ich würde sagen, wir sehen im Vergleich das Internet allgemein durch eine rosarote Brille, wir meinen, jeder sei dort frei, es gebe Informationsfreiheit, Demokratie usw. China war da von Anfang an viel skeptischer. Sie waren der Ansicht, neue Technologie würde neue Folgen nach sich ziehen, und wir müssen mit diesen Folgen klarkommen. Wenn die Chinesen von *wangluo anquan* – Cybersicherheit – sprechen, meinen sie damit nicht nur die technologische Integrität (Schutz des physischen Systems vor Beschädigung, z. B. der Stromnetze) oder Cyberkriminalität. Es geht ihnen um die Frage, wie die Internet-Technologie insgesamt die wirtschaftliche und gesellschaftliche Stabilität gefährden könnte. Dinge, die wir vielleicht gar nicht als Aspekte der Cybersicherheit wahrnehmen, wie etwa die Verbreitung von Gerüchten im Web, sehen die Chinesen sehr wohl als Sicherheitsproblem.«

China hat seine eigenen Versionen von Unternehmen wie Google, Facebook und Twitter in Form von Renren, Baidu und Weibo, aber die werden massiv überwacht. Das Ausmaß der Zensur ist je nach Region unterschiedlich; in Tibet und Xinjiang sind die Firewalls beispielsweise sowohl höher als auch tiefgreifender. Ein Student in Shanghai kommt vielleicht noch damit davon, wenn er ein VPN für den Zugang zu einer verbotenen ausländischen Nachrichtenquelle nutzt, aber jemand in der uigurischen Hauptstadt Urumqi würde wahrscheinlich ins Hauptquartier der Polizei vorgeladen und zu seiner Nutzung der Technologie vernommen werden. Es lässt sich technisch nachverfolgen, wer VPNs wozu und aus welchem Grund nutzt, und der Staat will alles darüber wissen. Er weiß, dass manche einheimischen und ausländischen Unternehmen und auch einige Einzelpersonen die Technologie für geschäftliche Zwecke nutzen, er sieht darüber weitestgehend hinweg. Aber im Jahr 2009 erlangten uigurische Aktivisten Zugang zu Facebook, und die anhaltenden rechtlichen Probleme von Facebook in China lassen sich bis auf diesen Vorfall zurückverfolgen.

Bis 2013 erkannten eine ganze Reihe von Start-ups die geschäftlichen Chancen, die das Internet ihren Medienplattformen bot; manche davon erlangten einige Popularität, bekamen aber irgendwann Ärger mit den Behörden und wurden am Ende allesamt gesperrt. Im August 2015 nahm zum Beispiel die Nachrichten-Website Initium Media von Hong Kong aus ihren Betrieb auf. Nur eine Woche später ereignete sich eine Explosion in einer Chemiefabrik in Tianjin, einer Stadt im Norden des Landes. Die Reporter von Initium schafften es durch die Sicherheitsschleusen, fanden heraus, dass 173 Menschen zu Tode gekommen waren, und berichteten anschließend über die Verbindungen des Fabrikbesitzers zu hohen und höchsten Kreisen. Wenige Tage später wurde die Website ohne offizielle Ankündigung in ganz Festlandchina blockiert. Das Unternehmen war gezwungen, sein Geschäftsmodell umzustellen und sich auf die Berichterstattung für Chinesen im Ausland zu verlegen – ein deutlich kleinerer Markt.

Besonders alarmiert waren die Behörden, als im Jahr 2010 Smartphones erhältlich und erschwinglich wurden. Damit hatten die Menschen die Möglichkeit, Informationen einfach und schnell zu verbreiten, rund um die Uhr. Also traf, wie Dr. Creemers ausführt, die Staatsführung eine Reihe von Maßnahmen und erließ Vorschriften mit dem Ziel, die sozialen Medien in die Privatsphäre abzudrängen. »So wurde zum Beipiel manches unternommen, um der Microblogging-Plattform Weibo ihre Popularität zu nehmen, dafür wurde WeChat massiv gefördert. Warum? Weil WeChat nicht öffentlich ist: Wenn Sie etwas innerhalb Ihrer Chat-Gruppe teilen, erfahren davon nur wenige andere Leute, und was überhaupt geteilt wird, wird nur sehr langsam geteilt. So ist das Ganze leichter zu überwachen – nach dem Prinzip ›Teile und herrsche‹ gewissermaßen.«

Chinas neue Gesetze zur Cybersicherheit, die seit 2017 gelten, haben die Mauern, bildlich gesprochen, höher werden lassen denn je. Die Gesetze, die die »digitale Souveränität« gewährleisten sollen, enthalten typische allgemeine Formulierungen, die so ausgelegt werden können, wie die Partei sie ausgelegt haben möchte. Ist beispielsweise ein ausländisches Unternehmen in irgendeinen Teil der kritischen Informationsstruktur Chinas involviert, muss es seine sämtlichen Informationen in physischen Datenbanken innerhalb Chinas speichern. Was jedoch »kritisch« genau bedeutet, ist nicht definiert. Diese Informationen sind für die Regierung zugänglich und dürfen nicht ohne vorherige Überprüfung durch die Geheimdienste ins Ausland übermittelt werden. Ausländische und einheimische Social-Media-Unternehmen müssen alle Registrierungsdaten potenzieller Benutzer aufbewahren, dann ihre Online-Aktivitäten über mindestens sechs Monate verfolgen und aufzeichnen und darauf eingerichtet sein, diese Daten der Regierung auf Verlangen zur Verfügung zu stellen. Die juristische Sprachregelung ist dabei so unkonkret, dass theoretisch von jedem ausländischen Unternehmen, das Dienste in China anbietet, verlangt werden kann, seine Informationen über chinesische Staatsbürger innerhalb Chinas zu speichern. Ein Unternehmen muss auch versichern, dass es Untersuchungen seiner gespeicherten Daten durch die Regierung aktiv unterstützt.

Das alles kostet Geld, das die heimischen Unternehmen lieber in andere Dinge investieren würden, und ausländische Firmen könnten diese Ausgaben von vornherein scheuen. Angesichts des zusätzlichen Risikos für ihr »geistiges Eigentum« entschließen sich gerade Firmen im Bereich IT und neue Technologien eventuell dazu, ihre Investitionen lieber in einem weniger restriktiven Geschäftsumfeld zu tätigen. Das könnte theoretisch zwar Raum für die Entstehung einheimischer Firmen schaffen, diese werden aber wiederum durch die Einschränkungen des freien Flusses von Informationen und Ideen behindert. Schon 2016 und damit noch vor dem Inkrafttreten dieser Gesetze berichtete die ›Washington Post‹, nach Angaben der American Chamber of Commerce in China hätten vier von fünf Unternehmen, die dieser Handelskammer angeschlossen sind, negative Einflüsse auf ihr Geschäft aufgrund von Regulierungen und Zensur im Internet erlebt.

Dr. Creemers beschreibt die Partei als »das ultimative Risikomanagement-Unternehmen«, das unablässig den Horizont nach Anzeichen für politische Unruhen absucht. Er glaubt, als das Internet anfangs nach China kam, hätten die Behörden zunächst einige Jahre gebraucht, um sich eine Strategie für den Umgang damit zurechtzulegen. Heute jedoch wüssten sie sehr genau, was sie wollen: »Die wichtigste Taktik, die der Staat entwickelt hat, besteht in der Verhinderung einer organisierten Opposition. Querschnittsinteressen dürfen gar nicht erst zustande kommen. Die Obrigkeit glaubt, man müsse die Menschen voneinander getrennt halten, damit keine Organisationsstruktur auf der Basis von Bevölkerungsschicht, Geographie oder was auch immer entstehen kann. Die traditionellen Medien wurden so organisiert, dass sie nur eingeschränkt wirken können; Fachzeitungen der Stahlbranche schreiben beispielsweise ausschließlich über Stahl, Provinzblätter können nur über ihre jeweilige Region berichten. Selbst wenn also eine Nachrichtenquelle aus der offiziellen Linie ausscherte, blieb der Schaden begrenzt. Das Internet machte dieses Modell zunichte. Erstmals in der jüngeren Geschichte hatten Einzelpersonen in

China Zugang zu den Werkzeugen der Massenkommunikation, und ein paar Jahre lang lief das Internet tatsächlich quasi Amok. Manche halten die Regierung für paranoid, aber ich bin mir da nicht so sicher. Ich denke, sie wissen sehr genau, was sie tun.«

Im Wissen um die wachsenden Risiken für sein Machtmonopol hat Präsident Xi die Leitung der Initiative zur Überarbeitung von Chinas Cyberstrategie gleich selbst übernommen: Die Gruppen, die diese Strategie im Detail ausarbeiten, unterstehen ihm direkt. Für den Präsidenten stellt die Verbreitung von Kommunikation eine potenzielle Bedrohung dar, deshalb beginnt die Zensur auf höchster Ebene.

Xi ist der erste Führer des Landes, der in vollem Wissen um das Potenzial des Internets an die Macht gelangte. Seit seiner Amtsübernahme 2013 beaufsichtigt er persönlich alle Cyberstrategien Chinas, nach innen wie nach außen. Alle führenden Regierungsabteilungen im Cyber-Bereich unterstehen unmittelbar einem Komitee, dem er vorsteht. Er hat diese Macht nicht nur zur Konzeption der betreffenden Maßnahmen genutzt, sondern auch zur Schaffung einer Art »Personenkult«. Die Partei hat gar den Titel »Führungskern der Partei« für ihn vergeben – das stellt ihn in eine Reihe mit Mao und Deng und deutet auf eine nahezu absolute Machtfülle hin. Das Gesicht dieses »Führungskerns« ist heute allgegenwärtig in China, Xi blickt von jeder Plakatwand herab, sein Porträt hängt in jedem Büro und ziert sogar Millionen von Produkten in Touristenläden im ganzen Land, von Beijing und Shanghai bis zur Großen Mauer.

Auf dem 19. Nationalkongress der Kommunistischen Partei im Oktober 2017 festigte der Präsident seine Macht noch weiter. Er sorgte dafür, dass seine Gefolgsleute ins Politbüro gewählt wurden, und diese fördern im Gegenzug das Konzept unter dem Motto »Xi Jinpings Gedanken zum Sozialismus chinesischer Prägung in einer neuen Ära«. Zum ersten Mal seit Mao wurden damit die Ideen eines Führers als »Gedanken« beworben – in der politischen Begrifflichkeit Chinas ist das das Höchste der Gefühle.

Eine weitere digitale Trennlinie verläuft zwischen der Minderheit der Chinesen mit Fremdsprachenkenntnissen und dem großen Rest der Bevölkerung. Geben Sie »Tiananmen-Platz, Unruhen, Panzer« auf Deutsch in das Baidu-Suchfeld ein, und vielleicht finden Sie einen Link (auf Deutsch) zu den Geschehnissen von 1989. Geben Sie dasselbe auf Chinesisch ein, bekommen Sie so etwas zurück wie: »Entsprechend den geltenden Gesetzen und Vorschriften werden einige Suchergebnisse nicht angezeigt« – oder auch, wenn Sie Glück haben, eine hübsche Fotomontage einer der großen Touristenattraktionen der Welt.

David Bandurski, Kodirektor beim China Media Project, hat festgestellt, dass Chinas Cyberspace-Wächter einen neuen Begriff eingeführt haben: »positive Energie«. Dies sei ein Euphemismus für Inhalte, die die Behörden für akzeptabel halten, manche Chinaexperten seien allerdings »besorgt wegen der Möglichkeit, die Förderung ›positiver Energie‹ könnte als Vorwand zur Unterdrückung ›staatsfeindlicher Aktivisten‹ dienen«. Bis 2016 stand Lu Wei dieser Behörde vor, der Mann weiß also um die Macht der Information. Wei hatte sich in der Nachrichtenagentur Xinhua hochgearbeitet, bevor er seinen Cyber-Job übernahm. Danach stieg er zum stellvertretenden Direktor der Abteilung für Öffentlichkeitsarbeit in der Kommunistischen Partei Chinas auf, was im Prinzip bedeutet, er war stellvertretender Leiter der gesamten Medienkontrolle im Land. Es war Wei, der sagte, sein Land habe eine »Cyber-Regulierung chinesischer Prägung«, ein Echo des von Deng formulierten »Sozialismus chinesischer Prägung«. Wei ergänzte, sein Land sei »sehr gastfreundlich gegenüber der Außenwelt, aber ich kann mir aussuchen, wen ich als Gast in meinem Haus aufnehme«.

Die Internetzensur schadet Chinas ökonomischem Potenzial. Das Land ist nach wie vor Weltmarktführer im Bereich E-Commerce; Chinas Umsatz im digitalen Handel macht fast 40 Prozent des weltweiten Umsatzes aus, aber Umsatz im Internethandel und Innovation sind zwei verschiedene Dinge. China möchte nicht nur einen viel größeren Binnenmarkt schaffen, sondern auch hochwertige Produkte herstellen und modernste Technologie entwickeln. Die Chinesen sind sich sehr wohl bewusst, dass die iPhones zwar in China gefertigt werden, Design und Technologie aber aus dem weit entfernten Silicon Valley kommen.

Das ist ein Preis, den die Regierung vorerst wohl zu zahlen bereit ist – das Spiel auf Zeit ist Teil dieses Balanceakts. Die Kommunistische Partei muss sicherstellen, dass sie 1,4 Milliarden Menschen ernähren kann, sie muss Arbeit für sie finden und Produkte, die sie herstellen können, und sie muss Märkte finden, auf denen ihre Unternehmen diese Produkte verkaufen können. Zugleich glaubt die Partei, sie müsse jede Möglichkeit einer organisierten Opposition im Keim ersticken, seien es demokratiehungrige Studenten, nach Unabhängigkeit strebende Tibeter, religiöse Gruppen, die Falun Gong praktizieren, oder auch nur die Freiheit des künstlerischen Ausdrucks. Wenn dies bedeutet, dass der freie Informationsfluss auf Kosten des Wirtschaftswunders unterbunden werden muss – nun, dann ist es eben so.

Qin Shi Huang riss die inneren Mauern der verfeindeten Staaten erst ein, als er zuversichtlich war, diese Staaten auch beisammenhalten zu können. Über 2000 Jahre danach haben die Macht der Staatsführung und die Einheit des Han-Volkes noch immer Vorrang vor allem anderen. Dies gilt selbst dann, wenn diese Einheit nur durch eine digitale Mauer zu erreichen ist, die China in sich spaltet und vom Rest der Welt abschottet.

ZWEITES KAPITEL

USA

»Zeige mir eine 50 Fuß hohe Mauer,
und ich zeige dir eine 51 Fuß lange Leiter.«
Janet Napolitano, frühere US-Ministerin
für Heimatschutz

Vorhergehende Doppelseite: Ein Teil der bereits existierenden Barrieren an der Grenze zwischen den USA und Mexiko, zwischen Ciudad Juárez (Mexiko) und Sunland Park (New Mexico, USA)

Am Tag nach der Wahl Donald Trumps zum 45. Präsidenten der Vereinigten Staaten von Amerika veröffentlichte die ultra-neokonservative Kolumnistin Ann Coulter einen akribisch ausgearbeiteten »detaillierten Plan« mit den Prioritäten für die ersten 100 Tage im Amt. Dieser begann so: »Tag 1: Bau der Mauer beginnen.« Es folgte: »Tag 2: Mauer weiterbauen« und dann immer so weiter: »Tag 3: Mauer weiterbauen.« »Tag 4: Mauer weiterbauen.« Das hörte nicht auf bis: »Tag 100: Bericht an das amerikanische Volk über die Baufortschritte. Mauer weiterbauen.« So weit, so gut, wenn man sich nicht an Überheblichkeit und der Sorte Journalismus stört, dem die Anzahl Klicks über alles geht. Diese Farce hilft der Dame gewiss, ihr Haus abzubezahlen, aber es ist kaum anzunehmen, dass Mrs. Coulter so einfältig ist zu glauben, es würde tatsächlich so kommen. Und so kam es ja auch nicht.

Monatelang war Mr. Trump mit dem Versprechen durchs Land gezogen, eine Mauer an der Grenze zu Mexiko zu bauen, um die illegale Einwanderung in die USA zu stoppen. Auch wenn er anscheinend vor allem »seinem eigenen Genius vertraut« (das sagten die Franzosen einst gerne über Präsident Giscard d'Estaing), hatte man ihn schon vor seinem Einzug ins Weiße Haus über die Kosten dieses Mauerbaus informiert, den politischen Widerstand dagegen und, auch nicht ganz unwichtig, über das Terrain, auf dem er die Mauer zu errichten gedachte. Wenn er in seinen Reden von »einer Mauer, einer großen, wunderschönen Mauer« sprach, traf er damit den Ton, den der harte Kern seiner Anhänger hören wollte, aber ein solides Fundament für ein gigantisches Bauprojekt ist das noch lange nicht. Deshalb liefen die Pläne, die er im Sinn hatte, bald gegen eine Mauer der Realität – und gerieten in den Treibsand von Washington, D.C.

Schon Wochen nach Trumps Wahl suchten konservative republikanische Senatoren wie Lindsey Graham den Weg aus diesem Treibsand. Mr. Graham, einer der klügsten Köpfe auf dem Capitol Hill, begann damit, den Begriff »Mauer« als »Codewort für eine bessere Grenzsicherung« umzudeuten, ganz so, als hätte der Präsident seine Reden im Stil der geheimen BBC-Radiobotschaften an die Résistance in Frankreich gehalten – »Hier spricht London! Jean hat einen großen Schnurrbart«.

Es war kein Codewort; Trump hatte sogar vorgegeben, die Mauer würde aus vorab gegossenen Betonplatten mit einer durchschnittlichen Höhe von knapp zehn Metern zusammengebaut. Zu behaupten, es sei ein Codewort gewesen, war jedoch ein nützlicher sprachlicher Trick, der der Grand Old Party die Möglichkeit gab, weiter ihr Programm zu verfolgen, ohne größeren Schaden zu nehmen. Präsident Trump unterschrieb derweil eine Rechnung über 1,1 Billionen Dollar zur Finanzierung der Staatsausgaben für den Rest des Fiskaljahrs. Der für den Bau der Mauer vorgehaltene Betrag belief sich auf null Dollar.

Das ist vielleicht die berühmteste Mauer der Welt, die gar nicht existiert. Und obgleich sie erst noch gebaut werden muss, ist sie ein mächtiges Symbol dafür, wie die Spaltung den kulturellen und politischen Moloch namens USA antrieb und nach wie vor antreibt.

Fehlende Finanzierung konnte jedenfalls den Präsidenten nicht aufhalten. Die Zoll- und Grenzschutzbehörde der USA bat um Angebote für den Bau von Trumps Mauer, mit der Vorgabe, die Barriere müsse stark genug sein, um Schläge über bis zu vier Stunden mit »Vorschlaghämmern, Wagenhebern, Spitzhacken … Propan- oder Butangasflaschen oder ähnlichen Werkzeugen« auszuhalten. Andere Regeln besagten, sie müsse »physisch in ihrer Höhe beeindruckend« und »unmöglich zu erklimmen« sein. Die rund 200 Angebote waren höchst interessant.

Ein Beitrag stammte von einem gewissen »Rod Hadrian of California«, der mühelos den nur mäßigen Erfolg beiseitewischte, der seinem Namensvetter beim Fernhalten feindlicher Barbaren beschieden gewesen war. Ein weiterer Entwurf von Clayton Industries aus Pittsburgh behauptete, die Lösung zu haben: ein Maschendrahtzaun auf der mexikanischen Seite der Grenze, eine Mauer auf der amerikanischen und dazwischen ein mit Atommüll gefüllter Graben. Aus Clarence, Illinois, kam ein Entwurf von Crisis Resolution Security Services, der wie eine Kopie der Chinesischen Mauer aussah, samt Türmen und mit Zinnen besetzten Mauern. Er bestand aus zwei acht Meter hohen Betonwänden, errichtet auf einem neun Meter großen Wall aus verdichtetem Erdreich. Auf der Mauer verlief ein Fußweg, genau wie auf der Chinesischen Mauer, Firmengründer Michael Hari sah aber auch Potenzial für einen Mauer-Radweg als Touristenattraktion. Mr. Hari, ein ehemaliger Hilfssheriff, berief sich darauf, er habe Mitgefühl mit den Menschen, die versuchten, illegal in die USA zu kommen, seine Entwürfe habe er aber aus patriotischen Gründen eingereicht. Der ›Chicago Tribune‹ sagte er: »Die Mauer wäre für uns nicht bloß eine physische Barriere gegen die Immigration, sondern auch ein Symbol der Entschlossenheit Amerikas, seine Kultur und Sprache, sein historisches Erbe gegen alle Fremden zu verteidigen.«

Und das ist der Kern der Sache. Natürlich können Mauern illegale Grenzübertritte reduzieren – auch wenn gerade diese Grenzbefestigung eine besonders poröse ist –, aber sie leisten noch weit mehr: Sie geben Menschen, die »wollen, dass etwas getan wird«, das Gefühl, dass tatsächlich etwas getan wird. Dr. Reece Jones von der University of Hawaii, Autor des Buches ›Violent Borders‹, sagt, »Mauern als solche funktionieren kaum, aber sie sind mächtige Symbole dafür, dass gegen wahrgenommene Probleme etwas unternommen wird«. Die Chinesische Mauer sollte die zivilisierte Welt gegen die mongolischen Horden abschotten; Trumps Mauer soll Amerikaner von Nichtamerikanern trennen. Es ist die Vorstellung von der Nation, die die Amerikaner eint, und nun steht Trumps Mauer – zumindest in den Augen mancher – für die Bewahrung und die Unantastbarkeit dieser Vorstellung. Sie bekräftigt die Idee des »Make America Great Again« und steht symbolisch für Trumps Mantra des »America First«.

In allen Ländern gibt es Trennlinien. Amerikas Gründerväter wussten das und versuchten, »eine Nation unter Gott« zu erschaffen, mit gleichen Rechten für alle. Die Mängel der frühen Jahre, insbesondere die Sklaverei, sind nur zu bekannt, doch nach einer wechselvollen Geschichte sind die USA, verfassungsmäßig wie juristisch, ein freies Land geworden, das die Rechte und die Gleichheit seiner Bürger vor dem Gesetz schützt und bestrebt ist, innere Spaltungen zu überwinden. Das ist schon für sich genommen eine beachtliche Leistung: Gleichheit vor dem Gesetz ist eine starke Grundlage, um diese Gleichheit auch Wirklichkeit werden zu lassen. Eines der Ideale der USA ist seit jeher, dass alle Bürger als Amerikaner definiert sind – als eine Bevölkerung, die durch gemeinsame Werte verbunden ist, nicht durch »Rasse«, Religion oder ethnische Herkunft. Das Motto, das der Adler im Staatswappen der Vereinigten Staaten im Schnabel hält, lautet: »E pluribus unum« (Aus vielen eines). Mehr als die meisten anderen Länder haben die USA zumindest teilweise erfolgreich Menschen aus aller Welt zu einer Nation zusammengeführt. Im Libanon oder in Syrien zum Beispiel hat die nationale Identität weit weniger Bedeutung als die ethnische, religiöse oder stammesbezogene Identität. Dennoch erkennt man ohne große Mühe, dass Teile jener »strahlenden Stadt auf dem Hügel« alles andere als glanzvoll dastehen und andere einfach vor sich hin rosten.

Jede Mauer hat ihre eigene Geschichte zu erzählen. Die Befestigung der Saudis entlang der irakischen Grenze ist rein funktional – und sie funktioniert. Sie steht da nicht als steinerner Ausdruck des Misstrauens der Saudis gegenüber »den anderen«, denn jenseits der Grenze haben diese »anderen« größtenteils die gleiche Religion, Sprache und Kultur wie die Bewohner des Königreichs.

Amerika ist da ganz anders. Es ist das »Anderssein« jener, die ins Land kommen, und die Furcht, sie könnten das verwässern, was manche als »amerikanische Kultur« wahrnehmen, das die Mauer ihren Befürwortern so wichtig erscheinen lässt. Aus der Sicht der Gegner widerspricht die Mauer den amerikanischen Werten von Freiheit, Unabhängigkeit, Gleichberechtigung und dem Grundsatz eines »Amerika für alle«. Die Kontroverse über die Mauer trifft den Kern der Debatte darüber, wer bestimmen darf, was »amerikanisch« im 21. Jahrhundert eigentlich heißt.

Laut US-Statistikbehörde hatte Texas im Jahr 2015 eine Einwohnerzahl von 27,5 Millionen, und 38,8 Prozent davon waren Latinos. Studien des Pew Research Center, einer unabhängigen Denkfabrik, gehen davon aus, dass 2014 etwa 4,5 Millionen Immigranten in dem Staat lebten, die Mehrzahl von ihnen spanisch sprechend. Dieser Trend zeigt sich auch in anderen Bundesstaaten in der Region. Fahren Sie mal von Phoenix, Arizona, nach Süden durch die ebene Wüstenlandschaft in Richtung der 300 Kilometer entfernten mexikanischen Grenze: Je weiter Sie nach Süden kommen, desto mehr Spanisch hören Sie und desto »hispanischer« wird der Alltag der Leute. Da dieser Trend anhält, ist es denkbar, dass in den nächsten Jahrzehnten mehrere Staaten die spanische Sprache dem Englischen als offizielle Sprache in Schulen und Behörden gleichstellen werden. Auf Bundesebene haben die USA keine offizielle Landessprache, in 30 der 50 Bundesstaaten ist gegenwärtig allerdings Englisch als Landessprache festgelegt. Texas und New Mexico verwenden aber bereits Englisch und Spanisch in amtlichen Dokumenten, und mit den Jahren werden unweigerlich weitere folgen. Mit der wachsenden Vorherrschaft der spanischen Sprache und Kultur könnten manche Regionen auch eine größere Autonomie gegenüber dem Bundessystem einfordern. Bis dahin können noch Jahrzehnte vergehen, die Möglichkeit ist jedoch real. Die Geschichte kennt viele Nationalstaaten, die sich genau in dieser Weise entwickeln und entwickelt haben.

Teile des amerikanischen Wahlvolks sorgen sich deshalb, die USA könnten bei diesem demographischen Wandel irgendwann nicht mehr von einer weißen, englischsprachigen Mehrheit geprägt sein; das ist eines der Themen, die die aktuelle Politik der USA bestimmen. Der Nativismus scheint mit der Wahl Trumps einen Höhepunkt erreicht zu haben, und der Bau einer Betonmauer würde symbolhaft für einen bestimmten Abschnitt amerikanischer Geschichte stehen. Bei alledem sollte man aber wissen, dass die Grenze zwischen den USA und Mexiko eine lange und komplizierte Geschichte hat. Ihr gegenwärtiger Verlauf wurde nach dem Vertrag von Guadalupe Hidalgo von 1848 festgelegt, der das Ende des mexikanisch-amerikanischen Kriegs besiegelte. Davor lag die Grenze ganz woanders.

Wo genau die Trennlinie verlief, wurde nach dem Louisiana-Kauf von 1803 zu einer Frage der nationalen Sicherheit. Durch diesen Kauf wurde das Mississippi-Flusssystem, an dessen Mündung der wichtige Hafen von New Orleans liegt, Teil der USA. Zu jener Zeit hatten die Spanier die Kontrolle über Texas als Teil von »Neuspanien«, und das wurde nun zu einem Problem für die Amerikaner, denn es bedeutete, dass eine potenziell feindliche Militärmacht quasi vor den Toren von New Orleans stand. Sie wollten die Region unter ihre Kontrolle bekommen. Die Amerikaner stellten sich auf den Standpunkt, Texas sei Teil des Deals, mit dem die Amerikaner Louisiana erworben hatten; Spanien sah das natürlich anders, hatte aber von vornherein keine gute Verhandlungsposition. Laut einer spanischen Volkszählung von 1793 gab es weniger als 5000 nicht den Ureinwohnern angehörende amerikanische Siedler in Texas. Spanien war weit, die Kriege in Europa hatten es geschwächt, und die USA waren die direkten Nachbarn von Texas und strebten nach Ausdehnung.

Im Rahmen der anschließenden Verhandlungen einigten sich beide Staaten im Jahr 1819 darauf, dass Florida an die USA gehen und Spanien die Kontrolle über Texas behalten sollte.

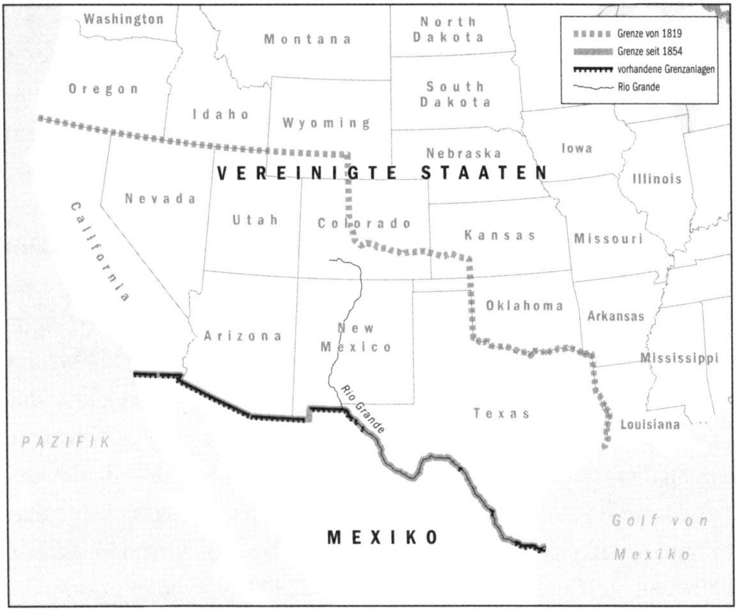

Die Grenze zwischen den USA und Mexiko 1819 und 2017 mit den aktuell vorhandenen Grenzbefestigungen

Außerdem würden die USA ihre Ansprüche auf diese Region aufgeben. 1821 jedoch erlangte Mexiko die Unabhängigkeit von Spanien und forderte nun Texas als Teil seines Territoriums ein. Die Mexikaner, damals gegenüber der indigenen Bevölkerung nach wie vor deutlich in der Minderheit, sahen im Volk der Komantschen die größte Bedrohung für ihren hegemonialen Anspruch, also legten sie die Priorität darauf, die Bevölkerungszahl von Texas zu erhöhen, um ihre Macht abzusichern – genau das jedoch führte letztlich zum entgegengesetzten Ergebnis.

Der Glaube, ein größerer amerikanischer Bevölkerungsanteil könnte als Puffer zwischen den Komantschen und den eigenen Siedlern dienen, die dann problemlos in die Bevölkerung integriert werden konnten, gab der mexikanischen Regierung jede Menge Anreize, Siedler aus den USA und aus Mexiko nach Texas zu locken. Den Neuankömmlingen sollte gar schon drei Jahre nach ihrer Ankunft die mexikanische Staatsbürgerschaft angeboten werden. Allerdings widersetzten sich die neuen Einwanderer gewissen Aspekten der mexikanischen Kultur, und die Assimilation verlief ganz anders als von der Regierung erhofft. Vor allem zwei Hindernisse standen hier im Weg: Religion und Sklaverei.

Die meisten amerikanischen Siedler in Texas waren Protestanten, manche davon tief gläubig. Vom Katholizismus, auf dem Mexiko als ausschließliche Religion für das Territorium bestand, wollten sie nichts wissen. Viele von ihnen waren auch Sklavenbesitzer, Mexiko dagegen war für die Abschaffung der Sklaverei und erklärte sie 1829 offiziell als strafbar. Mexiko erkannte das Problem und versuchte, die Zuwanderung zu begrenzen, aber die Siedler kamen dennoch immer weiter, wenn auch illegal, ins Land, sodass sie bis 1834 fast im Verhältnis 10:1 gegenüber den mexikanischen Siedlern in der Überzahl waren. Die wachsende Feindseligkeit spielte Washington, D.C., in die Karten, und Amerika ermunterte die Siedler zum Aufstand gegen die Herrschaft der Mexikaner; am Ende rief Texas im Jahr 1836 die Republik aus. Diese wollte sich dann den USA anschließen, allerdings verweigerte sich Washington mehrere Jahre lang diesem Ansinnen. Zwei wesentliche Probleme standen im Weg. Erstens war de facto eine Pufferzone zwischen New Orleans und Mexiko entstanden, und man hielt es nicht für wert, die Mexikaner vor den Kopf zu stoßen. Zweitens war die Union selbst in Aufruhr wegen der Sklavenfrage, und Texas war ein Sklavenstaat. Dennoch stimmte Washington 1845 zu: Texas wurde der 28. Bundesstaat der USA, damit reichte die Südgrenze der USA nun bis an den Rio Grande.

Die USA drängten immer weiter westwärts und lösten so den mexikanisch-amerikanischen Krieg aus. Ein Scharmützel am Rio Grande im Jahr 1846 war der Zündfunke. Der Krieg dauerte bis 1848, und als er vorbei war, hatte Mexiko rund ein Drittel seines Territoriums im Vertrag von Guadalupe Hidalgo verloren, einschließlich fast des gesamten Gebietes der heutigen US-Bundesstaaten New Mexico, Arizona, Nevada, Utah und Kalifornien.

Damit war die Sache gelaufen – Mexiko war schwach, Amerika war stark. Aber das wird nicht zwangsläufig für immer und ewig so bleiben. Grenzen haben sich auch früher schon verschoben, und das könnte in Zukunft wieder so sein. Die Amerikaner sind sich dessen bewusst: Sie verbarrikadieren sich schon seit langer Zeit an ihrer Südgrenze, und das ist kein ausschließlich republikanischer Wesenszug.

Nach dem Ende des mexikanisch-amerikanischen Kriegs 1848 wurde sechs Jahre lang versucht, den Grenzverlauf zu überwachen und endgültig festzulegen, aber ursprünglich markierten gerade einmal 52 Grenzsteine die über 3000 Kilometer lange Grenze, und die Grenzlinie selbst wurde im Großen und Ganzen nur oberflächlich beobachtet. In den Jahren der Prohibition (1920–1933) nahm allerdings der Alkoholschmuggel aus Mexiko deutlich zu, und 1924 wurde die United States Border Patrol gegründet, um dieses Problems Herr zu werden. Ein Jahr später ermunterte man die Stadt El Paso, einen engmaschigen, meterhohen Stacheldrahtzaun aufzustellen, durch den garantiert weder Schwarzbrenner noch Schmuggler durchkommen würden. Natürlich gelang es nie, den Fluss illegalen Schnapses über die Grenze vollständig einzudämmen – schließlich waren damit erkleckliche Gewinne zu machen. Ein paar Jahre später war Schluss mit der Prohibition, aber nicht mit dem Fluss illegaler Produkte über die Grenze. Die Amerikaner konsumierten immer größere Mengen von Drogen, also kamen anstatt des Alkohols immer größere Mengen von Marihuana, Heroin und Kokain über die Grenze, um die Nachfrage zu bedienen, zugleich nahm die Zahl der Menschen, die sich auf der Suche nach Arbeit nach Norden aufmachten, unablässig zu.

Ein entscheidender Wendepunkt im Migrantenstrom von Mexiko in Richtung USA stellte sich während der Weltwirtschaftskrise ein. Angesichts der enormen wirtschaftlichen Probleme überall in den USA rückte das Problem von Zuwanderern, die Amerikanern die Jobs wegnahmen, immer mehr in den Mittelpunkt, und vor allem die Mexikaner gerieten ins Visier – in der Phase der

Rückführung wurden zwischen 500 000 und zwei Millionen Menschen nach Mexiko deportiert, von denen viele in Wirklichkeit in den USA geborene amerikanische Staatsbürger waren. Mit dem Eintritt in den Zweiten Weltkrieg änderten die USA ihre Strategie; da die meisten amerikanischen Arbeiter in der Kriegswirtschaft beschäftigt waren, gab es ab 1942 eine konzertierte Anstrengung, Arbeiter ins Land zu locken, vor allem aus der Landwirtschaft, um ein boomendes Nachkriegsamerika zu versorgen – ein Trend, der bis Mitte der 1960er-Jahre anhielt.

Die Regierung änderte ihre Einwanderungspolitik erneut, als angesichts wirtschaftlicher Abkühlung und verstärkter Migration die Rufe nach Begrenzung der Zuwanderung lauter wurden, und nun begann man tatsächlich, Grenzbefestigungen hochzuziehen. 1978 veröffentlichte die US-Einwanderungsbehörde (Immigration and Naturalization Service – INS) eine Ausschreibung für den Bau von zwei 3,60 Meter hohen Zäunen samt Stacheldrahtkrone in Texas. Ein Anbieter aus Houston versicherte dem INS, sein Entwurf würde dank seines rasiermesserscharfen Stacheldrahts »jedem die Zehen abschneiden, der versucht, den Zaun zu überwinden«. Der Zaunbau hatte ohnehin bereits zugenommen, aber diese Aussage erfuhr bundesweite Aufmerksamkeit und Entrüstung – die Kritiker tauften den Entwurf »Tortilla-Vorhang«. Zwar war das Thema bereits ins Bewusstsein der Nation eingegangen, doch dieser Vorfall verstärkte die öffentliche Wahrnehmung noch – und seither ist sie immer weiter gewachsen.

Die Bautätigkeit ging voran, wenn auch mit weniger martialischer Rhetorik in Sachen abgeschnittener Finger oder Zehen. Die Einwanderungszahlen gingen dagegen nicht spürbar zurück. 1986 schloss Präsident Ronald Reagan einen Deal: Rund drei Millionen illegale Immigranten, die vor 1982 in die USA gekommen waren, erhielten eine »Amnestie«. Im Gegenzug genehmigte der Kongress strengere Vorschriften, um Firmen daran zu hindern, illegale Einwanderer zu beschäftigen, sowie eine verschärfte Sicherung der Grenzen.

In den Jahren danach wurden weitere Barrieren errichtet, wenn auch mit begrenztem Budget und gelegentlich unter Nutzung von Baumaterial, das aus dem Vietnamkrieg übrig geblieben war – beispielsweise Metallplatten, perforierte Stahlplanken, die als provisorische Landebahnen für Flugzeuge gedient hatten. Im Süden Kaliforniens wurde aus mehreren Zehntausend dieser Planken eine Grenzmauer platziert. Um Kosten zu sparen, stellte man die Planken allerdings nicht senkrecht auf, sondern installierte sie waagrecht. So deckten sie mehr Fläche ab, aber logischerweise war die Barriere so auch weniger hoch, und als der Rost an den Planken zu nagen begann, boten die Löcher sogar praktische Handgriffe für jeden, der ein wenig Hilfe brauchte, um über die Konstruktion zu klettern. Egal welche Zäune man auch aufstellte, die Menschen schafften es immer noch relativ leicht, sie zu überwinden. Die Beamten der Grenzpatrouille sahen allmählich in den diversen Barrieren einfach eine Möglichkeit, den Zustrom einzudämmen, sodass man eher in der Lage wäre, die Leute zu erwischen, aber nicht als Mittel zur umfassenden Verhinderung des Grenzübertritts.

In den frühen 2000er-Jahren, unter der Präsidentschaft von George W. Bush und nach dem 11. September 2001, startete die Regierung ein umfassendes Programm zur Grenzsicherung, mit einem bisher nie da gewesenen Maß an Abschottung entlang des größten Teils der Grenze. Der Kongress verabschiedete den »Secure Fence Act« und gab seinen Segen zum Bau von weiteren gut 1000 Kilometern Zaun. Für die Maßnahme stimmten unter anderem auch Hillary Clinton und Barack Obama. Doch selbst nach diesen Verbesserungen und mit parteiübergreifender Unterstützung war der Zaun in den Worten von Mike Scioli, Sprecher der Grenzbehörde im Jahr 2008, nicht viel mehr als »eine Straßenschwelle in der Wüste«.

Als Präsident Obama ins Weiße Haus einzog, gab es rund 1000 Kilometer an Grenzbarrieren, und er baute weiter – Zäune wurden erweitert, in manchen Gegenden verdoppelt, hier und da sogar verdreifacht. In seiner Amtszeit wurden auch – verglichen mit den Bush-Jahren – deutlich mehr illegale Einwanderer zwangsweise zurückgeschickt. Überraschen kann das eigentlich nicht, wenn man sich seine Rede vor dem Senat im April 2006 anhört. Darin beschrieb er das Einwanderungssystem als »gescheitert«, da es eine »Flut von Illegalen« nach Amerika kommen ließe:

> Die Amerikaner sind ein gastfreundliches und großzügiges Volk. Diejenigen aber, die illegal in unser Land kommen, und diejenigen, die sie beschäftigen, respektieren das Gesetz nicht. Und weil wir in einer Zeit leben, in der Terroristen unsere Grenzen gefährden, können wir schlicht und einfach nicht zulassen, dass Menschen unerkannt, ohne Dokumente und ungeprüft in die Vereinigten Staaten strömen. Die Amerikaner haben jedes Recht, einen besseren Grenzschutz und eine bessere Durchsetzung der Einwanderungsgesetze zu fordern … Und bevor ein Gastarbeiter eingestellt wird, muss der betreffende Job erst einmal amerikanischen Staatsbürgern angeboten werden, und zwar bei angemessener Bezahlung mit Zuschlägen.

Später schlug Obama mildere Töne an, als er dazu aufrief, Einwanderern ohne Papiere den Weg aus der Illegalität zu ebnen. Sie sollten die Chance erhalten, »den Weg zur vollwertigen Teilnahme an unserer Gesellschaft einzuschlagen … nicht nur aus humanitären Gründen; nicht nur, weil diese Menschen, auch wenn sie gegen das Gesetz verstoßen haben, auf der Suche nach einem besseren Leben für ihre Kinder ehrenwerten Motiven folgten; sondern weil es der einzig gangbare Weg ist, um diese Bevölkerungsgruppe, die sich hier und heute in unserem Land aufhält, in den Griff zu bekommen«. Das war eine pragmatische Herangehensweise. Obama erkannte die Probleme, die die Identifizierung und Rückführung der bereits im Land lebenden Immigranten und die Schaffung von Spielraum für deren Verbleib mit sich brachten. Zugleich räumte er damit ein, dass illegale Zuwanderung tatsächlich ein Problem darstellte und Maßnahmen notwendig waren, um diese »Flut« einzudämmen.

Der Erfolg all dieser Versuche Obamas und seiner Vorgänger, Grenzbarrieren zu errichten und damit den Zustrom von Einwanderern aufzuhalten, ist allerdings fragwürdig. Die Anzahl illegaler Migranten fiel zwar von 12,4 Millionen im Jahr 2007 auf 11,1 Millionen im Jahr 2011. Es ist jedoch schwer auszumachen, zu welchen Anteilen dies den Grenzbefestigungen, der Zunahme von Deportationen oder der Veränderung der wirtschaftlichen Rahmenbedingungen geschuldet ist.

Ein Teil des Problems besteht darin, dass die USA nach wie vor Chancen bieten – nicht nur für die, die Arbeit suchen, sondern auch für skrupellose Bosse, die gewillt sind, ihre Arbeiter auszubeuten. Und da zeigt sich ein Aspekt der Heuchelei hinter manchen der Argumente kontra Einwanderung. Zahllose amerikanische Firmen, große wie kleine, beschäftigen unzählige illegale Immigranten, bezahlen sie schlecht, verweigern ihnen sämtliche Rechte und verstecken ihre Anwesenheit vor den Behörden. Die Regierung könnte ja auch damit beginnen, reihenweise amerikanische Manager zu verhaften, die wissentlich illegale Einwanderer beschäftigen. Wie populär eine solche Maßnahme bei den Unternehmen wäre, die auf dem Bau und bei der Ernte auf billige Arbeitskräfte angewiesen sind, ist natürlich eine andere Frage.

Letztendlich sind nur sehr wenige Barrieren wirklich undurchdringlich. Menschen haben Ideen, und wer nur verzweifelt genug ist, wird Wege finden – über die Grenzbefestigungen oder darunter hindurch. Zusätzliche Barrieren drängen die illegalen Einwanderer in spe einfach immer weiter ab in unbewachte, unbewohnte Gegenden. Diese liegen oft in der Wüste und müssen zu Fuß durchquert werden. Das bedeutet, dass Tausende beim Versuch, es ins Gelobte Land zu schaffen, ihr Leben riskieren werden.

Es liegt eine gewisse Ironie darin, etwas zu bauen, das scheinbar ein Problem beseitigt – nämlich Menschen am Hereinkommen zu hindern –, das aber gleichzeitig Menschen aufhält, die gerne hinausgehen würden. Viele kommen nämlich ganz legal in die USA, mit einem Touristenvisum. In diesem Jahrzehnt sind mehr als die Hälfte derer, die die Grenze von Süden nach Norden überquert haben, in den USA geblieben; eine funktionierende Mauer macht es jedoch deutlich schwerer für sie, wieder zurückzukehren, sobald sie »Illegale« geworden sind. Wer beispielsweise in Phoenix illegal arbeitet, wird selbst dann, wenn es dort nicht so gut für ihn läuft, wenig Anreiz zur Rückkehr verspüren, wenn er damit rechnen muss, beim Versuch, das Land zu verlassen, verhaftet zu werden.

Eine weitere Ironie besteht darin, dass Mexiko selbst sehr restriktive Einwanderungsgesetze hat und jedes Jahr mehr Menschen ausweist als die USA. Seine Einwanderungspolitik enthält eindeutig diskriminierende Elemente und stützt sich auf das mexikanische Einwohnergesetz aus dem Jahr 1974. Darin ist festgelegt, dass Menschen, die nach Mexiko kommen möchten, abgewiesen werden können, wenn ihre Anwesenheit »das Gleichgewicht der nationalen Demographie« stören könnte. Amerikas Gesetze sind gegenüber Fremden schon ziemlich streng, die mexikanischen sind strenger. Wird man beispielsweise in Mexiko ein zweites Mal ohne Aufenthaltserlaubnis erwischt, drohen bis zu zehn Jahre Gefängnis. Republikanische Politiker in den USA erinnern ihre mexikanischen Kollegen mit Vergnügen an diese Gesetze. Manche sticheln, es wäre doch gut, wenn alle drei Länder des Nordamerikanischen Freihandelsabkommens NAFTA (Mexiko, USA und Kanada) die gleichen Einwanderungsgesetze hätten und dabei diejenigen von Mexiko als Grundlage nähmen.

Amerikas Einwanderungspolitik wurde auch durch die Zunahme terroristischer Vorfälle in den USA und in der gesamten westlichen Welt beeinflusst. Trump hat mit einer härteren Haltung in Sachen Einwanderung reagiert als seine Amtsvorgänger, mit Einreiseverboten, mit der Mauer und mit großer Entschlossenheit, Menschen auszuweisen und abzuschrecken. Ob das wirklich hilft, ist fraglich, vor allem was die Mauer betrifft. Zunächst einmal gibt es keinerlei Anhaltspunkte dafür, dass Terroristen über die mexikanische Grenze in die USA gelangt sind – mehrere Verlautbarungen des Ministeriums für Heimatschutz widersprechen der Behauptung, von der Südgrenze drohe dem Land Gefahr. 2014 teilte das Ministerium beispielsweise mit, es lägen »keine glaubwürdigen Geheimdienstinformationen vor, die belegen würden, dass Terrororganisationen aktiv das Einsickern über die Grenze im Südwesten betreiben«.

Es gibt auch nur begrenzte nachrichtendienstliche Erkenntnisse (zumindest soweit diese öffentlich zugänglich sind), die darauf hinweisen würden, dass die Aufnahme von Flüchtlingen eine nennenswerte Bedrohung darstellen könnte. Alex Nowrasteh, Experte für Einwanderungsfragen am Cato Institute, einer in Washington ansässigen liberalen Denkfabrik, untersuchte Terrorattacken in den USA in den vergangenen vier Jahrzehnten. Er kam zu dem Schluss, dass von den 3,25 Millionen Flüchtlingen, die in diesem Zeitraum ins Land gelassen wurden, nur 20 wegen versuchter oder verübter terroristischer Handlungen auf amerikanischem Boden verurteilt wurden, und »nur drei Amerikaner wurden bei von Flüchtlingen begangenen Attacken getötet – alle begangen von kubanischen Flüchtlingen in den 1970er-Jahren«. Seit dem 11. September 2001 waren über 80 Prozent der in terroristische Vorfälle verwickelten Täter US-Bürger oder legal in den USA Aufenthaltsberechtigte.

Bill Clinton wies darauf hin, dass sich die Verbreitung von Ideen nicht durch Mauern aufhalten lasse. Er bediente sich am Beispiel eines terroristischen Vorfalls im kalifornischen San Bernardino aus dem Jahr 2015. Dabei wurden 14 Menschen getötet und weitere 22 verletzt. Ausgeführt wurde die Tat von Syed Rizwan Farook und Tashfeen Malik, beide waren über die sozialen Medien zum radikalen Islam »bekehrt« worden – Farook wurde in den USA geboren und besaß damit einen rechtmäßigen dauerhaften Wohnsitz im Land. Präsident Clinton kommentierte das so: »Wir können auch eine Mauer an der Grenze zu Kanada bauen. Wir können gigantische Seemauern an der Atlantik- und der Pazifikküste errichten … Wir können die gesamte US Navy an die Golfküste schicken und dort alles und jeden am Betreten des Landes hindern. Wir könnten jedes einzelne Flugzeug der US Air Force in unseren Luftraum schicken und so andere Flugzeuge an der Landung hindern. Die sozialen Medien hätten wir damit aber nicht aufgehalten.« Da ist etwas dran, doch der Präsident blieb unbeeindruckt vom Ratschlag seines Vorgängers. Die Argumente, soziale Medien entzögen sich jeder polizeilichen Überwachung oder Terroristen kämen nicht illegal über die mexikanische Grenze in die USA, erzeugen bei vielen Menschen weniger emotionale Resonanz als die Vorzüge einer Mauer aus Stahl und Beton.

Was die Grenze auch weiterhin massenhaft passiert, sind illegale Waren – und zwar in beiden Richtungen. Drogen »Made in Mexico« können für ein Vielfaches der Herstellungskosten gehandelt werden, da Millionen von Amerikanern ihre guten Dollars nur zu gerne für die illegale Substanz ihrer Wahl ausgeben. In die andere Richtung lassen sich legal in den USA erworbene Waffen mit enormen Gewinnspannen in Mexiko weiterverkaufen. Sehr vieles spricht dafür, dass Barrieren diesen Handel kaum aufhalten werden. Tatsächlich gelangen wohl sogar mehr Drogen über offizielle Grenzposten in die USA als über die Wüste – einen Grenzbeamten zu bestechen ist für die Drogenschmuggler schlicht billiger als der aufwendige Transport durch patrouillenbewehrtes Grenzland oder das Graben eines Tunnels. Genau deshalb bekriegen sich die Drogenbosse ja um die Kontrolle über die von Mauern abgeschotteten Grenzstädte. Sichere dir die Stadt, und du kommst auch an die Grenzbeamten heran. Waffen- und Drogenschmuggler sind oft genug kaltblütige Gangster, die selbst vor Mord nicht zurückschrecken, aber Geschäftsleute sind sie ebenso.

Es wäre sehr sinnvoll für beide Seiten, auf diesem Gebiet zusammenzuarbeiten – nicht bloß, um den Transfer von Menschen und illegalen Waren und Substanzen zu kontrollieren, sondern auch, um den Handel und den wirtschaftlichen Wohlstand in der

Region zu fördern. Zwar sind Mexiko und die USA sehr gegensätzliche Länder hinsichtlich Sprache, Hautfarbe, Religion, Klima und Geschichte, die Wirtschaft jedoch bindet sie immer näher aneinander, und wenn es irgendetwas Grenzüber- oder zur Not auch -unterschreitendes gibt, ist es das Gewinnstreben. Es fehlt gewiss nicht an Möglichkeiten, ungewünschte Immigration einzudämmen, aber eines ist gewiss: Eine lebendige, boomende Wirtschaft südlich des Rio Grande würde mehr gegen den Zustrom von Einwanderern leisten als eine Mauer, da viel weniger Arbeitssuchende sich die Mühe eines Grenzübertritts machen würden.

Nehmen wir die Autoindustrie in der Region, die man heute als »Texas-Mexico Automotive SuperCluster« kennt. In Texas und vier grenznahen Bundesstaaten Mexikos gibt es zusammen 27 Automobilwerke, die für die Produktion fertiger Modelle aufeinander angewiesen sind. Durch diese Zusammenarbeit konnten sie eine erfolgreiche Industrie beiderseits der Grenze etablieren, Arbeitsplätze schaffen, Innovationen fördern und die lokale Wirtschaft beleben. Dafür zu sorgen, dass derlei Arrangements weiterhin ungehindert funktionieren, liegt im Interesse beider Länder.

Dessen ungeachtet zogen sich die USA im ersten Jahr der Präsidentschaft Trumps immer mehr in sich selbst zurück: Sie zerschlagen multilaterale Handelsabkommen, drängen auf die Neuverhandlung von NAFTA und wecken sogar Zweifel an Amerikas Treue zur NATO. Die Weisheit, die diesen Maßnahmen innewohnt, ist fragwürdig, unzweifelhaft ist jedoch, dass so etwas nur die USA fertigbringen können. Amerika stellt etwa 22 Prozent der gesamten Weltwirtschaft. Und noch wichtiger: Sie können die Zugbrücke hochklappen, weil sie laut Weltbank nur etwa 14 Prozent ihres BIP exportieren, und 40 Prozent davon gehen in die Nachbarländer Mexiko und Kanada. Auch wenn also globale Handelskriege für Amerika sehr teuer werden, bleiben sie die einzige Führungsmacht, die die potenziellen Verluste durch den Rückzug aus der Globalisierung auffangen könnte, ohne sich kurzfristig ernsthaft in Gefahr zu bringen.

Die Geschichte lehrt allerdings, dass Isolationismus den USA langfristig sehr wohl schadet; wann immer sie sich auf sich selbst zurückzogen, mussten sie auch wieder den Rückweg in die Weltwirtschaft antreten, und zwar nicht immer dann, wenn sie wirklich darauf eingerichtet waren. Das Für und Wider des Isolationismus ist einer von vielen Konflikten in der Diskussion innerhalb Amerikas zu einer Zeit, in der diese großartige Republik in vielerlei Hinsicht tief gespalten erscheint.

Wird nun also Trumps »große, wunderschöne Mauer« gebaut werden?

»Waffen, Drogen, Illegale« – alles eignet sich bestens, um den politischen Dialog emotional aufzuladen, und die Menschen erwarten Problemlösungen. Also ließ Präsident Trump auch nach seinem Einzug ins Weiße Haus nicht von seinem Getöse ab: »Wir werden die Mauer bauen. Kein Gedanke, davon abzurücken, das ist das Einfachste von der Welt«, erzählte er der National Rifle Association, und seinen Anhängern versicherte er: »Und wenn wir die Regierung dafür dichtmachen müssen, wir bauen diese Mauer.«

Gut möglich, dass »The Donald« das alte englische Sprichwort »Fine words butter no parsnips« (etwa: Hehre Worte machen den Kohl nicht fett) gar nicht kennt, dennoch trifft es hier mit Sicherheit zu. Und bei aller Rhetorik vor und nach der Wahl stieß Trumps Mauerplan auf Probleme, vor denen man ihn gewarnt hatte – es sind die gleichen, die seine Vorgänger mit der Grenzsicherung hatten: Politik, Haushalt, bundesstaatliches Recht, Bundesrecht, Natur, internationale Verträge. Ein Beispiel: Mexiko wie die USA haben Exemplare ihres im Jahr 1970 unterzeichneten Dokuments vorliegen, in dem sie feierlich geloben, die Überflutungsgebiete des Rio Grande offen zu halten. Präsident Obama schritt voran und baute trotzdem Zäune, aber die Vertragsbedingungen erzwangen eine Verlegung der Barriere auf das Territorium der USA, und zwar so weit, dass man riesige Lücken frei halten musste, damit Amerikaner noch zu ihren Häusern gelangen konnten.

Das war so etwas wie ein Konstruktionsfehler und wurde alsbald von Lateinamerikanern bemerkt, die nach Wegen suchten, illegal ins »Land of the Free« zu gelangen.

Etwa zwei Drittel der Gebiete und Ländereien an der Südgrenze befinden sich in Privatbesitz. Viele Eigentümer haben kein Interesse an einer riesigen Betonmauer in ihrem Hinterhof und könnten juristisch gegen den Bau dieser Mauer vorgehen. Kauft der Staat das Land, müssen die Vorbesitzer »angemessen entschädigt« werden, und die Festlegung dessen, was eine angemessene Entschädigung ist, kann sich hinziehen. Amerikanische Ureinwohner können ebenfalls rechtliche Einwände vorbringen und haben das auch bereits getan. Das Volk der Tohono O'odham besitzt beispielsweise Land, das sich beiderseits der Grenze erstreckt, und sie wollen per Gericht verhindern, dass dieses Land geteilt wird.

Auch die Landschaft als solche hält Hindernisse bereit. Die Grenze erstreckt sich über mehr als 3000 Kilometer vom Pazifik bis zum Golf von Mexiko und berührt Kalifornien, Arizona, New Mexico und Texas. Allenfalls über 1600 Kilometer davon könnte eine Mauer errichtet werden; auf dem restlichen Grenzverlauf wären natürliche Hindernisse wie steiles Gelände, felsiger Untergrund und Wasser im Weg.

Wie auch immer: Die Zahlen, die man über das Projekt mitbekommt, sind so gigantisch, dass sie sich der Wahrnehmung Normalsterblicher weitgehend entziehen. Nehmen Sie eine Zahl, egal welche, und zählen Sie noch etwas dazu, weil ja kein Mensch wirklich weiß, was eine Mauer kosten würde – mal abgesehen von »einem Haufen Geld«. Trump hat die Kosten auf ca. 10 bis 12 Milliarden Dollar geschätzt, andere Quellen gehen von deutlich höheren Kosten aus. Das MIT (Massachusetts Institute of Technology) hat eine Schätzung veröffentlicht (allerdings auf der Basis eher grober Annäherungen an die Kosten für Material und Arbeit und eines ausgesprochen ungewissen Zeitrahmens), die davon ausgeht, dass sich die Kosten für eine 1600 Kilometer lange und 9 Meter hohe Betonmauer auf etwa 27 bis 40 Milliarden Dollar belaufen werden. Es gibt noch andere Prognosen über 25 Milliarden bzw. 21 Milliarden – Letztere stammt vom Heimatschutzministerium. Fest steht jedenfalls: Wir reden von einem atemberaubenden Geldbetrag, aber wer für die Idee wirbt, kann ja auch behaupten, es kostet doch bloß 13 Millionen pro Kilometer ... Keine dieser Zahlen berücksichtigt übrigens die Kosten für Wartung und Instandhaltung. Dennoch stören sich viele Leute nicht an diesen Ausgaben – schließlich hat Trump ja gesagt, die Mexikaner würden die Mauer bezahlen. Seine Anhänger waren davon total begeistert, südlich der Grenze kommt die Botschaft weniger gut an. Mexikos Ex-Präsident Vicente Fox Quesada wurde ziemlich deutlich: »Mexiko wird nicht für diese Scheißmauer bezahlen.«

Die Amerikaner kämen billiger weg, wenn man sich auf Senator Grahams gesichtswahrende Behauptung einließe, »Mauer« sei als Synonym für »besseren Grenzschutz« zu verstehen. Vielleicht tut es an der einen oder anderen Stelle ja auch ein Zaun. Parallel zu anderen Maßnahmen wäre er deutlich billiger und hätte immer noch den psychologischen Effekt, das Verlangen mancher Wähler nach einer physischen Barriere zu befriedigen und damit deren Gefühl der Sicherheit zu stärken. Politiker wissen um die Vorteile von Gesten gegenüber praktischer Politik. Bisher jedoch bleibt Trump standhaft bei seiner Behauptung, die Leute wollten eine Mauer, also werden sie sie bekommen. Anfang 2018 wurden bereits mehrere Prototypen der Mauer präsentiert – der Widerstand aus dem Kongress wegen der Finanzierung des Projekts ließ allerdings nicht nach.

Die Hindernisse, die dem Bau der Mauer im Wege stehen, sind beachtlich. Schon rein rechtlich gibt es konzeptionelle Hürden, auch wenn diese, zugegeben, von Fall zu Fall umgangen werden könnten. Aber lohnt sich das wirklich, angesichts der Tatsache, dass noch ganz andere physische Barrieren dem Bau dieses Monstrums im Weg sind? Wenn die Mauer ein politisches Statement darstellt, dann wäre die Antwort für ihre Unterstützer ein klares Ja, und das würde sich auch über die geländebedingten Schwierigkeiten hinwegsetzen. Je dicker der Beton, desto stärker die Botschaft, und desto mehr wird der Kern der Befürworter wachsen. Wenn die Zahl der Einwanderer zurückgeht (was in Verbindung mit anderen Schutzmaßnahmen oder wirtschaftlichen Faktoren durchaus passieren kann), werden viele Wähler die Lücken in der Mauer gerne übersehen; man wird sie als entscheidende Maßnahme preisen, die Ausländer fernhält und die Werte Amerikas wahrt. Eine Mauer ist ein greifbares, physisches Symbol – und bisweilen hat Symbolik mehr Gewicht als praktische Defizite.

Auch andere Präsidenten haben die Grenze zu Mexiko verstärkt, Trumps Mauer jedoch ist ein besonderes Monument der Teilung, weil sie für einen besonderen Moment in der amerikanischen Geschichte steht. Der Bau einer Mauer soll nicht einfach bloß Mexikaner fernhalten. Eine Grenze definiert eine Nation, und Trumps Mauer soll definieren, was Amerika ausmacht – physisch wie ideologisch. Um zu verstehen, wie sie historische Trennlinien widerspiegelt und vertieft, müssen wir unser Augenmerk auf andere Risse richten, die das Land spalten.

Von allen Spaltungen in Amerika scheint die Rassenproblematik die tiefste zu sein. In den USA leben ca. 324 Millionen Menschen. Laut CIA World Factbook auf der Grundlage der Volkszählung von 2010 sind davon 72,4 Prozent weiß, 12,6 Prozent schwarz, 4,8 Prozent Asiaten und knapp 1 Prozent indianischer Abstammung oder Alaska-Ureinwohner. Menschen mit »zwei oder mehr ›Rassen‹« machen 2,9 Prozent aus, Ureinwohner von Hawaii und anderen Pazifikinseln 0,2 Prozent, und dann gibt es noch 6,2 Prozent »Sonstige«. Sie werden bemerkt haben, dass die Latinos in dieser Statistik fehlen. Das liegt daran, dass die US-Zensusbehörde Latinos als Menschen lateinamerikanischer Herkunft einstuft, die »jeder rassischen/ethnischen Gruppe angehören könnten«. Diese gemischte Bevölkerungsgruppe stellt die größte Minderheit in den USA, sie macht etwa 17 Prozent der Gesamtbevölkerung aus.

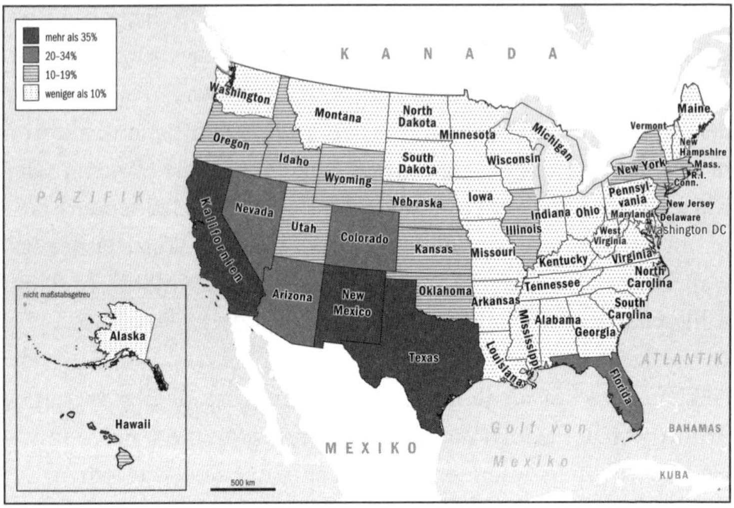

Bevölkerungsanteil der Latinos in den USA (2014)

Und diese Zahl wird im 21. Jahrhundert vermutlich weiter zunehmen. Wie wir bereits gesehen haben, nimmt der Anteil der weißen Mehrheit an der Bevölkerung ab (vor allem in den Südstaaten) – in einem Land, das sich schon jetzt mit der vollen Integration schwertut. Die Schätzungen hinsichtlich der Bevölkerungsstruktur gehen auseinander, doch die meisten Fachleute sind sich einig, dass es in ein paar Jahrzehnten vielleicht keine weiße Mehrheit mehr geben wird. Inklusive der Latinos machen Nichtweiße gegenwärtig etwa 40 Prozent der Bevölkerung aus, und diese Zahl wird laut Prognosen bis zum Jahr 2050 auf 53 Prozent anwachsen.

Die Latinos werden dann ca. 29 Prozent stellen, sie werden damit über die nächsten 30 Jahre die am schnellsten wachsende ethnische Gruppierung sein. Für jene, denen dieser Trend Bauchschmerzen bereitet, halten der Bau einer Mauer und der potenzielle Stopp des Zustroms von Immigranten die Hoffnung aufrecht, diesen demographischen Wandel aufzuhalten, auch wenn die Mauer in der Realität an der Situation wenig ändern wird.

Die einwanderungsfeindliche Rhetorik, die die Unterstützung für die Mauer tendenziell begleitet, erzeugt jedoch weitere Spannungen innerhalb der US-Bevölkerung. Die Immigranten werden regelmäßig negativ dargestellt, Trump selbst nennt sie »bad hombres«: »Wenn Mexiko seine Leute über die Grenze schickt, schicken sie nicht ihre Besten … sie schicken Leute, die eine Menge Probleme haben, und die bringen diese Probleme zu uns. Sie bringen Drogen. Sie bringen Kriminalität. Es sind Vergewaltiger. Und einige davon, denke ich, sind anständige Leute.« Diese Sprache hat zur Folge, dass die Diskriminierung der Latinos im letzten Jahrzehnt laut Berichten immer mehr zugenommen hat. Laut einer Umfrage von Pew Research aus dem Jahr 2016 geben 52 Prozent der Latinos an, sie würden wegen ihrer Herkunft unfair behandelt. Unter den 18- bis 29-Jährigen steigt dieser Wert sogar auf 65 Prozent. Interessanterweise entsprach diese Zahl der in der gleichen Altersgruppe bei Schwarzen. Insgesamt gaben allerdings deutlich weniger Latinos an, Schwierigkeiten mit »el racismo« zu erleben.

Was die Rassengleichheit angeht, sind zweifellos enorme Fortschritte geschehen, Tag für Tag leben Millionen Amerikaner aller Hautfarben friedlich zusammen, begegnen sich frei, essen, arbeiten und spielen zusammen. Und dennoch ist der Rassismus auch heute noch eine große Streitfrage im ganzen Land.

Die schnell wachsende Latino-Bevölkerung erlebt gewiss Diskriminierung, aber die eindeutigste rassische Trennlinie in den USA verläuft zwischen Weiß und Schwarz. Ihr Ursprung liegt in der Zeit der Sklaverei, und sie besteht bis heute. Diese Spaltung wirkt sich ganz offenkundig negativ auf das Leben der Menschen aus: Nach praktisch allen Maßstäben bedeutet schwarz zu sein in Amerika, dass man mit größerer Wahrscheinlichkeit in Sachen Wohlstand, Bildung und Gesundheit schlechter dastehen wird als ein Weißer. Immer und überall trifft das wohl nicht zu: Eine wohlhabende schwarze Mittelschichtfamilie mit Einfamilienhaus am Stadtrand hat wahrscheinlich mehr Chancen im Leben als eine verarmte weiße Familie auf dem Land. Eine Studie des Brookings

Institute legt nahe, dass unabhängig von der ethnischen Gruppenzugehörigkeit – weiß, schwarz oder Latino – eine arme Herkunft, sogar mit College-Abschluss, bedeutet, dass man im späteren Leben schlechter verdient als jemand aus einer besser betuchten Familie.

Als Faustregel gilt aber in jedem Fall: In der Lotterie des Lebens stehen deine Chancen nicht sehr gut, wenn du schwarz bist. Der historische und der aktuelle Rassismus sind unzweifelhaft entscheidende Faktoren für die alarmierende Ungleichheit zwischen verschiedenen ethnischen Gruppen. Das gilt schon gleich nach der Geburt. Im reichsten Land der Welt liegt die Kindersterblichkeit bei 4,8 pro 1000 Geburten in der weißen Bevölkerung, aber bei 11,7 bei den Schwarzen – das entspricht international einem Mittelplatz, etwa auf einer Stufe mit Mexiko.

Schlechtere Gesundheitsversorgung, geringerer Wohlstand und geringere Erfolgsaussichten tragen allesamt auch zu einem schlechteren Bildungsniveau bei, was sich bereits im Alter von zwei Jahren zeigt. In diesem Alter schneiden laut Bildungsstatistiken der OECD und des US-Bildungswesens schwarze Kinder etwas schlechter bei der Entwicklung bestimmter Fertigkeiten ab. Bei den Drei- bis Fünfjährigen vergrößert sich diese Kluft noch leicht hinsichtlich der Lesekompetenz; das wird auf einen relativen Mangel an Lesestoff in schwarzen Familien zurückgeführt, aber auch darauf, dass die Eltern weniger Zeit zum Vorlesen haben, und vielleicht herrscht außerdem ein Mangel an Interesse an diesen Büchern, weil darin so wenig nichtweiße Akteure vorkommen. Im weiteren Verlauf der Schulkarriere stellen wir fest, dass schwarze Amerikaner dreimal häufiger suspendiert und/oder der Schule verwiesen werden als weiße Schüler. In Schulen mit hohem Anteil ethnischer Minderheiten sind auch die Lehrer oft weniger erfahren und schlechter bezahlt.

Hinter diesen Zahlen steht oft die Realität des Alltags in einem alleinerziehenden Single-Haushalt mit geringem Einkommen. 25 Prozent der schwarzen Eltern geben an, ihre Kinder lebten in unsicheren Wohnvierteln, bei weißen Eltern liegt dieser Wert nur bei sieben Prozent. Wenn es auf das Schulabschlussalter zugeht, stellen wir fest, dass Schwarze doppelt so häufig ohne Abschluss von der Highschool abgehen wie Weiße. Eine Studie besagt, wenn man bei der Bewertung der Bildungsabschlüsse weißer und schwarzer Amerikaner die gleichen Maßstäbe anlegen würde wie bei Ländervergleichen, lägen die Weißen auf dem Niveau Großbritanniens, die Schwarzen auf demjenigen Chiles. Beim Studium erreichen 36,2 Prozent der Weißen einen Abschluss gegenüber 22,5 Prozent der Schwarzen. Und wenn man mit diesen Zeugnissen ins Arbeitsleben einsteigt, stellt man fest, dass schwarze Amerikaner weniger verdienen. Auch die Gefahr, im Gefängnis zu landen, ist für Schwarze größer: Sie stellen etwa 14 Prozent der amerikanischen Bevölkerung, aber 38 Prozent der Gefängnisinsassen.

Und so geht es immer weiter, von der Wiege bis zur Bahre. Amerika ist verglichen mit Europa ein von Gewalt geprägtes Land, für Schwarze jedoch ist es ein noch gefährlicherer Ort. Die Mordrate der weißen Bevölkerung liegt bei 2,5 Todesopfern pro 100 000 Einwohner, bei schwarzen Amerikanern sind es 19,4 – das liegt auf dem Niveau vieler Entwicklungsländer. Die Statistiken variieren zwar, aber laut CNN ist die Gefahr, von einem Polizisten getötet zu werden, für junge, männliche Schwarze fast dreimal höher als für die weiße Vergleichsgruppe. Da wundert es nicht, dass auch die Lebenserwartung schwarzer Amerikaner um vier Jahre geringer ist als die der weißen. Zusammen mit den Erschießungen mehrerer unbewaffneter schwarzer Männer in der jüngeren Vergangenheit haben diese nüchternen Zahlen Unruhen und Proteste im ganzen Land ausgelöst – so etwa die Krawalle in Ferguson im Jahr 2014 – und Initiativen wie »Black Lives Matter« hervorgebracht. Und da die Reaktion der Behörden und Gemeinden nach jedem Vorfall sehr kritisch beobachtet wird, ist das Ganze zu einem Streitthema geworden, das die Spaltung noch weiter vertieft.

Die statistischen Daten, die die Probleme beleuchten, sind nicht schwer zu finden. Ihre Ursache zu erklären ist schon schwieriger, dennoch ist es ganz klar, dass der Rassismus nach wie vor eine Rolle in der amerikanischen Gesellschaft spielt. Es ist unmöglich, hier den Ursprung des Ganzen auszublenden – die Sklaverei. Die Sklaven wurden befreit und emanzipiert, die meisten aber blieben arm, erlebten soziale Diskriminierung; unter diesen Umständen war es schwer, rasch Gleichheit mit der herrschenden weißen Bevölkerung zu erlangen. Doch was bedeutet eigentlich »rasch«? Inzwischen liegt die Sklaverei immerhin über 150 Jahre hinter uns, und trotz aller Fortschritte, vor allem in den letzten 50 Jahren, bleibt ganz offenkundig noch sehr viel zu tun.

Natürlich ist die Rassenfrage nicht die einzige Trennlinie in den USA. Wenn es beispielsweise um Religion geht, war eine der großen Stärken Amerikas immer sein Status als säkularer Staat, jedoch mit einer großen Vielfalt privater religiöser Bekenntnisse und Gotteshäuser. Die Amerikaner sind in überwältigender Mehrheit Christen, wobei hier zwischen einer Vielzahl protestantischer Gruppen und Katholiken unterschieden wird, aber seit den 1960er-Jahren sind noch weitere Glaubensrichtungen mit einer signifikanten Anzahl von Anhängern dazugekommen. Rund 80 Prozent der Amerikaner bekennen sich zum christlichen Glauben. Die Protestanten bilden dabei mit 46,6 Prozent der Gesamtbevölkerung den größten Anteil, gefolgt von den Katholiken mit 20,8 Prozent. Es folgen Juden (1,9 Prozent), Mormonen (1,6 Prozent), Muslime (0,9 Prozent), Buddhisten (0,7 Prozent), Hindus (0,7 Prozent) und eine Unzahl weiterer kleiner Gruppen.

Entsteht aus alledem der sprichwörtliche »Schmelztiegel«? Bis zu einem gewissen Grad schon. Das Ideal aus dem Staatswappen, »E pluribus unum«, hat zumindest teilweise bis heute Bestand, trotz so mancher erschreckender Beispiele von Ungleichbehandlung und Heuchelei. Nichtsdestotrotz wird im 21. Jahrhundert der Geist der Assimilation innerhalb einer multiethnischen Gesellschaft durch den Multikulturalismus herausgefordert. Die rassischen und ethnischen Gräben finden in vielen Spaltungen der amerikanischen Gesellschaft ihren Widerhall und haben auch die Identitätspolitik hervorgebracht, die die Republik so sehr belastet. Immer mehr Amerikaner definieren sich selbst nach ethnischer Zugehörigkeit, Religion oder sexueller Orientierung, was die Nation noch weiter polarisiert und zersplittert. Verschiedene Gruppen fühlen sich ermuntert, ihren Sinn für ethnische Identität offen an den Tag zu legen; anstatt zu größerer Akzeptanz der Vielfalt scheint diese Haltung jedoch in manchen Fällen zur Abspaltung bestimmter Gruppen vom Rest der Gesellschaft zu führen, was sie bis zu einem gewissen Grad wieder der Gefahr der Diskriminierung aussetzt.

Das haben wir im Präsidentschaftswahlkampf 2016 erlebt, als Donald Trump die Eltern von Humayun Khan kritisierte, einem hochdekorierten amerikanischen Offizier muslimischen Glaubens, der im Irak gefallen war. Humayuns Vater hatte Trumps Appell widersprochen, die Einwanderung aus muslimischen Ländern zu stoppen. Khizr und Ghazala Khan sind das, was die Amerikaner »Gold Star parents« nennen, Eltern eines im Krieg gefallenen Soldaten. Der Begriff geht auf den Ersten Weltkrieg zurück, als Familien, deren Angehörige jenseits des Atlantik kämpften, Flaggen mit einem blauen Stern für jedes im Kriegseinsatz befindliche Familienmitglied hissten. Kam der Angehörige ums Leben, wurde der blaue Stern durch einen goldenen ersetzt.

Trump schlug in seinen verbalen Attacken gegen die Khans einen Ton an, den er kaum gewählt hätte, wenn es sich um eine christliche, weiße Familie gehandelt hätte. In der amerikanischen Politik ist Kritik an Gold-Star-Eltern eigentlich tabu angesichts des Opfers, das die Familien für die Nation erbracht haben. Trump sagte, auch er hätte »Opfer« erbracht angesichts der vielen Jobs, die er in Amerika geschaffen hätte. Er behauptete, Mrs. Khan wäre von ihrem Mann verboten worden, etwas zu sagen, und er deutete an, das hätte religiöse Gründe. Wen kümmert es schon, dass Mr. Khan mit dem jungen Humayun früher öfters das Jefferson Memorial besucht und ihm die Inschrift dort vorgelesen hatte: »Wir halten diese Wahrheiten für selbstverständlich, dass alle Menschen gleich geschaffen sind …« Die Bemerkungen des Kandidaten Trump schienen auf der Vorstellung zu gründen, diese Gold-Star-Familie müsse wohl anders sein als andere. Man hatte auch das Gefühl, er sprach zu einem und für einen Teil Amerikas, der die Amerikaner sehr restriktiv definiert. Senator John McCain, ein Republikaner und ehemaliger Kriegsgefangener in Vietnam, gab der Meinung des übrigen Landes Ausdruck, als er über Trump sagte: »Zwar hat ihm unsere Partei die Nominierung übertragen, das gibt ihm aber nicht die uneingeschränkte Erlaubnis, die Besten unter uns zu diffamieren.«

Der Gedanke des »Andersseins« ist einer, den die Rechte wie die Linke ins Spiel bringt; er ist ein Aspekt der Identitätspolitik, die die Spaltungen in den USA immer weiter verschärft. Zum gegenwärtigen Zeitpunkt in Amerikas Geschichte driften viele Gruppen, wiewohl vereint durch die Idee der Nation, immer weiter auseinander. Das zeigt auch der zunehmende Dissens auf der politischen Bühne.

Zwei Jahre vor dem erbitterten Schlagabtausch um Trump/Sanders/Clinton im Jahr 2016 führte das Pew Research Center seine bislang größte Studie zu politischen Haltungen in Amerika durch. Der Studie zufolge verhärten sich die Fronten zwischen den Menschen immer mehr, man ist immer weniger bereit, die Meinung der anderen Seite zu akzeptieren. So bezeichneten sich zum Beispiel 38 Prozent der politisch engagierten Demokraten als »konsequent linksliberal« – 1994 waren das nur 8 Prozent gewesen. 33 Prozent der Republikaner waren nach eigenen Angaben »konsequent konservativ«, gegenüber 23 Prozent 20 Jahre zuvor. Viel besorgniserregender war die gestiegene Zahl von Republikanern und Demokraten, die Verachtung für die jeweils andere Seite ausdrückten, vor allem unter jenen, die politisch aktiv sind. 1994 hatten 17 Prozent der Republikaner einen *sehr negativen* Eindruck von den Demokraten, das sind heute schon 43 Prozent. Auf der anderen Seite sieht es ähnlich aus: Aus einst 16 Prozent sind jetzt 38 Prozent geworden.

Die Sache hat auch eine geographische Dimension: Überzeugte Wähler der Demokratischen Partei findet man verstärkt in größeren Ballungszentren, Republikaner eher in Kleinstädten und auf dem Land. Preston Stovall, Wissenschaftler an der University of Nevada in Las Vegas, schreibt von *urbanen Globalisten* und *nichturbanen Nationalisten*, was seiner Ansicht nach die Spaltung besser beschreibt als die Begriffe »Demokrat« und »Republikaner«. Er beklagt, die Ideen der Nichturbanen würden »reduziert auf das dumme Geschwätz der Ignoranten«, während andererseits die Gedanken der Urbanen als »elitär und moralisch verkommen« dargestellt werden:

> Ich bin entsetzt, wie die urbanen Amerikaner auf ländlich-dörfliche Gemeinden herabblicken. Ich kann mich an keine Zeit erinnern, in der eine flapsige, verunglimpfende Bemerkung über Amerikaner vom Land je so viel Zustimmung erfahren hat … Wir müssen der Neigung widerstehen, zu glauben, Wähler der Republikaner seien ungebildete Rassisten und diejenigen der Demokraten verkommene Elitäre.

Man darf nicht übersehen, dass sich diese Begriffe und Zahlen größtenteils auf den politisch aktiven Teil der Bevölkerung beziehen. Außerhalb der ideologischen Festungen findet die andere Seite mehr Akzeptanz, und auch die Bereitschaft zum Kompromiss ist größer. Dennoch erzeugt die wachsende Intoleranz gegenüber Andersdenkenden eine zunehmend brachiale Rhetorik des Mainstreams – und deren schrille Auswüchse im Internet. Die halbwegs friedfertigen Zeiten der Abendnachrichten der drei führenden TV-Netzwerke sind dem politischen Wettstreit unter den rund um die Uhr sendenden Kabelkanälen, radikalen Schreihälsen und einem unkontrollierten Internet gewichen, wo Beleidigungen und

Todesdrohungen inzwischen die Norm sind. Der Aufstieg der rund um die Uhr aktiven Social-Media-Plattformen hat auch den Extremen quasi das Megaphon in die Hand gedrückt, wobei die allgemeinen Nachrichtenmedien dieses Megaphon noch verstärken – zurück bleibt der Eindruck, die Amerikaner würden sich ständig an die Gurgel gehen (oder mit Twitter-Feeds bombardieren), obwohl doch die meisten im Alltag ganz passabel miteinander auskommen. Einige der besonders Intoleranten gehören heute zur jüngeren Generation, viele davon wenden sich sogar gegen die Ideale der Meinungs- und Redefreiheit und finden, politische Intoleranz sei gerechtfertigt, solange sie Leute trifft, deren Meinung sie nicht teilen.

Und dann gibt es auch den Extremismus in Amerikas Bildungsestablishment, angeführt von einer kleinen Minderheit von Studenten mit einem gewissen Maß an Unterstützung durch Professoren. Viele aus der älteren Akademikergeneration wirken immer mehr wie das Kaninchen vor der Schlange, während sich ihre revolutionären Kinder gegen just die Leute wenden, die sie lehrten, ihre Ideologie so massiv zu vertreten. So hat sich eine hasserfüllte intellektuelle Atmosphäre in Amerika entwickelt, in der Einschüchterung und Hetze an der Tagesordnung sind, sogenannte No-Platformer in den Vordergrund drängen und mutlose, intellektuell weniger robuste Professoren auf dem Rückzug sind. Diese No-Platformer sind eine Gefahr für den Zusammenhalt, zumal ihre schrillen Kampagnen im Online-Diskurs noch verstärkt werden. Wenn immer mehr Studenten die Universität radikalisiert verlassen, ganz gleich ob links- oder rechtslastig, besteht die Gefahr, dass ihre extremen Ansichten zum Mainstream werden.

Ein schlagendes Beispiel hierfür erlebte das Evergreen State College in Washington im Jahr 2017. Ein liberal gesinnter weißer Professor, Bret Weinstein, widersetzte sich der Idee, das College müsse jeden Lehrauftrag auf der Grundlage der »Rasse« begründen und rechtfertigen. Dann widersprach er einer Forderung der Studentenschaft, nach der an einem bestimmten Tag weiße Studenten nicht ins College gehen sollten, um eine sichere Umgebung zu schaffen, in der Studenten anderer Hautfarbe Probleme debattieren konnten. Kurz darauf wurde sein Hörsaal von Studenten gestürmt, die sich lautstark über Rassismus und Bevorzugung von Weißen beschwerten. Sie forderten, er und zwei weitere Mitarbeiter müssten gefeuert werden, und als der College-Direktor George Bridges zu vermitteln versuchte, wurde er wiederholt beleidigt und aufgefordert zu schweigen. Ein Video des Vorfalls zeigt Studenten, die Weinstein lautstark mit Fragen bombardieren; als er dann zurückfragt: »Wollen Sie Antworten hören oder nicht?«, schallt ihm ein dröhnendes »Nein!« entgegen. Der Vorfall zeigt symbolträchtig die immer heftigeren Versuche, Andersdenkende niederzumachen, wobei die eine Gruppe immer zutiefst überzeugt ist, dass die andere Seite der Inbegriff des Bösen ist und gar nicht erst die Gelegenheit bekommen darf, ihre Sicht der Dinge vorzutragen. So kindisch und vereinfachend es anmuten mag, es ist auch gefährlich und bedroht das Ideal der Meinungs- und Redefreiheit.

Diese neue Verschlossenheit des amerikanischen Geists rührt von beiden Seiten des politischen Spektrums her, und in der Mitte dazwischen wird es immer enger. Unter den schlimmsten Protagonisten sind jene, die Verdächtigungen und Hass gegenüber der anderen Seite aktiv betreiben. In einer extremen Ausprägung gehören dazu weiße und schwarze separatistische Gruppen, und manche davon sind sogar bewaffnet; Demonstrationen münden nicht selten in Gewalt. 2017 wurde beispielsweise Charlottesville zur Bühne eines Protests gegen die Entfernung einer Statue des Konföderierten-Generals Robert E. Lee; beteiligt daran waren allerdings auch »white supremacists«, Verfechter einer »weißen Vorherrschaft«, inklusive einer Parade mit Nazi-Flaggen und rassistischen, antisemitischen Slogans. Gewalttätige Auseinandersetzungen folgten, bei denen die Gegendemonstrantin Heather Heyer zu Tode kam – sie war von einem der »white supremacists« vorsätzlich mit dem Auto überfahren worden. Die anschließende Empörung wurde von Trumps Reaktion noch verschärft: Er weigerte sich wiederholt, die Alt-Right-Bewegung samt Ku-Klux-Klan und Neonazis zu verurteilen, und behauptete, es hätte Gewalt auf beiden Seiten gegeben.

Auf der anderen Seite dieses tiefen ideologischen Grabens, dabei gar nicht so weit entfernt, stehen die schwarzen separatistischen Gruppen; es mag wohl sein, dass sie nur die Reaktion auf gesellschaftliche Diskriminierung durch Weiße sind, aber das macht ihre Ideologie nicht weniger rassistisch. Ein klassisches Beispiel ist die »Nation of Islam«. Deren Anführer Louis Farrakhan glaubt, vor 6600 Jahren hätte ein schwarzer Gelehrter namens Yacub das Volk der Weißen als »blauäugige Teufel« geschaffen, die durch und durch böse und gottlos sind. Mr. Farrakhan hat auch gesagt, die Juden würden eine »Religion der Gosse« praktizieren und Jagd auf Schwarze machen. Seine Lösung der Probleme, mit denen Schwarze zu kämpfen haben, ist rassischer Separatismus und die Beendigung der rassenübergreifenden Beziehungen.

Zu den berühmtesten aller großen Reden Amerikas gehört Abraham Lincolns »A house divided«. Er hielt sie im Jahr 1858, als er seine Nominierung als Senator durch die Republikanische Partei von Illinois annahm. Die Formulierung entstammt der Bibel und kommt in verschiedenen Evangelien vor: Markus 3:25, Lukas 11:17 und Matthäus 12:25. Jesus sagt dort: »Und wenn ein Haus mit sich selbst uneins wird, kann es nicht bestehen.« Lincoln bezog sich auf die Spaltung über die Frage der Sklaverei, doch heute finden sich die USA erneut in einem Zustand tiefer Spaltung wieder: Dissens über Fragen von »Rasse«, Ethnizität und politischen Neigungen führt allenthalben zum Aufflammen von Spannungen und Emotionen.

Amerikas Haus, das immer mehr uneins wird, bedarf einer rationalen, versöhnenden und toleranten Haltung, nur artet die Debatte allzu oft – von rechts wie von links – in Hysterie aus, beide Seiten wild entschlossen, mit ihrem Identitätsfanatismus die andere Seite zu übertönen. In dieser aufgeheizten Atmosphäre spielt Trumps Mauer-Rhetorik mit den historischen und neuen Spaltungen innerhalb der Nation und arbeitet mit einer eng gefassten Definition dessen, was »amerikanisch« bedeutet. Die rassischen, ethnischen und politischen Gräben fließen alle in diesem Disput über die Mauer zusammen – was die USA sind, was sie sein sollten und wie sie ihre eigenen Ideale von Freiheit und Gleichheit voranbringen wollen.

Barack Obama war sicherlich nicht der erfolgreichste aller amerikanischen Präsidenten und vertrat, wie alle anderen, auch trennende Aspekte der Politik, seine Haltung zum Land als Ganzem war jedoch getragen von der Überzeugung, dass eine Nation ein stärkerer und besserer Ort ist, wenn sie sich dem Gedanken des »E pluribus unum« öffnet. Die Ära Obama ist schon wieder Geschichte, aber sein Platz in dieser Geschichte ist ihm gewiss, zeigt doch sein Vorbild, was man im modernen Amerika erreichen kann. Beispielhaft dafür steht seine Antrittsrede vor der Parteiversammlung der Demokraten im Jahr 2004:

> Kritiker möchten unser Land gerne in rote und blaue Staaten aufteilen … rote Staaten für die Republikaner, blaue Staaten für die Demokraten … Aber auch für jene habe ich Neuigkeiten … Wir beten auch in den blauen Staaten zu einem Ehrfurcht gebietenden Gott, und wir mögen auch in den roten Staaten keine Bundesagenten, die in unseren Bibliotheken herumstöbern. Wir trainieren die Little League in den blauen Staaten, und ja, wir haben ein paar schwule Freunde in den roten Staaten … Wir sind ein Volk.

DRITTES KAPITEL

ISRAEL UND PALÄSTINA

»Ihr seht das Unglück, in dem wir sind, dass Jerusalem wüst liegt und seine Tore mit Feuer verbrannt sind. Kommt, lasst uns die Mauern Jerusalems wieder aufbauen, damit wir nicht weiter ein Gespött seien!«

Das Buch Nehemia 2:17

Fear Bu

Walls

Vorhergehende Doppelseite: Palästinensische Männer warten an einem Checkpoint vor der Mauer außerhalb Bethlehems im Westjordanland auf Einlass.

Auf der Fahrt von den Mauern der Altstadt Jerusalems in Richtung Süden sieht man schon nach wenigen Minuten die neuen Mauern von Bethlehem in der Ferne aufragen. Aus der Nähe werden daraus acht Meter hohe, mit Stacheldraht bewehrte Betonplatten. Einige Abschnitte sind elektrifiziert und mit hohen Wachtürmen durchsetzt, hinter deren vom Wüstenstaub getrübten Panzerglas junge israelische Soldaten die Zonen beiderseits der Grenze im Blick behalten. Im israelischen Sektor gibt es offenes Gelände, aber sobald man einen Checkpoint passiert hat und auf der anderen Seite angekommen ist, fährt man auf Straßen, die kaum breiter sind als ein Auto. Gegenüber der Mauer stehen niedrige Wohnblocks. Es ist entmutigend, einschüchternd, bedrückend, es wirkt wie nicht von dieser Welt. Zwischen Wohnhäusern und solch hohen Mauern würde man einen größeren Abstand erwarten.

Das Überqueren der Grenze ist ein zutiefst deprimierendes Erlebnis, vor allem in den mit Betonmauern befestigten Abschnitten, wo die meisten Außenstehenden die Grenze passieren. Das sind die Abschnitte in der Nähe städtischer Wohngebiete, und die Mauern sollen Schutz vor Heckenschützen aus höheren Gebäuden jenseits der Grenze bieten. Der überwiegende Rest der gut 700 Kilometer langen Grenze ist als Grenzzaun ausgebaut.

Auch wenn nur drei Prozent der Sperranlagen zwischen Israel und dem palästinensischen Westjordanland tatsächlich aus Betonmauern bestehen, spricht man üblicherweise von der »Mauer«. Warum? Weil diese drei Prozent einen viel tieferen optischen Eindruck hinterlassen als die restlichen 97 Prozent. Welches Fernsehteam würde schon einen Stacheldrahtzaun als Hintergrund wählen, wenn es auch eine acht Meter hohe Betonmauer zeigen kann, durchsetzt mit Wachtürmen und voller Graffiti? Das ist nur zu menschlich und verständlich, und der visuelle Eindruck einer massiven Mauer und davon, was sie über Konflikt und Spaltung aussagt, ist einfach zu verlockend. Aber wie auch immer man diese Barriere bezeichnet: Sie ist und bleibt ein Monument für einen Disput, der so unlösbar scheint wie kaum ein anderer auf der Welt.

Die gemauerten Abschnitte hat der britische Streetart-Künstler Banksy für eine eigenartige Gegenüberstellung von Mauer und Alltagsleben genutzt. Mehrere Jahre lang hat er Mauern auf der palästinensischen Seite bemalt. Manche davon haben Berühmtheit erlangt: Ein kleines Mädchen durchsucht einen israelischen Soldaten nach Waffen, eine weiße Taube mit kugelsicherer Weste, ein Mädchen wird von Ballons über eine Mauer getragen. Nach einer (allerdings nicht zweifelsfrei belegten) Geschichte soll ein Mann aus Palästina zu dem Künstler gesagt haben, er hätte die Mauer in etwas Schönes verwandelt. Banksy dankte ihm und bekam als Antwort: »Wir wollen nicht, dass sie schön ist. Wir hassen diese Mauer. Geh nach Hause!«

Auch ein weniger »schönes« Bild findet man oft auf Abschnitten der Mauer: Es ist das Bild von Handala, einem einsamen, barfüßigen Flüchtlingsjungen von zehn Jahren. Handala, ursprünglich gemalt vom verstorbenen palästinensischen Künstler Naji al-Ali, steht mit dem Rücken zum Betrachter – eine Andeutung, dass er sich erst umdrehen wird, wenn den Palästinensern Gerechtigkeit widerfährt. Al-Ali, der auch arabische Führer kritisierte, verließ Palästina und kehrte nie wieder zurück. 1987 wurde ihm in London ins Gesicht geschossen, er starb fünf Wochen später. Ein Palästinenser, laut britischer Polizei Mitglied der PLO, wurde im Zusammenhang mit dem Anschlag verhaftet, aber es kam nie zu einer Anklage.

Der Gedanke an al-Ali und Handala weckt in mir die Erinnerung an einen palästinensischen Freund in London. Er stammt aus Bethlehem, verließ seine Heimat aber Ende der 1980er und sagte, er würde sich nicht »umdrehen«, also nicht wieder zurückgehen. »Ich bringe es nicht über mich, israelische Kontrollposten zu passieren, um in meine Heimat zu gelangen«, erzählte er mir. »Damit würde ich doch ihre Autorität anerkennen.«

Banksy dagegen kehrte zurück, und er ging noch einige Schritte weiter. Zum 100. Jahrestag der Balfour-Deklaration von 1917, die den Juden eine Heimat im damaligen Palästina zusicherte, eröffnete er das »Walled Off Hotel« im Westjordanland. Alle zehn Zimmer liegen der Mauer direkt gegenüber, über die Straße in nur vier Meter Entfernung. Es bietet, wie Banksy sagt, »die schlechteste Aussicht aller Hotels in der Welt, aber Menschen von beiden Seiten des Konflikts und aus aller Welt ein herzliches Willkommen«. Für viele Besucher Bethlehems gehört es heute zu den Sehenswürdigkeiten eines gewissen »Krisentourismus«, wie es Kritiker beschreiben. Unterstützer des Projekts sagen, es trage zum Bau von Brücken zwischen Palästina und der Außenwelt bei. Jedenfalls sind Banksy-Touren, Banksy-Andenken und Selfies vor Banksy-Kunstwerken heutzutage ein Muss für viele Touristen, die Jesu Geburtsort besuchen.

Vor dem Hotel bietet eine schmale Terrasse mit Tischen und Stühlen Platz für die Bewirtung der Touristen, die es gewagt haben, den üblichen Pfad der historischen christlichen Stätten zu verlassen. Von der Terrasse aus sind Graffitis an der Wand zu lesen, vom skurrilen »Make Hummus Not Walls« über das hoffnungsvolle »God Will Destroy This Wall« bis hin zu Hakenkreuzen, gebildet aus den Umrissen des Davidsterns. Innen schmücken das Hotel Symbole des palästinensischen Widerstands gegen die Herrschaft der Israelis, wie Steinschleudern und ramponierte Überwachungskameras. Die Zimmer sind mit Wandmalereien von Banksy versehen – auf einer davon liefern sich ein israelischer Soldat und ein palästinensischer Demonstrant eine Kissenschlacht. Im Untergeschoss befindet sich ein kleines Museum zur Geschichte des Konflikts, am Eingang empfängt den Besucher ein lebensgroßes Modell des britischen Diplomaten Arthur Balfour. Auf Tastendruck bewegt sich sein mechanischer Arm und unterschreibt jene berühmte Deklaration.

Was in dieser Kunst jedoch fehlt, ist eine Darstellung der israelischen Sichtweise, die hinter der atemberaubenden Hässlichkeit dieses monströsen Baus gleich gegenüber dem Hotel steht. So gibt es in der engen Straße keinen Raum für die künstlerische Darstellung eines ausgebombten israelischen Busses. Andererseits: Die Kunst steht nicht in der Pflicht, neutral zu sein. Immerhin ein Graffito an der Mauer verweist – vielleicht unabsichtlich – auf zumindest einen Aspekt der Sicht der anderen Seite: »Vielleicht schützt diese Mauer die Gegenwart, aber eine Zukunft hat sie nicht«, steht da geschrieben. In der Politik zählt die Gegenwart oft mehr als die Zukunft – besonders wenn man gewählt werden will.

Was zu der Mauer geführt hat und was sie bewirkt, ist umstritten. Allerdings ist die Grenze zwischen beiden Ländern schon Gegenstand gewalttätiger Auseinandersetzungen, seit es Israel gibt, beginnend mit dem Arabisch-Israelischen Krieg von 1948. Damals einigte man sich am Ende auf einen Waffenstillstand in Gestalt der »Grünen Linie«. 1967 jedoch besetzte Israel während des Sechstagekriegs das Westjordanland und Gaza, außerdem eroberte es die Halbinsel Sinai und die Golanhöhen. Nach zwei Jahrzehnten unter israelischer Herrschaft hatten Frustration und Wut der Palästinenser die gesamten palästinensischen Gebiete erfasst und führten letztlich zu den gewalttätigen Aufständen und Protesten der »Ersten Intifada« (1987–1993). Der Begriff »Intifada« leitet sich vom arabischen *nafada* ab, was »abstreifen« bedeutet und in diesem Kontext als »befreien von Unterdrückung« interpretiert werden kann. Nach einigen Jahren zerbrechlichen Friedens, in denen Israel den Gazastreifen weiter besetzt hielt, entlud sich der jahrzehntelange Streit um Land im Jahr 2000 erneut in anhaltender Gewalt, und der Ausbruch dieser »Zweiten Intifada« führte letztendlich zum Bau der Mauer.

Aus der Sicht Palästinas stellt die Barriere einen Vorwand für israelische Landnahme dar, die »Fakten schaffen« und die Kon-

Die Sperranlagen folgen in etwa der Grünen Linie, auf die man sich bei dem Waffenstillstand 1948 verständigt hatte, reichen aber an mehreren Stellen in das palästinensische Gebiet hinein.

turen einer möglichen Zweistaatenlösung vorgeben soll – allerdings nach den Bedingungen der Israelis. Damit würde Palästina mindestens zehn Prozent des Westjordanlands verlieren, denn gegenwärtig verläuft die Mauer quer durch palästinensisches Territorium. Israel nennt topographische Gründe für den Verlauf der Mauer, aber in manchen Bereichen weicht sie nach Osten von der Grünen Linie ab und bezieht jüdische Siedlungen mit ein.

Im Westjordanland leben ca. 400 000 jüdische Siedler. Der Begriff »Siedlungen« erweckt den Eindruck kleinerer Lager, von Fall zu Fall auf trockenen, windigen Hügeln gelegen. Zwar mögen manche Siedlungen tatsächlich so entstanden sein, doch einige sind zu ganzen Städten angewachsen, samt Rathäusern, Supermärkten und Schulen. Die Straßen, die diese Siedlungen miteinander und mit Israel verbinden, machen es den Palästinensern schwer, sich innerhalb des Westjordanlands frei zu bewegen oder größere Teile zusammenhängenden Territoriums zu beanspruchen. Auch leben heute über 200 000 Juden in Ostjerusalem, das Israel 1967 annektiert hat, das aber die Palästinenser als Hauptstadt des künftigen Staates Palästina für sich reklamieren. Israelische Juden sehen Ostjerusalem und das Westjordanland als separate Gebiete; für die Palästinenser existiert diese Teilung nicht.

Die Siedlungsfrage spaltet die öffentliche Meinung in Israel. Es gibt eine andauernde und heftige Debatte über die Sinnhaftigkeit, Rechtmäßigkeit und moralische Rechtfertigung ihres Bestehens. Die religiösen jüdischen Siedler pochen auf ihr Recht, im Westjordanland zu leben, weil es Teil des antiken Israels war und ihnen in der Bibel versprochen wurde. Säkulare Siedler argumentieren, Israel habe das Territorium von Jordanien erobert, das später seinen Anspruch aufgab, das Land besetzen zu dürfen, weshalb ihre Anwesenheit nicht illegal sein könne – diese Sichtweise wird von der internationalen Gemeinschaft nicht geteilt.

»Schau dir diese Mauern an!«, sagte ein palästinensischer Freund, der in der Zivilgesellschaft engagiert ist und nicht genannt werden möchte. »Sie sind widerwärtig! Das alles ist Teil ihres Plans, unser Land zu stehlen. Sie verlegen die Mauer viele Hundert Meter auf das Territorium Palästinas, und später sagen sie, wir müssen darüber verhandeln, dabei war es von Anfang an unser Land.« Während wir an der Mauer entlangfahren, zeigt er wütend in Richtung der palästinensischen Gebiete, auf denen einst Olivenbäume wuchsen. Inzwischen hat man sie herausgerissen, um Niemandsland zu schaffen, das, so fürchtet er, eines Tages israelisches Territorium sein wird. »Das haben sie schon immer so gemacht. Erst einmal Fakten schaffen – aber es sind ihre Fakten, und es ist unser Grund und Boden.«

Die Israelis sehen die Mauer freilich mit ganz anderen Augen. Auch die Graffitis auf ihrer Seite erzählen eine andere Geschichte. Manches davon ist anti-palästinensisch und betont die Notwendigkeit der Mauer; manches ergreift Partei für die Palästinenser und beschreibt deren Leiden; vieles davon ist schlicht Landschaftsmalerei, die die Mauer quasi unsichtbar machen soll – und genau das ist sie auch für die Mehrheit der Bevölkerung Israels. Die meisten, die in Israel leben, haben kaum Gründe, in die Nähe der Mauer oder gar auf die andere Seite zu gehen. Die meisten gehen auch nicht in die jüdischen Siedlungen im Westjordanland, und für die pendelnden Siedler ist sie einfach Teil eines fernen Geländes, bei dessen Durchquerung sie eine bevorzugte Behandlung genießen.

Die Israelis sind mehrheitlich für die Mauer und glauben an ihre positive Wirkung. Israels Regierung weist darauf hin, in den drei Jahren vor dem Bau der Mauer seien Hunderte Israelis durch eine Serie von Selbstmordattentaten und anderen Attacken von Palästinensern getötet worden. Einmal hätten die Bombenbauer und Attentäter von Städten im Westjordanland aus ungestört ihr tödliches Geschäft betrieben, weniger als eine halbe Autostunde von Zielen wie Tel Aviv, Netanja und Jerusalem entfernt. In den drei Jahren nach Abschluss der ersten Mauerphase gab es nur etwas über 60 israelische Todesopfer. Das ist die Rechtfertigung Israels für die Mauer – sie dient schlicht als Schutzvorrichtung gegen Gewalt und Tod. Eine Minderheit der Israelis ist gegen die Mauer; sie sehen die Barriere – und besonders ihren gegenwärtigen Verlauf – als Hindernis auf dem Weg zu einer dauerhaften Friedenslösung mit den Palästinensern. Die meisten von ihnen stehen links im politischen Spektrum Israels und bringen ihren Protest bisweilen lautstark zum Ausdruck, doch selbst innerhalb der Linken sind sie in der Minderheit. Angesichts der relativ geringen Todesopfer in der Zivilbevölkerung haben sich viele Israelis psychologisch hinter die Barriere zurückgezogen. Sie haben genug andere Probleme und Spaltungen, mit denen sie klarkommen müssen, und wenn in Umfragen nach den Themen gefragt wird, die die Menschen am meisten bewegen, steht der »zuverlässig eingemauerte« wirtschaftliche Erfolg bisweilen sogar schon vor der Sicherheit.

David Kornbluth, einer der renommiertesten Diplomaten Israels, heute im Ruhestand, glaubt an eine Zweistaatenlösung und sagt, er »fühlt mit dem Leid der Palästinenser«, aber wenn es um den Schutzwall geht, ist seine Haltung eindeutig, direkt und kompromisslos, und sie wird von vielen geteilt. »Die Mauer ist ein voller Erfolg. Sie hindert die Selbstmordattentäter am Morden. Es gäbe doch gar keine Sicherheitsbarriere, wenn sie nicht notwendig gewesen wäre. Sie kostet einen Haufen Geld; niemand wollte sie, weder die Linke noch die Regierungsparteien. Meiner Ansicht nach wiegen die bedauerlichen, ungewollten Beeinträchtigungen für die Palästinenser nicht die Leben auf, die durch die Barriere gerettet wurden und werden. Natürlich sehe ich ihr Leid und habe Mitgefühl, aber das hat nichts mit denen zu tun, die versuchen, Hunderte Zivilisten auf unserer Seite umzubringen.« Ich erinnere ihn daran, dass die Gegner der Mauer darin ein Symbol der Unterdrückung und der Macht des Unterdrückers sehen. »Die Mauer hat doch nichts mit Macht oder Unterdrückung zu tun. Wenn es das wäre, hätten wir sie schon 1967 hochziehen müssen. Sie steht da, weil sie eine praktische Notwendigkeit erfüllt.«

In gewisser Weise stellt sie die praktische Umsetzung der Ideologie von Ze'ev (Wladimir) Jabotinsky (1880–1940) und seiner

Theorie der »eisernen Mauer« dar. Jabotinsky war ein Ideologe der jüdischen Gemeinde in Palästina vor der Unabhängigkeit Israels. Er entwarf im Wesentlichen die Strategie für die Haltung gegenüber den Arabern – die vehement gegen die Gründung Israels opponierten – aus einer Position unangreifbarer militärischer Stärke. Sobald der arabischen Seite klar würde, dass sie Israel nicht würden zerstören können, so argumentierte er, kämen sie an den Verhandlungstisch, und man könnte Abkommen mit ihnen schließen. »Ich hoffe und glaube«, erklärte Jabotinsky, »dass wir ihnen dann Garantien anbieten werden, die sie zufriedenstellen, und dass dann beide Völker in Frieden und guter Nachbarschaft werden leben können. Aber der einzige Weg zu einer solchen Vereinbarung führt über die eiserne Mauer.«

Während die Barriere nach und nach das gesamte Westjordanland umschloss, nahmen die Selbstmordattentate und Angriffe mit Schusswaffen in Israel dramatisch ab, und Israels Regierung spricht von einem direkten Zusammenhang zwischen der Barriere und dieser Statistik; die Kritiker sind anderer Ansicht. Sie meinen, die Mauer wurde just zu dem Zeitpunkt erbaut, als Israels Feinde von sich aus ihre Attacken reduzierten, weil sie erkannt hatten, dass Selbstmordattentate ihrer Sache in den Augen der Weltöffentlichkeit schaden. Auch seien die Attacken nicht den hohen Preis wert, den die massiven Vergeltungsmaßnahmen Israels unweigerlich forderten. Fawaz Gerges, Professor für Internationale Beziehungen an der London School of Economics, sieht das auch so: »Die Hamas und andere palästinensische Gruppierungen haben eine bewusste Entscheidung getroffen, von Angriffen in Israel abzulassen, aus politischer und strategischer Verantwortung.«

Dessen ungeachtet beharrt Israel auf dem Standpunkt, die Mauer spiele eine entscheidende Rolle für die Sicherheit des Landes, zusammen mit anderen Befestigungen, die das Land zur Kontrolle seiner Grenzen installiert hat. Zusätzlich zu derjenigen im Westjordanland hat man auch einen Schutzwall an der Grenze zum Gazastreifen errichtet; der Bau begann 1994 und ist inzwischen gut

60 Kilometer lang. Es gibt auch einen 245 Kilometer langen Zaun an der Grenze zwischen Ägypten und Israel, der 2013 fertiggestellt wurde und gegen die illegale Einwanderung aus verschiedenen afrikanischen Staaten gerichtet ist. Zwischen 2000 und 2012 haben fast 50 000 Afrikaner, vorwiegend aus dem Sudan, Eritrea und Äthiopien, nach oftmals haarsträubenden Reisen die Grenze überquert, nicht selten wurden sie sogar von ägyptischen Grenzpatrouillen beschossen. Die meisten haben sich in Israel niedergelassen: Zum einen verhindern rechtliche Hindernisse ihre Rückführung, zum anderen zeigen die afrikanischen Herkunftsländer wenig Neigung, sie zurückzunehmen. Ein vierter Zaun, von dem in den Medien weniger die Rede ist, wurde entlang der Grenze zu Syrien gebaut, nachdem das Land im Bürgerkrieg versank. Angesichts diverser islamistisch-dschihadistischer Gruppen wie der Al-Nusra-Front und dem sogenannten Islamischen Staat (IS) und deren Vorstoß bis nah an die Grenze auf der syrischen Seite der Golanhöhen hat Israel ein weiteres Mal seine Verteidigungsstellungen ausgebaut.

Wenn also Israel sicher ist, dass diesen Mauern der Rückgang der Gewalt zu verdanken ist, sollen sie damit zum Dauerzustand werden? Das ist eine umstrittene Frage, doch viele Menschen sehen in den Mauern keine dauerhafte Lösung der Probleme in der Region, sondern nur einen Schritt auf dem Weg dorthin, und sie würden sie lieber als vorübergehende Maßnahme betrachten. Mr. Kornbluth, einer der Diplomaten, die an der Festlegung des Verlaufs der Barriere beteiligt waren, sagt dazu: »Die endgültige Regelung kommt stufenweise … Ich denke, die Mauer wird wieder verschwinden, und sie markiert auch nicht notwendigerweise einen endgültigen Grenzverlauf – dafür war sie nie gedacht. Es geht darum, den Terror deutlich einzudämmen … sie kann so schnell wieder verschwinden, wie sie kam, das möchte ich unmissverständlich klarstellen.« Damit dies geschieht, werden beide Seiten nicht nur eine Vereinbarung schließen müssen, sie müssen sich auch innerhalb ihrer jeweils eigenen Seite einig werden – und beide Seiten sind im Innern zutiefst gespalten.

Der Begriff der Teilung ist in mancherlei Hinsicht quasi Bestandteil der DNA des Landes Israel: Sehr unterschiedliche Völker leben Seite an Seite – oder sind von Fall zu Fall eben genau dazu nicht in der Lage.

Israel ist eine junge Nation und zugleich ein Schmelztiegel. Es ist ein kleines Land mit einer Bevölkerung von 8,6 Millionen Menschen, aber diese sind unterschiedlichster ethnischer Abstammung. Eine große Zahl davon sind beispielsweise Russen: Über eine Million siedelten in den 1990er-Jahren nach Israel über, damals hatte das Land nur 5 Millionen Einwohner. Ein Spiegelbild der zahlreichen Risse in der israelischen Gesellschaft ist auch die ausgeprägte politische Zersplitterung des Landes – sie ist weit stärker als in den meisten anderen Demokratien: Es gibt linke Parteien, rechte Parteien, arabische Parteien und religiöse Parteien, jeweils mit weiteren Unterteilungen innerhalb der einzelnen Kategorien.

Die erste Volkszählung fand 1948 statt, im Jahr der Ausrufung des Staates Israel. Damals waren 86 Prozent der Gesamtbevölkerung Juden, 9 Prozent Muslime, 3 Prozent Christen und 1 Prozent Drusen. Zum Zeitpunkt der Volkszählung des Jahres 2014 hatte sich der muslimische Anteil auf 16,9 Prozent nahezu verdoppelt, derjenige der Drusen auf 2 Prozent, der jüdische Bevölkerungsanteil macht dagegen nur noch 75 Prozent aus, der der Christen noch 2 Prozent. Die restlichen Prozent verteilen sich auf diverse Minderheiten.

Doch auch die jüdische Mehrheit ist in sich zutiefst gespalten. Die meisten gehören zu einer von zwei Kategorien – den aschkenasischen oder den sephardischen Juden. Alle führen ihre Wurzeln letztendlich auf das Volk Israel zurück, bevor dessen Stämme durch die Römer auseinandergetrieben und verstreut wurden. Die Aschkenasim sind oft etwas hellhäutiger, und ihr jüngerer Ursprung liegt in Europa. Die Sephardim sind nach dem hebräischen Wort für Spanien – *Sepharad* – benannt, setzen sich aber größtenteils aus den mehreren Hunderttausend Juden zusammen, die nach der Ausrufung des Staates Israel 1948 aus den arabischen Ländern vertrieben wurden.

Die Aschkenasim bildeten tendenziell die Elite des Landes und beherrschten auch weitgehend Politik und Wirtschaft seit der Staatsgründung, teils wegen ihres meist hohen Bildungsniveaus, teils weil sie schon im späten 19. und frühen 20. Jahrhundert nach Israel eingewandert waren, also Jahrzehnte bevor die Sephardim auf der Flucht vor arabischen Pogromen ins Land kamen. In den letzten Jahren jedoch haben die Sephardim an Einfluss zugelegt, ihre religiösen Parteien halten oft die Machtbalance in Händen und werden entsprechend oft in Koalitionsregierungen eingebunden. Es gibt wenige religionspraktische Unterschiede zwischen den beiden Gruppen, aber die kulturelle und politische Verschiedenheit auf der Basis der unterschiedlichen Herkunft aus dem Nahen Osten bzw. aus Europa führt unter anderem dazu, dass Mischehen zwar nicht unbedingt selten sind, aber noch lange nicht die Norm. Kulturell sind die Sephardim dem Nahen Osten deutlich näher, sowohl in Sachen Musik als auch beim Essen. Die Küche der Aschkenasim gründet dagegen auf der des Judentums in Osteuropa.

Aber unabhängig von der Zugehörigkeit zu den Aschkenasim oder Sephardim gibt es eine weitere und stringentere religiöse Trennlinie innerhalb der jüdischen Bevölkerung: diejenige zwischen Säkularen (49 Prozent), Traditionellen (29 Prozent), Religiösen (13 Prozent) und Ultraorthodoxen (9 Prozent) – Letztere auch bekannt als Charedim, auf Deutsch etwa »gottesfürchtig«. Quer durch alle diese Kategorien gibt die Mehrheit ihre Religion als jüdisch an: 87 Prozent der Säkularen feiern das Pessachfest, und insgesamt die Hälfte gibt an, am Freitagabend Kerzen zu entzünden. Es gibt jedoch viele eindeutige Unterschiede zwischen den Gruppen, die sich sichtbar durch die gesamte Gesellschaft ziehen.

Alle diese Gruppen leben zusammen in einem kleinen Land und sprechen dieselbe Sprache, und doch gibt es kaum soziale Interaktion zwischen ihnen. Sogar viele Stadtviertel sind entlang dieser Trennlinien unterteilt, es gibt heute Zonen in Jerusalem, in Teilen von Tel Aviv und in anderen Städten, wo ganze Gegenden fast ausschließlich säkular oder religiös sind. Mischehen sind hier die absolute Ausnahme. Viele säkulare Juden sagen, eine Heirat eines ihrer Kinder mit einem Charedim wäre ihnen ebenso unangenehm wie die Heirat mit einem christlichen Partner. Ihre Kinder haben sehr wahrscheinlich getrennte Schulen besucht – die Charedim-Schulen sind auch noch nach Geschlechtern getrennt, die Säkularen werden auf nichtreligiösen Schulen erzogen.

Es gibt in städtischen Gebieten durchaus gemischte Viertel, in denen Religiöse und Säkulare leben, aber auch dort erkennt man auf den ersten Blick, wer orthodox ist und wer nicht. Selbst die Art der Kippa, die die religiösen Männer auf dem Haupt tragen, sagt oft etwas über den jeweiligen Glauben aus. Viele Siedler im Westjordanland haben sich beispielsweise das Tragen gestrickter Kippas zur Angewohnheit gemacht, die größer sind als diejenigen aus Filz, die moderne Orthodoxe und manche Charedim als Erkennungszeichen tragen. Kenner der Materie können sogar an der Art seines Huts erkennen, welchem Rabbi ein Charedi folgt. Die Ultraorthodoxen und die Säkularen sind dagegen füreinander nahezu unsichtbar. Der männliche Charedi mit Filzhut, Schläfenlocken, weißen Strümpfen und einem Kaftan, der Uneingeweihte an einen Morgenmantel erinnern mag, wird niemals eine säkulare Frau nach dem Weg fragen, und umgekehrt ebenso wenig.

Die Unterschiede zwischen den einzelnen Gruppen machen sich auch an wirtschaftlichen Gegebenheiten fest. Israels Wirtschaft steht im Weltmaßstab recht gut da, der Reichtum ist jedoch sehr ungleich verteilt, und die Gräben zwischen den verschiedenen Schichten werden immer tiefer. Armut ist weit verbreitet – jeder fünfte Israeli lebt in einem Haushalt, dessen Einkommen weniger als die Hälfte des nationalen Durchschnitts beträgt (dieser liegt doppelt so hoch wie der Durchschnitt in den OECD-Ländern), und die Charedim gehören in dieser Hinsicht tendenziell zu den Benachteiligten – aus mehreren Gründen. Die Größe der

Familie ist ein Armutsfaktor, und die Charedim haben meist mehr Kinder als die modernen Orthodoxen und die Säkularen. In einer Umfrage von Pew Research gaben 28 Prozent der Charedim an, sie hätten sieben oder mehr Kinder, hingegen hatte nur ein Prozent der Säkularen so viel Nachwuchs. Auch die Arbeitslosigkeit ist unter Charedim weiter verbreitet als bei anderen Gruppen – viele von ihnen ziehen das Studium der Thora einer bezahlten Arbeit vor.

Diese Risse innerhalb der jüdischen Gesellschaft erkennt man auf Schritt und Tritt, und an religiösen Stätten sind sie besonders augenfällig. Nehmen wir als Beispiel die Klagemauer, eine Stützmauer der Überreste des Zweiten Tempels, der von den Römern im Jahr 70 unserer Zeitrechnung zerstört wurde. Religiöse Gelehrte sind uneins darüber, wie »heilig« die Mauer ist, da sie kein Bestandteil des inneren Heiligtums war. Dennoch ist sie ohne jeden Zweifel ein Ort von allergrößter Bedeutung für fast alle Juden, ganz gleich, ob religiös oder nicht. Oberhalb davon befindet sich die Al-Aksa-Moschee mit dem Felsendom, die im 7. Jahrhundert erbaut wurde und als drittheiligste Stätte des Islam gilt. Israelische und palästinensische Muslime, aber auch Touristen können die Anlage besuchen, die die Araber das »Prächtige Heiligtum« nennen. Juden ist der Zutritt dagegen weitgehend verboten – die Regierung hält aus Sicherheitsgründen üblicherweise an dieser Regelung fest.

Auf dem Weg zur Klagemauer erkennt man die Teilung ganz unmittelbar. Ein Zaun von der Plaza bis zur Mauer teilt den offenen Raum in zwei Bereiche auf, einer nimmt etwa ein Drittel, der andere zwei Drittel der Fläche ein. Auf dem kleineren, rechten Teil sieht man Frauen, links die Männer. Es gibt zwar auch ein paar religiöse Bewegungen in Israel mit gemischten Gemeinden in den Synagogen, aber sie bilden eine winzige Minderheit und haben praktisch keinen Einfluss auf religiöse Angelegenheiten. Die orthodoxen Synagogen besitzen deutlich mehr Macht, und ihre Gemeinden sind nach Geschlechtern getrennt. Deshalb ist es auch an der Klagemauer so.

Nicht alle Frauen sind damit einverstanden; manche glauben, es sollte möglich sein, gemeinsam zu beten, und sie tragen Gebetsschals wie die Männer. Das entfesselte einen erbitterten Streit zwischen einer Gruppe, die sich »Mauerfrauen« nennt (Women of the Wall – WOW) und ihre Gebete an der Stelle verrichtet hat, und den Charedim, die – nicht selten gewaltsam – versucht haben, sie daran zu hindern. Der Streit zieht sich schon 30 Jahre hin, seit die ersten etwa 100 Frauen an der Mauer beteten und dabei sowohl verbal als auch handgreiflich von charedischen Männern und Frauen (!) behindert wurden. Dies bereitete die Bühne für eine Auseinandersetzung, die nach wie vor im Gerichtssaal und auf dem Platz vor der Klagemauer ausgefochten wird.

Wenn die Mauerfrauen zu ihrem monatlichen Gebetstreffen vor Ort erscheinen, werden sie oft von Männern und Frauen abgedrängt und angespuckt, ihre Gruppe braucht stets Polizeischutz. 2013 wurden an Bussen, auf denen Poster zu sehen waren, die Unterstützung für die Mauerfrauen ausdrückten, bei der Fahrt durch ultraorthodoxe Viertel Jerusalems die Fenster eingeschlagen. Im Talmud steht ausdrücklich, Gott hätte wegen des Hasses der Juden untereinander den Zweiten Tempel zerstört – diese Ironie scheint so manchen unter den streitenden Parteien entgangen zu sein.

Die gesellschaftlichen Unterschiede wirken sich auch auf die politische Sphäre aus. Die meisten Säkularen definieren sich beispielsweise zuerst als Israelis und erst an zweiter Stelle als Juden; bei den meisten Orthodoxen ist es umgekehrt, und das kann politische Trennlinien innerhalb des Landes beeinflussen und begründen. Insgesamt sind die sephardischen Israelis eher dem rechten Lager zuzuordnen, bei den Aschkenasim verteilt sich die politische Orientierung. Die stärker religiösen Sekten neigen zur Unterstützung vorwiegend religiöser politischer Parteien, die Charedim wählen einfach, was ihnen der Rabbi sagt. Dies führt dazu, dass religiöse politische Parteien fast immer an Koalitionsregierungen beteiligt sind, und nicht selten nehmen sie diametral entgegengesetzte Haltungen zu vielen wichtigen Fragen ein, etwa zur religiösen Konversion, zur Wehrpflicht, zu den Siedlungen im Westjordanland, zu Ehe, Scheidung und Geschlechtertrennung.

Die religiösen Parteien haben beispielsweise in Fragen von Erziehung, Bildung und Religion tendenziell das Sagen, und wie wir gesehen haben, liegen ihre Ansichten nicht unbedingt auf einer Linie mit der übrigen Bevölkerung. Die Ultraorthodoxen werben ohne Unterlass dafür, die Aufsicht über Hochzeitszeremonien unter ihrer Rechtsprechung zu behalten, und sie versuchen nicht selten auch mit Gewalt, ihre Haltung durchzusetzen, nach der niemand am Sabbat mit dem Auto fahren darf, schon gar nicht in ihren Stadtvierteln – eine Überzeugung, der sie bisweilen mit Straßensperren Nachdruck verleihen. Viele widersetzen sich jedem wie auch immer gearteten territorialen Kompromiss mit den Palästinensern: Insgesamt 66 Prozent der Israelis jüdischen Glaubens sind für eine Zweistaatenlösung, aber rund 60 Prozent der Wähler religiöser Parteien favorisieren eine Einstaatenlösung als Ende des Konflikts.

Derweil beklagen sich säkulare Israelis bitter darüber, dass trotz anhaltender politischer und juristischer Auseinandersetzungen die Ultraorthodoxen keinen Militärdienst ableisten müssen, zugleich jedoch staatliche Finanzhilfen für ihre Gemeinden und Projekte bekommen. Auch müssen die Säkularen fürchten, immer mehr in die Unterzahl zu geraten und am Ende aus Jerusalem verdrängt zu werden, weil die Geburtenrate der religiösen Sekten so viel höher ist – ein Faktor, der auch als Gefahr für die Wirtschaft des Landes angesehen wird, da ein großer Teil der Charedim keiner Beschäftigung nachgeht.

Trotz aller religiösen und klassenspezifischen Gräben zwischen Israels Juden meint David Kornbluth, diese Spaltungen und bisweilen konträren Positionen würden das unterschwellig vorhandene Gefühl der Einheit allenfalls überlagern. Angesichts der Bedrohung von außen würde dieses Gefühl der Einheit die Bevölkerung, so Kornbluth, am Ende doch zusammenhalten: »Israel ist ein Land, das in Zeiten des Kriegs von einem extrem starken

Zusammenhalt geprägt wird … wenn der Krieg kommt, steht das Land zusammen. Viele Menschen sagen dagegen, die wahre Gefahr für Israel liege in diesen Spaltungen, und diese seien es, die das Land zu Fall bringen könnten. Dennoch ist und bleibt es ein überaus starkes Land.« Stark, das mag schon sein; aber so vereint die jüdischen Israelis auch sein mögen, es gibt da noch eine weitere Spaltung: diejenige zwischen ihnen und dem arabischen Bevölkerungsteil Israels, und diese Spaltung wird wohl nie ganz überbrückt werden können – es sei denn, es herrscht Gleichheit innerhalb Israels, und es kommt zu einer gerechten Zweistaatenlösung mit den Palästinensern.

Die meisten Araber Israels, immerhin ein Fünftel der Bevölkerung, möchten nicht in einem verarmten Palästina leben und wissen, dass sie als Israelis einen höheren Lebensstandard genießen als die meisten Araber im Nahen Osten. Das heißt jedoch nicht, dass sie sich in ihr Schicksal fügen wollen – ganz im Gegenteil. Israels Araber haben zwar zahlenmäßig enorm zugenommen, und ihre Geburtenrate ist höher als die ihrer jüdischen Nachbarn, aber wirtschaftlich und gesellschaftlich konnten sie nicht Schritt halten. Mit ihrem steigenden Anteil an der Bevölkerung könnte auch ihr politischer Einfluss wachsen, denn sie werden entsprechend mehr arabische Politiker ins Parlament, die Knesset, wählen können. Mittelfristig wird ihre begrenzte Wählermacht jedoch kaum in der Lage sein, die Zusammensetzung der israelischen Regierung zu beeinflussen.

Die israelischen Araber besitzen die volle Staatsbürgerschaft mit gesetzlich garantierten sozialen und religiösen Rechten. Sie haben eigene politische Parteien, Zeitungen, Radio- und Fernsehsender. Araber sind im Obersten Gericht des Landes vertreten, sie spielen für die Fußballnationalmannschaft. Und doch, obwohl sie als Israelis im gleichen Land leben und vor dem Gesetz gleichberechtigt sind, führen sie in vielerlei Hinsicht ein separates Dasein.

Die meisten Kinder arabischer Israelis besuchen Schulen, in denen Arabisch gesprochen wird. Sie leben in arabischen Dörfern oder Stadtvierteln. Haifa dürfte die am stärksten gemischte Stadt in Israel sein, doch selbst dort lassen sich klare Trennlinien zwischen den jeweiligen Vierteln erkennen. Wenn sie aufwachsen, lesen sie arabische Zeitungen und hören arabische Radiosender, und wenn sie sich überhaupt landesweit übertragene Fernsehsendungen ansehen, müssen sie feststellen, dass sie dort massiv unterrepräsentiert sind. Fast alle sprechen fließend Hebräisch, nutzen die Sprache aber nur, wenn sie an einem gemischten Arbeitsplatz beschäftigt sind. Wie die Charedim befinden sie sich üblicherweise am unteren Ende der Einkommensskala. Während jedoch viele Ultraorthodoxe aus freien Stücken ohne Arbeit sind, fehlt den israelischen Arabern oft einfach der Zugang zu besser bezahlten Jobs. Die Armutsrate liegt in arabischen Familien bei 50 Prozent, ein ähnlicher Anteil wie bei den Charedim.

Über Jahrzehnte lagen die öffentlichen Ausgaben im Bildungsbereich in arabischen Gebieten pro Kind deutlich niedriger, allerdings soll ein im Jahr 2016 eingeführter Fünfjahresplan dieses Problem aufgreifen. Der Dominoeffekt geringerer Bildungsstandards trägt zur Tatsache bei, dass acht der zehn ärmsten Städte Israels arabische Städte sind. Rund 79 Prozent der arabischen Israelis betrachten sich als diskriminiert. Mehrere aufeinanderfolgende Regierungen haben versucht, hier per Gesetz gegenzusteuern, und es gibt Jobquoten für Minderheiten im öffentlichen Sektor, aber diese Quoten werden selten erfüllt, und das Gesetz ist eine stumpfe Waffe.

Auch durch die nichtjüdischen Gemeinden verlaufen diverse religiöse und ethnische Trennlinien – so etwa zwischen sesshaften Muslimen, Beduinen, Christen und Drusen. Einigen geht es deutlich schlechter als anderen innerhalb der arabischen Bevölkerungsteile: Die Christen liegen beispielsweise eher auf dem sozioökonomischen Niveau der jüdischen Israelis, die Beduinen dagegen stellen die am stärksten benachteiligte aller einheimischen Gruppen in Israel. Sie versuchen, ihr Leben getrennt von allen anderen zu bestreiten, was aber im 21. Jahrhundert immer schwieriger wird. Landstreitigkeiten zwischen dem Staat und Beduinenstämmen haben dafür gesorgt, dass fast die Hälfte der 200 000 Angehörigen dieser Volksgruppe heute in »nicht anerkannten Dörfern« leben, einige davon ohne Wasser und Elektrizität. Die Ära ihres Nomadentums neigt sich dem Ende entgegen, und auch die wenigen, die noch nomadisch leben und mit ihrem Vieh umherziehen, können sich natürlich nicht in der ganzen Region frei bewegen, wie das vor der Entstehung des Nationalstaats der Fall war.

Die Beduinen erleben die Gegebenheiten etwas anders als die übrigen israelischen Araber: Zum einen sind sie emotional weniger mit dem Begriff »Nation« verbunden – das ist einer der Gründe, warum sich manche von ihnen freiwillig für den Militärdienst melden, obgleich sie ebenso wie alle anderen muslimischen Israelis davon befreit sind. Auch eine Handvoll nichtbeduinische israelische Muslime melden sich freiwillig, ebenso wie einige christliche israelische Araber und viele Drusen, doch für die Mehrzahl der nichtjüdischen Israelis kommt dies nicht infrage. Viele, vermutlich die meisten israelischen Araber, identifizieren sich als Palästinenser. Da der Dienst in den IDF (Israel Defense Forces) oft mit Operationen im Westjordanland und an Grenzposten verbunden ist, würde dies als Beteiligung an der Unterdrückung der arabischen bzw. palästinensischen Brüder angesehen. Der israelische Staat würde natürlich nicht zugeben, dass Unterdrückung in irgendeiner Form stattfindet, ist aber klug genug, um zu wissen, dass eine Wehrpflicht für arabische Bürger schlicht und einfach nicht funktionieren würde.

Dieses »Arabischsein« ist das Einzige, was die Araber beiderseits der Grenze eint – eine die Landesgrenzen übergreifende Identität. Dennoch gibt es viele Unterschiede zwischen ihnen. Wir verwenden oft allzu vereinfachende, unscharfe Beschreibungen wie »Israelis«, »Araber« und »Palästinenser«. Das mag genügen, um die politischen und geopolitischen Zusammenhänge auf Makroebene in groben Zügen zu verstehen. Kratzt man aber ein wenig

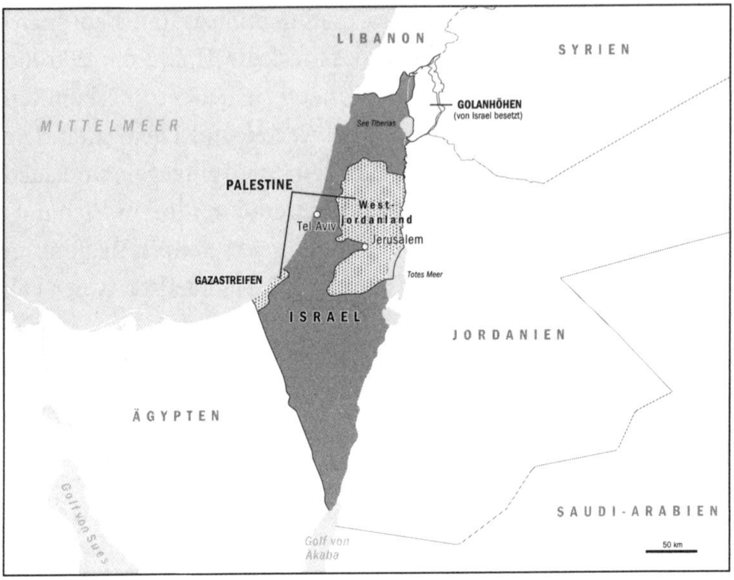

Israel und die Palästinensergebiete Gaza und Westjordanland

an der Oberfläche, findet man Komplexität und erkennt die Spaltungen im Kleinen, die zusammen das abbilden, was wir als das große Ganze wahrnehmen, sei es nun unter den »Israelis« oder den »Palästinensern«.

Sobald wir die Grenze zu den Palästinensergebieten überqueren, ist die bedeutendste Trennlinie territorialer Natur. Der Bildung eines homogenen palästinensischen Staates steht vieles im Wege, darunter die Tatsache, dass es nicht ein zusammenhängendes Palästinensergebiet gibt, sondern zwei – das Westjordanland und Gaza. Die Entfernung zwischen beiden ist dabei nicht das Problem. Wenn sich alle Seiten einig wären, ließen sich die 40 Kilometer israelischen Territoriums dazwischen mit einer Autobahnbrücke oder einem Tunnel überwinden. Aber die beiden Regionen sind nicht nur geographisch getrennt, sondern auch politisch und ideologisch.

Selbst wenn Israel theoretisch verhandlungsbereit wäre, könnte es nicht in Verhandlungen einsteigen, da die Palästinenser selbst in dieser Frage alles andere als einig sind. Die vergleichsweise säkulare Fatah-Bewegung ist die dominierende politische Kraft in der Palästinensischen Autonomiebehörde, die die 2,5 Millionen Palästinenser im Westjordanland verwaltet, die radikalislamische Hamas-Bewegung ist für die 1,7 Millionen Menschen im Gazastreifen zuständig. Beide haben sehr unterschiedliche Vorstellungen, welche Politik man gegenüber Israel vertreten sollte. Die Hamas ist und bleibt eine islamistische Bewegung. Trotz der Annahme ihrer neuen Charta von 2017, die die Möglichkeit eines palästinensischen Staates auf der Basis der Grenzen von 1967 vor dem Sechstagekrieg vorsieht, erklärt sie in Artikel 20 besagten Dokuments nach wie vor Folgendes: »Die Hamas lehnt jede Alternative zur vollständigen und kompletten Befreiung Palästinas ab, also vom Fluss bis zum Meer.« Gemeint sind der Jordan und das Mittelmeer, und dazwischen liegt bekanntlich Israel. Die neue Charta schwächt den deutlich antisemitischen Tonfall der Originalcharta ein wenig ab, ist aber nicht offiziell als Ersatz des Originals deklariert, und die Organisation bekennt sich auch weiterhin zur Gewalt als Mittel zur Durchsetzung ihrer Ziele. Sie wird vom Großteil der westlichen Welt nach wie vor als terroristische Organisation eingestuft. Die Fatah hingegen ist, zumindest theoretisch, eine säkulare Bewegung und akzeptiert offiziell das Konzept »zwei Staaten für zwei Völker«.

2006, in dem Jahr nach Israels Rückzug aus Gaza, gewann die Hamas die Wahlen in Gaza und im Westjordanland, vor allem deshalb, weil die Wähler die Geduld mit der Korruption der Fatah-Funktionäre verloren hatten. Diverse Einheitsregierungen wurstelten vor sich hin, wobei die Fatah im Westjordanland und die Hamas in Gaza stärker war, bis sich die Dinge 2007 zuspitzten.

Die Hamas, die behauptete, Fatah-nahe Sicherheitskräfte würden Befehle des von der Hamas gestellten Innenministers verweigern, hatte eine neue »Exekutiv-Einheit« installiert, die anschließend einen hohen Fatah-Sicherheitsbeamten in Gaza ermordete.

Präsident Abbas erklärte die Hamas für illegal, und die gewalttätigen Auseinandersetzungen begannen zu eskalieren. Das Ganze kulminierte im Juni 2007, als Einheiten der Hamas die Kontrolle über sämtliche Regierungsgebäude in Gaza an sich brachten und zahlreiche Fatah-Anhänger ermordeten. Die Kämpfe zwischen den rivalisierenden Palästinensergruppen kosteten Hunderte Menschen das Leben, bevor die Sicherheitskräfte der Fatah in Richtung der israelischen Grenze flohen. Präsident Abbas verurteilte das Geschehen als »Putsch« und ging massiv gegen Hamas-Machtzentren im Westjordanland vor. Trotz wiederholter Bemühungen vermochten beide Seiten bisher nicht, ihre Fehde beizulegen. Keine Seite ist bereit, ihren Autoritätsbereich aufzugeben, und keine Seite genießt die uneingeschränkte Unterstützung der Bevölkerung. Im Oktober 2017 unterzeichneten sie ein Dokument der Versöhnung, das Präsident Abbas als »Deklaration zum Ende der Spaltung« pries. Dies führte jedoch schon bald zu Schwierigkeiten, da beide Seiten auf ihre jeweilige Legitimität pochen. In jedem Fall ist ein gewisses Maß an Einigkeit notwendig, damit ein wie auch immer gearteter neuer Friedensprozess in Nahost überhaupt in Gang kommen kann.

Die Hamas, deren vollständiger Name »Islamische Widerstandsbewegung« bedeutet, hat ihre Version des Islam in Gaza durchgesetzt und versucht, sämtliche Aspekte des Alltagslebens zu beherrschen. Damit verprellt sie nicht nur die verbliebenen Fatah-Anhänger, sondern auch die eher moderaten Teile der eigenen Bevölkerung. Die kleine christliche Gemeinde, insgesamt kaum 3000 Menschen, sieht sich unter Druck gesetzt, und viele würden lieber heute als morgen die Region verlassen, wie so viele Christen im gesamten krisengeplagten Nahen Osten. Die Hamas feuert weiterhin Raketen wahllos in Wohngebiete auf israelischem Boden, oder sie hat zumindest andere Gruppen nicht daran gehindert, dies zu tun. Auch dies spaltet die öffentliche Meinung, zwischen denen, die den Widerstand gegen die – in ihren Augen – »israelische Blockade« unterstützen, und anderen, die meinen, es sei angesichts der damit unvermeidlich provozierten Vergeltung durch Israel sinnlos, diese ohnehin weitgehend zwecklosen Trotzhandlungen fortzusetzen.

Trotz des Rückzugs der Israelis bleibt die Bevölkerung im Gazastreifen gefangen zwischen der 65 Kilometer langen Barriere an der Grenze zu Israel und einem Zaun an der Grenze zu Ägypten. Im Westen blicken die Menschen in Gaza aufs Mittelmeer, doch in der Ferne sehen sie dort meistens ein Patrouillenboot oder Kriegsschiff der Israelis. Auch auf dieser Route führt also kein sicherer Weg hinaus. Israel und Ägypten schränken die Bewegungsfreiheit der Bevölkerung des Gazastreifens in beiden Richtungen ein, was für die Menschen mit großen Härten verbunden ist. Beide Staaten argumentieren, die Hamas und andere würden ein unzumutbares Maß an Gewalt aus Gaza in ihr Territorium tragen, wenn man ihren Leuten Bewegungsfreiheit gewähren würde. Ägypten ist in dieser Hinsicht nicht weniger besorgt als Israel, zumal die Hamas ursprünglich aus der Muslim-Bruderschaft in Ägypten hervorging. Die Militärregierung in Kairo möchte nach der Absetzung der kurzzeitigen Staatsführung der Muslim-Bruderschaft im Jahr 2013 keine Hamas-Aktivitäten auf ihrem Territorium sehen.

Israel lässt jeden Tag Hunderte LKW-Ladungen mit Nahrung, Medikamenten und Kraftstoff über die Grenze nach Gaza liefern, diese Importe werden jedoch eingeschränkt, sobald Feindseligkeiten an der Grenze ausbrechen. Hunderte von Schmugglertunneln, die unter der Grenze zu Ägypten hindurch gegraben wurden, sorgen für einen blühenden Schwarzmarkt für alle möglichen Güter – und einen Weg nach draußen für die Unerschrockenen, die der Gefahr trotzen, dass solche Tunnel auch einstürzen könnten.

Ich habe mit eigenen Augen einmal gesehen, wie ein Traktor einen nagelneuen Mercedes durch einen dieser Tunnel gezogen hat – die Autohäuser in Gaza sind voll, aber natürlich taugt dies schwerlich als Grundlage für ein normales Wirtschaftsleben. Die Ägypter haben im Lauf der Jahre ihre Zäune weiter verstärkt und fluten manchmal die Tunnel, damit keine Waffen und Kämpfer nach Sinai gelangen können, wo die Menschen am meisten unter den häufigen Terrorattacken zu leiden haben. Die Maßnahmen Ägyptens und Israels gegen die Tunnel vermindern zwar das Potenzial für gewaltsame Übergriffe, aber das geht auch auf Kosten des Schwarzhandels, ohne den die abgeschnittene Bevölkerung zusätzliche Härten in Kauf nehmen muss. 2016 kündigte Israel einen Plan für den Bau einer unterirdischen Mauer an, die über 30 Meter in die Tiefe gehen sollte. Das sollte verhindern, dass bewaffnete Kämpfer durch Tunnel nach Israel gelangen und dort Grenzstädte attackieren.

Das Leben im gesamten Westjordanland ist schwer genug, aber immer noch leichter als im Gazastreifen. Die Palästinenser können hier die Grenzen nach Israel oder Jordanien überqueren, wenngleich bisweilen nur unter Schwierigkeiten, und dort ihren Weg fortsetzen. Jedes Jahr werden Zehntausende in israelischen Krankenhäusern behandelt – die Gesundheitsversorgung im Westjordanland ist von deutlich niedrigerem Standard. Arbeitserlaubnisse sind wesentlich schwerer zu bekommen. Ende der 1980er-Jahre machten Palästinenser aus dem Westjordanland und Gaza etwa acht Prozent der israelischen Arbeiterschaft aus; heute liegt dieser Wert bei rund zwei Prozent. Dieser Rückgang ist zum Teil Sicherheitsproblemen während der Ersten und Zweiten Intifada geschuldet, teils liegt es auch daran, dass Arbeiter aus anderen Ländern, vor allem Asiaten, diese Arbeitsplätze eingenommen haben.

Hinter der riesigen Sicherheitsbarriere leben also nun 2,5 Millionen Palästinenser und fragen sich, wie es zu dieser Situation kommen konnte. In früheren Jahrzehnten gab es da wenig zu diskutieren: Grund war die Aufteilung Palästinas, betrieben durch die äußeren Mächte; dann kam die »Nakba« (Katastrophe), also der verlorene Krieg, der die Entstehung des Staates Israel im Jahr 1948 hätte verhindern sollen; es folgten das Desaster von 1967 und die anschließende Besetzung. Für die Palästinenser bleiben diese Faktoren die Ursache der verfahrenen Situation, aber heute genügen diese Erklärungen nicht mehr.

Ohne deshalb eine positivere Haltung zu Israel einzunehmen, fragen viele jüngere Palästinenser, warum sie von ihrer eigenen Führung über Generationen im Stich gelassen wurden. Es gilt als allgemein bekannt, dass die Palästinensische Autonomiebehörde ein großes Korruptionsproblem hat, und heute hat die Politikergeneration, die während der Jahre von Arafat und danach Abbas an die Macht gelangte, kaum noch Rückhalt im Volk. Manche haben sich deshalb der Hamas zugewandt, immer noch im Glauben, die Gewalt könnte eines Tages die Wende zum Besseren bringen. Inzwischen drohen die Spaltungen zwischen Fatah und Hamas ernsthaft, die Kämpfe von 2007 wieder aufflammen zu lassen – diesmal jedoch im Westjordanland. Noch mehr junge Menschen haben von beiden führenden Gruppierungen die Nase voll, und gerade im Westjordanland hört man nicht selten hinter vorgehaltener Hand, die Kooperation der Autonomiebehörde mit Israel in Sicherheitsfragen mache sie zum »Handlanger« der Besetzung.

Doch was tun? In welche Richtung soll es politisch weitergehen? Palästina ist schwerlich als offene Gesellschaft zu bezeichnen. Widerspruch kann zu Verhaftung und Folter führen – viele palästinensische Journalisten können das bestätigen. Freiheitliche Demokratie nach westlichen Vorstellungen existiert in Palästina nicht. Eine moderate liberale Partei, die sich beispielsweise für die Rechte Homosexueller einsetzt, würde wenig bewirken können und in einer Umgebung agieren, in der die öffentliche Verbreitung von derlei Gedankengut gefährlich wäre. Die wenigen Regenbogenflaggen, die bisweilen an die Mauer/Sperranlage gemalt werden, werden stets schnell wieder überpinselt.

Das kann nicht überraschen: Der Nahe Osten ist verglichen mit Europa und Nordamerika eine extrem konservative Region. Doch die Chancen, dass in Palästina eine freiheitliche Demokratie entsteht, werden auch durch die israelische Besetzung blockiert. Die Konservativen können sagen – und sagen es auch –, der Kampf um die nationale Souveränität müsse Vorrang vor allem anderen haben. Deshalb wird sich die weitgehende Ablehnung der gegenwärtigen Führung im Westjordanland nicht notwendigerweise in einen Schub für eine echte freiheitliche Demokratie übertragen, und angesichts der Spannungen zwischen dem Westjordanland und Gaza bleibt Palästina auf absehbare Zeit wohl tatsächlich ein »Haus, das mit sich selbst uneins ist«.

Von ihren arabischen Nachbarn können die Palästinenser kaum Hilfe erwarten. Die Regierungen in Nahost nutzen die Palästinenser zwar seit jeher als politisches Werkzeug, diskriminieren aber zugleich die Flüchtlinge, die sie aufnehmen, und achten darauf, dass sie in ihren trostlosen Lagern bleiben. In den meisten arabischen Ländern können Palästinenser und ihre Kinder, selbst wenn sie im Land geboren wurden, weder Staatsbürger werden noch das aktive oder passive Wahlrecht ausüben. Jordanien zeigt sich diesbezüglich flexibler als die meisten anderen, doch selbst dort sind Menschen palästinensischer Abstammung Diskriminierungen ausgesetzt, und im Parlament sind sie unterrepräsentiert. Im Libanon, wo über 400 000 Palästinenser leben, bleiben ihnen etwa 50 berufliche Kategorien von vornherein verschlossen: Sie dürfen beispielsweise nicht Rechtsanwalt, Journalist oder Arzt werden. Im Libanon und in Syrien ist ihnen das Recht auf Grundbesitz verwehrt, zudem müssen sie in den Lagern leben. Und diejenigen, denen es gelungen ist, diese Gesetze zu umgehen, dürfen das Eigentum nicht auf ihre Kinder übertragen.

Die Logik hinter dieser Diskriminierung beruht zumindest teilweise darauf, dass alle Palästinenser, selbst die Enkel der Flüchtlinge aus dem Jahr 1948, das Recht auf »Rückkehr« haben. Das befreit die arabischen Regierungen zwar nicht von der Verpflichtung, ihnen Menschenrechte zu gewähren, liefert ihnen aber eine bequeme Ausrede dafür, die Palästinenser im Zustand der Armut zu halten, sodass sie nicht am normalen politischen Leben teilnehmen können. Außerdem können sie so immer auf das Leid der Palästinenser verweisen, was ihnen zur Ablenkung von Kritik an ihrer eigenen gescheiterten Innenpolitik sehr zupasskommt.

Angesichts derart vieler Spaltungen in der Bevölkerung und

innerhalb der einzelnen Gruppen scheint eine für alle Seiten zufriedenstellende Zweistaatenlösung in naher Zukunft kaum erreichbar zu sein, obwohl viele Menschen die Idee als solche befürworten. Es gibt so viele Streitfragen und Hindernisse: Wo soll die Grenze verlaufen? Wie ist mit Siedlern und Flüchtlingen umzugehen? Was geschieht mit Jerusalem? Hier scheint kein Land in der Lage zu sein, eine kohärente Politik auf die Beine zu stellen, die allen Bürgern innerhalb der eigenen Grenzen gerecht wird – ganz zu schweigen davon, dass man sich überhaupt auf eine Grenze einigt. Vorerst bleiben also die Barrieren bestehen, als Versuch, die Gewalt einzudämmen, die die Region so heftig und häufig erschüttert, seit es Israel gibt.

Der moderne Staat Israel wurde aus der Gewalt geboren, und das Land hat das Gefühl, vom ersten Tag an in jeder Dekade seiner Existenz zum Kampf gezwungen zu sein. Doch während Israel einst als Zentrum eines brodelnden Kessels wahrgenommen wurde, gilt es heute vielen als Oase relativen Friedens in einer immer turbulenter werdenden Region. Diese Ansicht veranlasste den ehemaligen Premierminister Ehud Barak, sein Land, vielleicht ein wenig martialisch, als »Villa im Dschungel« zu charakterisieren. Und diese Ansicht hat zumindest teilweise dazu geführt, dass das Land sich so massiv mit Mauern und Barrieren umgibt.

Für den Moment ist Israel wohl halbwegs stabil – jedenfalls im Vergleich zum übrigen Nahen Osten. In den letzten Jahren, als die arabische Welt von Revolutionen und Konflikten durchgeschüttelt wurde, stand Israel nicht so sehr im Rampenlicht. Die Israelis wissen jedoch nur zu gut, dass sich dies wieder ändern wird. Hisbollah, Hamas und viele andere Gruppen und Organisationen sind mit Israel noch längst nicht fertig. Die Lage ist fragil, und es braucht nicht viel, um den Konflikt erneut aufflammen zu lassen, wie man Ende 2017 sehen konnte, als Präsident Trump offiziell Jerusalem als Israels Hauptstadt anerkannte. Unruhen in der gesamten Region waren die Folge. Gegenwärtig bauen alle Seiten für die Zukunft vor. Und die Mauern schützen vor Gewalt – vorerst jedenfalls.

VIERTES KAPITEL

DER NAHE OSTEN

»Wählt einen Führer, der in den Bau
von Brücken investiert, nicht in Mauern.
In Bücher, nicht in Waffen.
In Moral, nicht in Korruption.«
Suzy Kassem, ›Rise Up and Salute the Sun:
The Writings of Suzy Kassem‹

Vorhergehende Doppelseite: Eine Straße führt zur befestigten Grünen Zone in Bagdad, Irak 2016.

Überall im Nahen Osten stehen kleine Mauern. Jede einzelne davon zeugt von der terroristischen Gewalt, die heute die gesamte Region erfasst hat. Man sieht die Mauern in Bagdad, Damaskus, Amman, Sanaa, Beirut, Kairo, Riad – eigentlich in fast jeder größeren Stadt. Es sind Betonbarrieren und Sprengschutzvorrichtungen, die um Botschaften, Hauptquartiere von Hilfsorganisationen und andere internationale Organisationen, Polizeistationen, Kasernen, Regierungsgebäude, Wohngebiete, Kirchen, Hotels und sogar um ganze Stadtviertel herum hochgezogen wurden.

Auf der einen Seite davon herrscht normales Leben, Autos hupen, Straßenhändler bieten ihre Waren feil, Fußgänger erledigen ihre Besorgungen wie in jeder geschäftigen Großstadt der Welt. Auf der anderen Seite herrscht eine andere Version des normalen Lebens – Büroangestellte, Regierungsbeamte, Staatsbedienstete, Diplomaten. Auch sie gehen ihren täglichen Verrichtungen nach, jedoch im Wissen, dass ohne die Betonblöcke vor ihrem Fenster, ohne die Wachen am Eingang der Gebäude und hier und da ohne den Kontrollpunkt am Ende der Straße jederzeit ein mit Sprengstoff beladener LKW ihr Gebäude in Schutt und Asche legen oder eine Gruppe von Terroristen ihren Arbeitsplatz stürmen könnte.

Das ist keine leere Drohung. Die Liste der Attacken vor dem Bau dieser Mauern ist lang. Es waren mehr als 150 im weiter gefassten Nahen Osten allein in diesem Jahrhundert, darunter: Unterkünfte für Fremdarbeiter in Riad; Hotels in der ägyptischen Provinz Sinai und in Jordaniens Hauptstadt Amman; Einrichtungen der Ölindustrie in Jemen und Algerien; Kirchen in Bagdad; das US-Konsulat in Bengasi; das Bardo-Museum in Tunis und das iranische Parlament und der Schrein von Ayatollah Khomeini.

Die Mauern wuchsen in diesen gefährdeten Arealen als Antwort auf die vielen Anschläge aus dem Boden. Das Muster für diese Art des Mauerbaus lieferte die »Grüne Zone« in Bagdad, die im Jahr 2003 nach der Invasion des Irak errichtet wurde, um die von den USA installierte »Provisorische Regierung« in der Zeit nach Saddam zu schützen. Die Grüne Zone umfasst einen großen Teil von Bagdads Innenstadt und ist umringt von riesigen Betonblöcken, ähnlich jenen, die wir im von Mauern umgebenen Bereich des Westjordanlands sehen. In der Grünen Zone gewöhnte man sich an den Klang der Raketeneinschläge, die vereinzelt auch innerhalb der Eingrenzung vorkamen. Viel häufiger vernahm man jedoch jenen dumpfen Knall in der Ferne, wenn außerhalb der Zone wieder einmal eine Autobombe hochging oder ein Selbstmordanschlag zahllose Menschen in den Tod riss, eine ständige Erinnerung daran, wie das Leben für die ganz normalen Iraker und die amerikanischen Truppen in der wirklichen Welt aussah.

Einige Hauptstraßen vom Flughafen in die Grüne Zone sind ebenfalls von solchen Betonblöcken umsäumt, die vor Sprengfallen am Straßenrand schützen sollen. Mit dem Wachsen der Bedrohung weiteten sich die Betonblöcke auch auf Nebenstraßen aus. Sie wurden so alltäglich, dass das Militär den verschiedenen Bauarten offizielle Namen verpasste – sie benannten sie nach US-Bundesstaaten: Ein »Colorado« war mittelgroß, etwa 1,80 Meter hoch und 3,5 Tonnen schwer, »Texas« war das Großformat, 2 Meter hoch und 6 Tonnen, und »Alaska« die XXL-Version mit 3,60 Metern und 7 Tonnen. Das alles kostete eine Menge Geld, das Blutvergießen fand trotzdem kein Ende. Gewiss retteten diese Barrieren viele Leben, aber absolute Sicherheit gegen die tückischen Sprengfallen, die die Gewalt einer Explosion in eine Richtung projizieren und sogar Mauern durchschlagen können, vermochten sie nicht zu bieten. Und jeder dieser Betonblöcke kostete über 600 Dollar. Multipliziert mit mehreren Tausend und angesichts von acht Jahren Besatzung gehen die finanziellen Kosten in die Milliarden.

Dennoch wurden die Mauern zum Element des Kampfes in einem urbanen Kriegsgebiet und ihr Bau zu einem festen Bestandteil der Militärplanung Amerikas. Die Soldaten wurden als Bauarbeiter immer geschickter und konnten in einer einzigen Nacht über 100 Blöcke installieren, manchmal sogar unter feindlichem Beschuss. Mit der Zunahme religiöser Spannungen zwischen Sunniten und Schiiten, gezielt angeheizt durch Milizen auf beiden Seiten, wurden allmählich ganze Stadtviertel mit Mauern eingefasst. Der Beton rettete Leben, reduzierte die Möglichkeiten für sunnitische wie für schiitische Milizen, an die Zivilbevölkerung und an Fremdarbeiter heranzukommen. Aber jeder Betonblock hatte auch etwas von einem Grabstein, spielte seinen Part bei der Beerdigung des Gedankens, der Sturz Saddams würde zu einem stabilen Irak führen.

Stattdessen trug die Invasion im Irak zur Destabilisierung gleich mehrerer Länder bei, zum Aufblühen der gewalttätigen islamistischen Ideologie und letztendlich zur Entstehung eines riesigen rechtsfreien Raums, von dem aus sich die Gewalt in sämtliche Richtungen ausbreitete. Die sich anschließenden arabischen Aufstände, die 2011 in Tunesien, Ägypten und Libyen begannen, hätte es möglicherweise auch so gegeben – das kann natürlich niemand wissen. Viele bezeichneten diese Aufstände fälschlicherweise als »Arabischen Frühling« in der Erwartung, am Ende würden umfassende Reformen in der gesamten Region um sich greifen. Wie auch immer: Als es zu den Aufständen kam, stand in jedem Land bereits eine Clique im Irak ausgebildeter Dschihadisten bereit.

Viele glaubten einmal, die Lösung der Israel-Palästina-Frage würde mehr Stabilität in diesen Teil der Welt bringen, aber diese Theorie ist durch die Erschütterungen, die die arabische Welt in den letzten Jahren erlebt hat, überdeutlich widerlegt worden. Heute erkennen wir angesichts der Konflikte im Irak, in Libyen, Syrien, Ägypten und Jemen, dass die Instabilität in der Region herzlich wenig mit der Situation in Gaza, Ramallah, Tel Aviv oder Haifa zu tun hat.

2014 lebten gerade einmal fünf Prozent der Weltbevölkerung in der arabischen Welt, aber diese mussten 45 Prozent der Terroranschläge weltweit erdulden, 68 Prozent der konfliktbedingten Toten, und die Länder mussten 58 Prozent der dadurch entstandenen Flüchtlinge unterbringen. Mancherorts sind dabei ganze Nationen schlicht und einfach zerfallen, in anderen Ländern sind Risse und Brüche deutlich sichtbar; und dann gibt es noch jene, in denen die Gräben unter der Oberfläche liegen und jeden Moment wieder aufbrechen könnten. Die Kriege und Aufstände haben die tiefe Spaltung innerhalb der arabisch dominierten Länder schonungslos offengelegt. Es gibt nach wie vor so etwas wie ein Gefühl der Einheit unter den Arabern, soweit sie einen geographischen Raum, eine Sprache und bis zu einem gewissen Grad eine Religion gemeinsam haben; aber die Aussicht auf eine panarabische Vereinigung bleibt bestenfalls ein ferner Traum.

Die Religion ist einer der bedeutendsten trennenden Faktoren. 2004 prägte König Abdullah von Jordanien eine umstrittene Formulierung, als er vom »schiitischen Halbmond« sprach. Gemeint war damit die Ausdehnung des iranischen Einflussbereichs, in einem Bogen ausgehend von Teheran, der Hauptstadt des schiitischen Iran, über das heute schiitisch dominierte Bagdad (Irak), weiter nach Damaskus (Syrien), wo der herrschende Assad-Clan von einer Sekte mit schiitischen Wurzeln (Alawiten) abstammt, und endend im Süden von Libanons Hauptstadt Beirut, einer Hochburg der ebenfalls schiitischen Hisbollah. Das war eine höchst ungewöhnliche Ausdrucksweise in einer Region, in der jeder um die bestehenden sektiererischen Tendenzen weiß, sie aber lieber nicht auch noch betont. König Abdullah war sich der Gefahren durch dieses Sektierertum jedoch wohl bewusst. In einem Zeitungsinterview im Jahr 2007, vier Jahre vor Ausbruch des Kriegs in Syrien, sprach er eine weitblickende Warnung vor dem aus, was bevorstehen könnte: »Wenn sich dieses Sektierertum weiter vertieft und ausbreitet, wird seine zerstörerische Wirkung bald uns alle treffen. Es wird Spaltung, Polarisierung und Isolationismus verstärken. Unsere Region wird in einem Konflikt mit unabsehbaren Folgen versinken.«

Die Spaltung zwischen Sunniten und Schiiten im Islam existiert bereits seit dem 7. Jahrhundert und ist damit fast so alt wie die Religion selbst. Im historischen Schisma ging es darum, wer den Islam nach dem Tod Mohammeds im Jahr 632 führen sollte. Die »Shi'at Ali« oder »Anhänger Alis« sind die Seite, die wir heute als Schiiten bezeichnen. Sie beharrten auf dem Führungsanspruch der familiären Nachkommenschaft Mohammeds und unterstützten deshalb seinen Cousin und Schwiegersohn Ali ibn Abi Talib als Kalif. Die heutigen Sunniten waren damit nicht einverstanden und argumentierten, die Führung müsse sich aus Gelehrten innerhalb der Glaubensgemeinschaft rekrutieren. Sie gewannen die Oberhand, nachdem sie bei der Schlacht bei Kerbela (im Jahr 680) im heutigen Irak einen von Alis Söhnen, Hussein, getötet hatten.

Seit jener Zeit pflegt jede Seite in ihrer Tradition die Überzeugung, die jeweils andere Seite vertrete nicht den wahren Islam; die Schiiten erkennen beispielsweise nur religiöse Führer an, die von sich sagen, sie stammten über Ali und Hussein vom Propheten ab. Springen wir nun um 1400 Jahre in die Gegenwart, stellen wir fest, dass sich die Unterscheidung in vielen kleinen, aber für die Gläubigen wichtigen Punkten manifestiert, die die beiden Gruppen voneinander trennen.

Nichts davon hat etwas mit den Gesetzen des Korans zu tun, aber es ist wie überall in der Welt: Im Lauf der Jahrhunderte sortieren sich die Gemeinschaften, leben in getrennten Wohn- oder Stadtvierteln, die Unterschiede wachsen – und selbst kleine Unterschiede im Alltag können im politischen Umfeld ungeahnte Ausmaße annehmen. Die Namen, die man den Kindern gibt, lassen sich zwar nicht exklusiv der einen oder anderen Seite zuordnen, aber gewisse Rückschlüsse sind möglich. So ist etwa kaum anzunehmen, dass jemand namens Yazid Schiit ist, denn Yazid soll der Name des Mannes gewesen sein, der Hussein tötete. In einigen Ländern kann man aus der Kleidung oder der Länge des Bar-

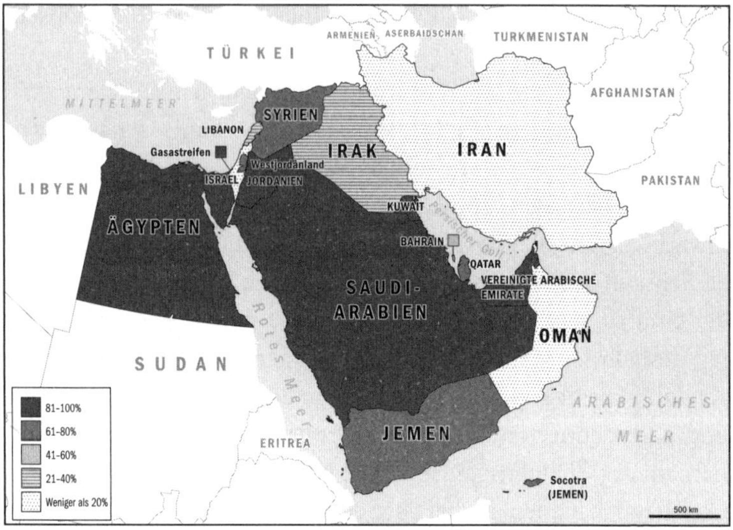

Anteil der sunnitischen Bevölkerung in den Ländern des Nahen Ostens

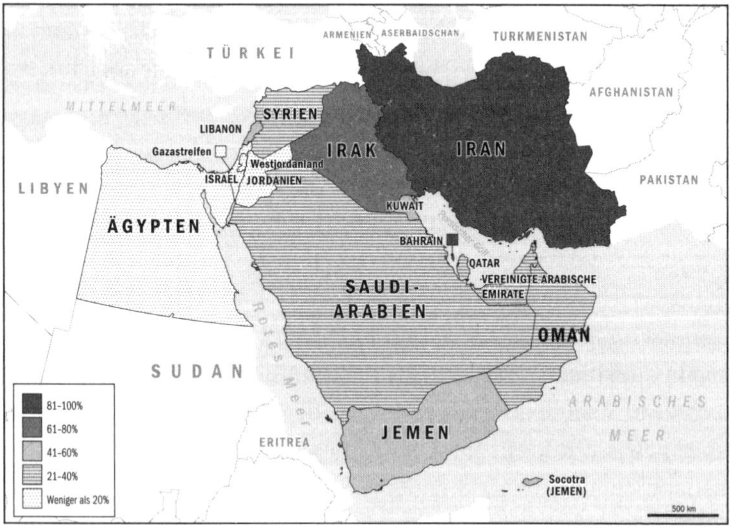

Anteil der schiitischen Bevölkerung in den Ländern des Nahen Ostens

tes folgern, ob es sich um einen Sunniten oder Schiiten handelt, und wenn Sie das Haus einer religiösen Familie betreten, sehen Sie oft Bilder oder Poster, die darauf schließen lassen, welcher Gruppe sie angehört. Die sunnitischen und schiitischen Kleriker tragen unterschiedliche Gewänder – es wäre zumindest ungewöhnlich, einen Kleriker der Sunniten mit einem schwarzen Turban anzutreffen. Auch die Art und Weise, wie die Gläubigen beten, unterscheidet sich: Sunniten überkreuzen beim Gottesdienst von Zeit zu Zeit die Arme vor dem Körper, Schiiten halten die Arme üblicherweise seitlich am Körper.

Die Araber sind überwiegend Sunniten, doch im Iran, Irak und in Bahrain sind die Schiiten in der Mehrheit. Im Libanon, im Jemen und in Kuwait sowie in Saudi-Arabien, wo sie vor allem im Osten des Landes leben, stellen sie eine bedeutende Minderheit.

Was alle Muslime eint – der Glaube an die »Fünf Säulen des Islam« –, genügt in der Regel, um friedlich nebeneinander zu leben, doch klagen bisweilen diejenigen, die in der Minderheit sind, über Diskriminierung und darüber, von der Regierung und anderen Aspekten des öffentlichen Lebens ausgeschlossen zu sein. Und es hat immer schon Zeiten der Spannung gegeben, die gelegentlich auch in anhaltende Gewalt mündeten, auf lokaler wie auf regionaler Ebene. Einen solchen Gewaltausbruch erleben wir gerade wieder.

In der Ära Saddam herrschte im Irak die sunnitische Minderheit, nach Saddams Sturz gewannen schiitische Gruppen an Macht. Seitdem verfolgen Milizen beider Seiten mit diversen Anschlägen mit Bomben und Schusswaffen ihre politischen Ziele. Der Irak leidet unter mehr Terrorattacken als jedes andere Land – im Jahr 2016 gab es fast 3000 Vorfälle mit über 9000 Todesopfern –, wobei der sogenannte Islamische Staat (IS) für die meisten davon die Verantwortung trägt. Der IS entstand im Irak nach der US-Invasion von 2003 und ist heute eine der schlimmsten und am weitesten verbreiteten Terrororganisationen, präsent im ganzen Nahen Osten, einschließlich Syrien, Libyen, Jemen sowie Ägypten.

Die meisten Regierungen in der Region sind sich darüber im Klaren, dass der IS einsickern und weitere Bereiche mit seinen extremistischen Ansichten und Gewaltaktionen destabilisieren könnte – und natürlich wollen sie das unbedingt verhindern.

Im Jemen brach 2005 ein Bürgerkrieg zwischen Kräften der schiitischen Huthi-Rebellen und der sunnitisch geführten Regierung aus – der Iran unterstützt die Huthi, Saudi-Arabien und andere die sunnitischen Gruppen; sowohl IS als auch al-Qaida mischen in dem Konflikt mit. Die Gewalt nahm immer mehr zu und erfasste nach 2015 das ganze Land – Tausende Menschen wurden getötet, über drei Millionen vertrieben. Im November 2017 beschrieb die UNICEF die Situation als »weltweit schwerste humanitäre Krise«, noch verschärft durch Hungersnöte und den massiven Ausbruch der Cholera.

Die Spaltung in Syrien verläuft überwiegend entlang religiös-sektiererischer und ethnischer Linien: Sunniten, Schiiten, Alawiten, Kurden, Christen, Drusen und so weiter und so fort. Hafez Assad, der Vater des heutigen Präsidenten, hatte das Land unter einer brutalen säkularen Diktatur zusammengezwungen, aber mit dem Einsetzen der neuen Gewalt im Jahr 2011 wurden diese Fesseln zügig abgestreift. Der Bürgerkrieg in Syrien ist einer der gewalttätigsten und kompliziertesten Konflikte in der Welt. Sehr viele Akteure haben ihre Finger im Spiel (nicht zu vergessen die militärischen Aktivitäten Russlands, der Türkei, der USA und anderer). Der Iran unterstützt das Assad-Regime, Saudi-Arabien steht hinter einigen der sunnitischen Rebellengruppen. Auch in diesem Konflikt kommt dem IS eine wichtige Rolle zu, wenngleich er Ende 2017 fast alle zuvor in Syrien und im Irak eroberten Territorien verloren zu haben schien. Alle Seiten sind für diverse Gräueltaten verantwortlich; der Regierung wird sogar der Einsatz von Chemiewaffen gegen das eigene Volk vorgeworfen. Als Folge der verbreiteten Gewalt wurden Millionen Menschen innerhalb des Landes vertrieben, Millionen weitere sind aus dem Land geflohen.

Diese und andere Konflikte in Nahost haben tieferliegende Ursachen, es lässt sich aber nicht leugnen, dass die Religion einen entscheidenden Faktor bei den immer erbitterter wirkenden Spaltungen darstellt. Und der Graben zwischen Sunniten und Schiiten ist heute tiefer und breiter als über Jahrhunderte zuvor. Zumindest teilweise wird dieser Graben durch die Politik der Staaten selbst noch vertieft: Die heftige Rivalität zwischen dem sunnitischen Saudi-Arabien und dem schiitischen Iran hat die Krise angeheizt, beiden geht es um die Ausdehnung von Macht und Einfluss in der Region. Die Differenzen definieren sich auch ethnisch – die einen sind Araber, die anderen in der Mehrheit Perser – und über die ohnehin übliche Rivalität zwischen mächtigen Staaten. Allerdings hat die von beiden Seiten an den Tag gelegte Sprache eindeutig einen religiös-sektiererischen Aspekt. Sunnitische Hardliner sprechen heute von den »Safawis« – die arabische Bezeichnung für die persische (iranische) Safawiden-Dynastie, die sich dem (sunnitischen) Osmanischen Reich widersetzte. Beide streiten um die Vormachtstellung unter den islamischen Ländern; auch wirtschaftlich sind sie Konkurrenten, etwa bei Ölförderung und Ölhandel, und wie schon erwähnt, ergreifen sie Partei bei religiösen Konflikten in anderen Ländern der Region. Beide werfen sich zudem gegenseitig vor, terroristische Gruppen und deren jeweilige Aktivitäten zu unterstützen. Als Folge davon geht diese Ära der Spaltung in Nahost und Nordafrika immer mehr in ein Zeitalter der Mauern über.

Saudi-Arabien hat an seinen Nord- und Südgrenzen mehrere Hundert Kilometer Zäune errichtet, Kuwait hat seine Grenzen ebenfalls dichtgemacht, Jordanien hat seine Grenze zu Syrien verstärkt. Im Norden haben die Türken eine drei Meter hohe und gut zwei Meter dicke Mauer errichtet, während die Unruhen in Libyen die Nachbarn in Tunesien und Ägypten veranlasst haben, ebenfalls Grenzzäune aufzustellen.

Die Barrieren in Jordanien sind technologisch besonders eindrucksvoll, die Gründe dafür umso deprimierender. Die Kriege in Syrien im Norden und im Irak im Osten haben Hunderttausende Flüchtlinge nach Jordanien vertrieben. Das haschemitische Königreich begann schon 2008, seine Grenzen aufzurüsten, wohl wissend, dass Gewalt und Chaos aus dem Irak leicht überspringen könnten. Dies geschah drei Jahre vor Ausbruch des Kriegs in Syrien, doch schon damals veranlassten die Instabilität der Region und die Zunahme des internationalen Terrorismus die Obama-Administration, ihrem Verbündeten die Hilfe der USA anzubieten. Zunächst ging es um eher bescheidene Maßnahmen – es gab Pläne, Wachtürme entlang eines besonders anfälligen, rund 50 Kilometer langen, oft von Schmugglern genutzten Streifens entlang der syrischen Grenze aufzustellen. Als Syrien dann im Chaos versank und der IS drohte, seinen Terror bis nach Jordanien zu tragen, wuchs das Projekt und mit ihm die Kosten. Jordanien ist zu 95 Prozent sunnitisch, und der IS war gewillt, seine extremen Glaubensüberzeugungen in ein fragiles und religiös geprägtes Land zu tragen.

Washington finanzierte das »Programm zum Schutz der jordanischen Grenze« aus der Defense Threat Reduction Agency (DTRA) des Pentagon, und das Unternehmen Raytheon erhielt den Zuschlag für den Löwenanteil des Auftrags. Heute steht ein gut 250 Kilometer langer Hightech-Schutzzaun entlang der Grenze zu Syrien, mit Wachtürmen, Nachtsichtkameras und Bodensensoren, die Bewegungen noch in acht Kilometer Entfernung beiderseits der Grenze registrieren. Eine ähnliche Konstruktion deckt 185 Kilometer der Grenze zum Irak ab. Auf der Website der DTRA heißt es, die Welt »kann ziemlich furchteinflößend sein«, verbunden mit dem Hinweis auf Massenvernichtungswaffen sowohl in Syrien als auch im Irak. Der von der Firma errichtete Zaun ist laut eigener Darstellung »ein exzellentes Beispiel dafür, wie wir die Welt besser vor Massenvernichtungswaffen schützen«.

Nicht erwähnt wird dabei allerdings, dass die Barriere auch dem Schutz amerikanischen Militärpersonals in Jordanien dient. Offiziell sind nur ein paar Dutzend US-Militärs in Jordanien stationiert; in Wirklichkeit sind es in der Regel mindestens mehrere Hundert, die jedoch weitgehend unsichtbar außerhalb jordanischer Militärbasen operieren. Diese unrealistisch niedrigen Zahlen können sich so lange in offiziellen Dokumenten halten, wie die Kräfte im Land lediglich »eingesetzt« werden, aber nicht »stationiert« sind. Jordanien mag wohl ein Verbündeter der USA sein, doch die Regierung zieht es vor, keine allzu große Nähe zur Supermacht zu demonstrieren, um kein Aufflammen antiamerikanischer Ressentiments in der als islamistisch geltenden Minderheit der Bevölkerung zu riskieren.

Die von den Saudis errichteten Grenzzäune sind sogar noch länger und kostspieliger als jene in Jordanien, aber auch die wurden und werden mit amerikanischer Hilfe gebaut. Das »Projekt Nordgrenze« deckt fast 900 Kilometer der Grenze zum Irak ab. Es besteht aus einem Dreifachzaun, einer gigantischen Sandberme, 32 »Reaktionsposten«, verbunden mit 7 Befehls- und Kontrollzentren, alles zusätzlich abgesichert durch 240 Fahrzeuge für schnelle Eingreiftruppen.

Die Beziehungen zwischen Saudi-Arabien und dem Irak sind schwierig. Viele Iraker beschuldigen Saudi-Arabien, seine strenge Auslegung des sunnitischen Islam zu exportieren und damit dem IS Geburtshilfe geleistet zu haben, was im Irak zu so viel Blutvergießen geführt hat; und seit dem Sturz Saddam Husseins hat sich der nun schiitisch dominierte Irak dem Iran angenähert. Allerdings startete Riad 2017 im Bemühen, den Irak von seinem iranfreundlichen Kurs abzubringen, eine Charmeoffensive und lud sogar hochrangige irakische Politiker zu Besuchen ein. Die beiderseitigen Beziehungen haben sich in jüngerer Zeit verbessert, vorerst jedoch bleiben die engen Verbindungen zwischen dem Irak und dem Iran bestehen.

Im Süden hat Saudi-Arabien seine Grenze zum Jemen mit Zäunen versehen. Dieses Projekt begann im Jahr 2003 und war, ähnlich wie Jordaniens ursprünglicher Plan für den Zaun an der syrischen Grenze, darauf ausgelegt, den Schmuggel von Waffen und Menschen aus dem bettelarmen Jemen in das viel reichere Saudi-

Arabien zu stoppen. Zunächst konzentrierten sich die Saudis darauf, Fahrzeuge aufzuhalten. Dazu dienten Sandsackbarrikaden und Betonblöcke an den Übergängen im gebirgigen Südwesten. Nachdem jedoch 2009 die schiitischen Huthi-Rebellen aus dem Jemen einen Anschlag im Grenzgebiet verübt und dabei zwei saudische Grenzposten getötet hatten, genehmigte Riad den Bau von Zäunen mit elektrischen Sensoren, um das Überschreiten der Grenze auf einem rund 160 Kilometer langen Grenzstreifen zu unterbinden. Die Militäraktionen der Huthi zielten auf eine größere Autonomie im Jemen ab, schwappten gelegentlich aber auch in die Provinz Jizan auf saudischem Territorium über, womit sie natürlich die Saudis gegen sich aufbrachten. Diese Feindseligkeit nahm noch zu, als die Saudis erkannten, dass ihr Hauptrivale in der Region, der Iran, den Huthi beistand.

Als der Bürgerkrieg im Jemen ausbrach, konnte al-Qaida ihre Stellung im Land stärken und es als Startrampe zum Einschleusen von Menschen nach Saudi-Arabien nutzen. Damit hatte Saudi-Arabien gleich ein dreifaches Problem: schiitische Huthi-Kämpfer und Angriffe im Grenzgebiet, illegale Migranten und die al-Qaida, die geschworen hat, die königliche Familie vom Thron zu stürzen, und alles drückte gegen die Grenze im Süden. Das ließ den Zaun nur noch dringlicher erscheinen. Dieser lässt nach wie vor Hunderte von Grenzkilometern in der Wüste und im Osten ungeschützt, aber die Entfernungen sind hier so groß und die Bedingungen so lebensfeindlich, dass es schwierig ist, den Patrouillen auszuweichen, deshalb sind Grenzübertritte hier seltener.

Neben den Problemen an den Grenzen weiß Saudi-Arabien auch um die Gefahren der inneren Spaltung. Einerseits wird das Land praktisch vollständig von Sunniten dominiert – Schiiten machen höchstens 15 Prozent der Bevölkerung von 33 Millionen Menschen aus, und die konzentrieren sich größtenteils auf die östlichen Provinzen. Genau dort liegen aber auch die meisten Ölfelder Saudi-Arabiens, und in den vorwiegend schiitischen Provinzen wächst die Unruhe: Sie sagen, ihre Gemeinden seien extrem unterfinanziert, und sie sehen sich vom öffentlichen Leben des Staates ausgeschlossen – die Regierung bestreitet derlei Vorwürfe. Angesichts dieses potenziellen Krisenherds, der fortwährenden Instabilität im Jemen und der Brüche im Irak ist Saudi-Arabien nicht im Geringsten geneigt, die einmal aufgestellten Barrieren abzubauen – ganz im Gegenteil sucht man ständig nach Wegen, sie noch zu verstärken.

Auch Kuwait legt großen Wert darauf, einen Puffer zwischen sich und dem Irak zu wissen – der Sturz von Saddam Hussein 2003 hat daran nichts geändert. Die Beziehung der beiden Länder ist durch eine lange und konfliktreiche Geschichte geprägt. Kuwait wurde 1913 als Scheichtum im Rahmen des anglo-osmanischen Abkommens gegründet, die Regierungen des Irak haben diese im Prinzip von den Briten gezogene Grenze jedoch niemals akzeptiert, und der Irak hat zu verschiedenen Zeiten wiederholt versucht, den ölreichen Staat als seine 19. Provinz zu beanspruchen.

Irakische Streitkräfte fielen 1990 in Kuwait ein, wurden aber von einer US-geführten Koalition wieder vertrieben. Kuwait zog danach – wortwörtlich – eine Linie in den Sand zwischen beiden Ländern: eine rund zehn Kilometer breite Barriere, bestehend aus drei parallelen Sandbermen über den gesamten Grenzverlauf. Teile davon sind noch mit Stacheldraht bestückt und mit vorgelagerten Panzergräben ausgestattet. Das sollte die Iraker fernhalten, aber im Jahr 2003, während der von den USA geführten Invasion, wurde sie zu einer Hürde, die die Amerikaner erst einmal überwinden mussten, um in den Irak zu gelangen. Dies erwies sich als größere Operation, die das gleichzeitige Durchbrechen der Berme an mehreren Stellen erforderte, und zwar so schnell, dass die verteidigenden irakischen Truppen keine Möglichkeit hatten, einzelne Fahrzeugkolonnen zu attackieren und den Vorstoß frühzeitig zu stoppen. Die Koalition schaffte es, 10 000 Fahrzeuge kamen durch und machten sich auf den Weg nach Bagdad.

Im Jahr darauf stellte der Irak wohl keine strategische Gefahr für Kuwait mehr dar, aber die Kuwaiter wollten trotzdem eine neue und bessere Grenzbefestigung haben. Unter rechtlicher Überwachung durch die UN einigten sich beide Seiten auf einen Standort, und seitdem wurde ein 220 Kilometer langer Zaun von der irakischen Grenzstadt Umm Qasr entlang der gemeinsamen Grenze bis zum Dreiländereck zwischen dem Irak, Kuwait und Saudi-Arabien gezogen. Wie so viele Länder in Nahost versucht Kuwait, sich vor der ausufernden Gewalt im Irak zu schützen, und es geht auch darum, die illegale Einwanderung in die wesentlich reichere Wirtschaft Kuwaits zu verhindern.

Die Türkei sorgt sich derweil mehr wegen der Gefahren aus Syrien und baut deshalb eine Mauer an einem größeren Grenzabschnitt. Ergänzt wird diese durch Gräben, ein Flutlichtsystem, Wachtürme, Überwachungsballons, Wärmebildkameras, Radar, ein Ziel- und Suchsystem und kleine gepanzerte Fahrzeuge namens Cobra II, die entlang der Mauer patrouillieren. Sie sind mit Kameras auf schwenkbaren Kränen ausgestattet, mit denen auch das Gelände jenseits der Mauer beobachtet werden kann. Die Türkei, die sich auf die Seite der Opposition gegen Assad geschlagen und eine aktive Rolle in dem Konflikt eingenommen hat, ist nun bemüht, Flüchtlinge und Terroristen zu stoppen, die von Syrien nach Norden kommen wollen. Aber die Türkei hat noch ein weiteres Problem im Syrien-Konflikt, nämlich die wachsende Stärke der kurdischen Gruppen, die darin verwickelt sind.

Wenn wir vom Nahen Osten sprechen, sehen wir »die Araber« nicht selten als untereinander austauschbare, monolithische Volksgruppe. In Wirklichkeit ist die Region Heimat vieler Völker, Religionen, Sekten und Sprachen, und dazu kommen noch Minderheiten wie die Kurden, die Drusen, die Jesiden und die Chaldäer.

Die Kurden stellen die größte Minderheit – rund 30 Millionen leben im Nahen Osten. Schätzungen variieren, aber man kann davon ausgehen, dass etwa 2 Millionen in Syrien, 6 Millionen im Irak, 6 Millionen im Iran und 15 Millionen in der Türkei leben. Oft werden sie als die weltgrößte Nation ohne eigenen Staat bezeichnet, allerdings sind diese nationalen Unterteilungen noch weiter in ca. 100 Stämme zersplittert, die unterschiedlichen religiösen Sekten angehören und eine Reihe verschiedener Sprachen sprechen, die sich wiederum in mehrere Dialekte und Alphabete oder Schriften aufspalten.

Zweifellos gibt es eine Bewegung zur Schaffung eines Staates Kurdistan, doch angesichts der vielen Unterschiede, der geographischen Verteilung und Lage und des Widerstands der dort bereits bestehenden Staaten spricht wenig dafür, dass das Kurdenvolk in einem eigenen Staat vereint werden kann. Das nicht bindende Referendum des Jahres 2017 im irakischen Kurdistan, der kurdischen Autonomieregion im Irak, das für die Unabhängigkeit votierte, hätte eigentlich ein Schritt in Richtung des großen kurdischen Traums sein sollen, aber weder die Türkei noch der Iran werden ein vereintes Kurdistan zulassen, das auch nur einen Fingerbreit ihres Territoriums beansprucht. Im Irak reagierte die Zentralregierung auf das Abstimmungsergebnis pro Unabhängigkeit mit der Verlegung von Armeeeinheiten, die die kurdisch beherrschte Ölstadt Kirkuk unter ihre Kontrolle brachten. Die Botschaft ist unmissverständlich: Weder die Unabhängigkeitsbestrebungen noch die Ausdehnung über die traditionell kurdisch dominierten Gebiete hinaus wird der Irak dulden. Die Kurden selbst sind innerhalb des Irak in zwei Stammesgruppen gespalten, und auch in anderen Regionen existieren vergleichbare Trennlinien. Derweil erleiden die Kurden Diskriminierung innerhalb der Länder, auf die sie sich verteilen. Die Kurden im Irak haben besonders üble Erinnerungen an Saddam Husseins »sozialistische« Baath-Partei. Im Rahmen der brutalen Anfal-Militäroperation der 1980er-Jahre wurden Tausende bei Giftgasangriffen umgebracht, weitere Tausende im Jahrzehnt danach getötet.

Dieser brutale Autoritarismus war für Regierungen im ganzen Nahen Osten keineswegs ungewöhnlich, und viele – nicht allein die Kurden – hatten und haben unter den Folgen zu leiden.

Was lief bloß falsch in der arabischen Welt? So gut wie alles. Und was wurde versucht, um der Probleme Herr zu werden? So gut wie alles.

Für das Problem werden zahlreiche Ursachen genannt. Die Religion hat beispielsweise tiefe Gräben gerissen, wie bereits gesehen. Der Kolonialismus führte zur Schaffung von Nationalstaaten, deren Grenzen traditionelle kulturelle Trennlinien schlicht ignorierten. Menschen, die sich einst als verschieden betrachteten und auch unterschiedlich regiert worden waren, sollten nun Loyalität zu einem Gebilde bekunden, mit dem sie wenig verband, während sich andere, die sich zuvor als geschlossene Gruppe gesehen hatten, nun in der Mitte zerteilt sahen. Die Geographie der Region bescherte den meisten Gegenden nur wenig natürliche Schätze, und nicht alle, die mit Ölreichtum gesegnet waren – oder gestraft, ganz wie man es beurteilt –, teilten ihre Profite gleichmäßig auf. Was an Reichtum da ist, wird von der Elite offenbar zumeist verprasst, deshalb sind Armut und ein allgemeiner Mangel an wirtschaftlichem und gesellschaftlichem Fortschritt weit verbreitet.

Der »Arab Human Development Report 2002«, verfasst von einer Gruppe bedeutender arabischer Intellektueller unter Führung des ägyptischen Statistikers Nader Fergany und finanziert durch das Entwicklungsprogramm der Vereinten Nationen (UNDP), fasste die Situation der 22 arabischen Länder wohl am besten zusammen. Der Bericht wies zwar auf Verbesserungen beim Bildungsniveau und bei der Lebenserwartung sowie auf den Rückgang der Kindersterblichkeit hin, aber das war auch schon alles, was an Positivem zu vermelden war. Die Autoren ließen bei ihren Statistiken eine traditionelle Messgröße außen vor, nämlich das »Pro-Kopf-Einkommen«, und zwar mit der Begründung, der enorme Energiereichtum einiger weniger Länder, von dem nur wenige Menschen profitieren, würde die Zahlen verzerren. Dafür erstellten sie unter Einbeziehung von Internetzugang und allgemeinen Freiheitsrechten den »Alternativen Index der menschlichen

Entwicklung«. Sie kommen zu der scharf formulierten Schlussfolgerung, »die Region [sei] überreich und unterentwickelt«.

Insbesondere unterstrichen sie das, was sie als die »Drei Defizite« herausarbeiteten, die dem Fortschritt der Region im Wege waren: erstens das Fehlen bestimmter Freiheitsrechte, das die arabische Welt hindert, mit dem globalen Niveau in den Naturwissenschaften, im politischen Denken und in vergleichender Religion Schritt zu halten. In der Region sind nur relativ wenige Bücher in Übersetzungen aus anderen Sprachen als Arabisch frei zugänglich. Zweitens, und in Verbindung mit dem ersten Punkt zu sehen, das Versagen bei der Nutzung von Entwicklungen im Bereich der Kommunikation, um das verfügbare Wissen möglichst umfassend zu teilen. Drittens die Beteiligung von Frauen in Politik und Berufsleben, die in der Region so niedrig ist wie nirgendwo sonst auf der Welt.

Fehlende Bürgerrechte und Redefreiheit sowie die in den meisten arabischen Ländern herrschende eklatante Zensur hatten wiederum zur Folge, dass trotz vernünftiger Ausgaben im Bildungsbereich das Geld falsch verwendet wird und die Ergebnisse entsprechend mager ausfallen. Der Report gibt an, in den vergangenen 1000 Jahren seien weniger Bücher ins Arabische übersetzt worden als in Spanien in einem einzigen Jahr Bücher ins Spanische. Die Internetnutzung blieb gerade einmal 0,6 Prozent der Bevölkerung vorbehalten.

Eine Generation fortschrittlicher arabischer Intellektueller und Politiker nahm den Bericht als Weckruf auf, aber die Fortschrittlichen sind in der arabischen Welt in der Minderheit, und an den wichtigen Schalthebeln sitzen zu wenige davon, um die Dinge zum Positiven zu wenden. Fast 15 Jahre danach sieht es noch düsterer aus. Im Jahr 2016 hatte laut dem »Arab Human Development Report« der UN die Verbreitung des Internets zwar deutlich auf über 50 Prozent zugenommen, aber insgesamt wird die Region dem Bericht zufolge nach wie vor von den »Drei Defiziten« blockiert. Arabische Regime gehen noch immer rücksichtslos aggressiv gegen jeden Widerspruch vor, individuelle Freiheiten werden weiterhin beschnitten, viele Ideen aus der übrigen Welt sind nach wie vor nicht willkommen, und elf arabische Länder leiden unmittelbar unter inneren Konflikten.

Viele arabische Säkularisten führen die Probleme und den Mangel an Freiheit auf etwas zurück, das bisweilen als »Verschließen des arabischen Geistes« bezeichnet wird. Dies verweist auf die Beendigung der Praxis des »Idschtihad«. Die direkte Übersetzung des Begriffs wäre »Bemühen, Anstrengung«, aber diese bezieht sich auf die Deutung religiöser Fragen, die nicht unmittelbar vom Koran oder den Hadithen – die Berichte über die Lehren und Taten des Propheten Mohammed – geklärt werden. Über mehrere Jahrhunderte konnte jeder gelehrte Muslim mit dem ursprünglichen Denken zu religiösen Themen aufwarten, doch zum Ende des sunnitisch-abbasidischen Kalifats (750 bis 1258) wurde erklärt, dass die Tore des Idschtihad geschlossen wurden. Nun würde es keine Fragen mehr zu den Gesetzen und Interpretationen geben, die von den großen Männern früherer Generationen niedergeschrieben wurden.

Es wird argumentiert, dieses »Verschließen« habe die arabische Welt gehemmt und habe sich in der Moderne zu einer der großen Trennlinien innerhalb der arabischen Gesellschaften zwischen Reformwilligen und unerschütterlichen Traditionalisten ausgewachsen. Träfe dies zu, würde es einiges zur Antwort auf die Frage beitragen, weshalb andere Kulturen, in denen Freiheit und Menschenrechte auch nicht viel zählen, es geschafft haben, mit dem Westen in Sachen Technologie und wirtschaftlichem Fortschritt Schritt zu halten; Singapur und China kommen einem da in den Sinn. Gewiss pflegt die arabische Kultur höchsten Respekt vor Tradition und Obrigkeit und ist Veränderungen weniger aufgeschlossen als viele andere Regionen. Einer, der dies scheinbar zu ändern versucht, ist der neue Kronprinz Saudi-Arabiens, Mohammed bin Salman (heutzutage gerne mit »MBS« abgekürzt). In einem augenscheinlich sorgfältig ausgeklügelten Plan übertrug der König Saudi-Arabiens, Salman bin Abdulaziz al Saud, den Titel des Kronprinzen samt bedeutender Befugnisse an seinen 32-jährigen Sohn. Beide Männer scheinen zu der Überzeugung gelangt zu sein, dass das Königreich mit dem gegenwärtigen Bestand an wirtschaftlicher Basis und gesellschaftlichen Normen nicht überlebensfähig ist. Der Kronprinz präsentierte ein Wirtschaftsmodell unter der Bezeichnung »Vision 2030«, das eine Diversifizierung der Wirtschaft vorsieht, weg von der Abhängigkeit von Energieexporten. Teil davon war die höchst umstrittene Reform, Frauen ab Mitte 2018 das Autofahren zu gestatten – offenbar hatte er erkannt, dass eine moderne Wirtschaft es sich nicht leisten kann, 50 Prozent ihrer Arbeitskraft einfach zu ignorieren. Ende 2017 ließ er eine Säuberung unter den Hardlinern folgen. Der Kronprinz versucht gemeinsam mit anderen Verbündeten in den Golfstaaten, etwa dem Kronprinzen von Abu Dhabi, Mohammed bin Zayed Al Nahyan, die Zwangsjacke der Tradition abzustreifen, weiß aber, dass er dabei vorsichtig zu Werke gehen muss. Die jüngere Generation in ihren Ländern wissen diese Reformer jedenfalls an ihrer Seite.

Politisch haben sich die Araber mit Nationalismus und einer Art Scheinsozialismus versucht, und mit starken Führern haben sie mehr als genug Erfahrung. Das Leben unter dschihadistischer Herrschaft in Gestalt des IS ist ein weiteres gescheitertes System, andere leben unter der erblichen Herrschaft von Königsfamilien. Von all diesen Staatsformen hat sich die letztere noch als tendenziell stabilste erwiesen und – in Anbetracht der erschreckend bescheidenen Ausgangslage – auch als relativ friedfertig. Aber kein System, mit dem es die Araber bisher probierten, vermochte sie zu einen – weder in einem erfolgreichen, in sich ruhenden Nationalstaat noch als vereinigte Region, trotz des einigenden Faktors der Sprache.

Der große Traum eines vereinten Arabiens wurde evident in den Proklamationen der Arabischen Revolte von 1916. Es war jedoch schon damals nur ein Traum, und die Gräben zwischen den Völkern bedeuten mit großer Gewissheit, dass es dabei auch bleiben wird. Der libanesisch-amerikanische Professor Fawaz Gerges räumt ein, dass die Aussichten trübe sind: »Immer und immer wieder streiten arabische Regenten um Macht und Einfluss, oft mischen sie sich in die Angelegenheiten des jeweils anderen ein … diese heftige Rivalität hat das arabische Staatensystem nachhaltig geschwächt und zu Chaos und Bürgerkriegen geführt. Das System ist gescheitert.«

Es gibt keine solide demokratische Grundlage, auf der man aufbauen könnte, und die arabischen Nationalstaaten vermochten es nicht, die Loyalität der Mehrheit ihrer jeweiligen Völker zu gewinnen. Im UN-Bericht von 2016 heißt es: »Die jungen Menschen sind vom Gefühl durchdrungen, diskriminiert und ausgeschlossen zu sein.« Dies wiederum führt zu einer »Schwächung ihres Engagements für die Bewahrung ihrer staatlichen Institutionen«.

Wir haben die Risse im Gebäude der Europäischen Union gesehen, die mancherorts zur Rückbesinnung auf den Nationalismus führen. Der Unterschied zum Nahen Osten besteht darin, dass die Araber im Konzept des Nationalstaates viel weniger verwurzelt sind und den Gedanken der Freiheit des Individuums noch gar nicht in Gänze erfasst haben; wenn staatliche Institutionen keinen Bestand haben, ziehen sich deshalb viele Menschen auf die Vorläufer des Nationalstaates zurück – Religion, Ethnizität, Stammeskultur.

Ebenso wie die Sunniten verschanzen sich auch die Schiiten und die einzelnen Stämme und Volksgruppen hinter physischen und psychologischen Mauern und schwächen damit ihre Nationalstaaten. Selbstachtung, Identität und Sicherheit beziehen sie aus der Religion. Auf dieser Grundlage können Islamisten eine Weltsicht konstruieren, in der Sozialismus, Nationalismus und schon die Institution des Nationalstaates an sich als Krebsgeschwür gelten und der Islam als einzig mögliche Antwort gesehen wird. Sie isolieren sich hinter ideologischen Barrieren, die so hoch werden, dass diejenigen, die dahinter leben, nicht mehr darüber hinausblicken können. Derart gefangen in ihrer Engstirnigkeit sehen manche in den »anderen« irgendwann nur noch Ungläubige, Kafirn,

Gottesleugner, Safawi, die nichts als Unterwerfung und Tod verdienen. Wer sich einmal derart eingemauert hat, kommt da nur schwer wieder heraus.

Eine Erklärung liegt in der Armut und der mangelnden Bildung, und keiner dieser Faktoren darf ignoriert werden. Allerdings wird ihnen zu viel Bedeutung beigemessen, was dann den Glauben nährt, mit der Beseitigung der Armut und der Verbesserung des Bildungsniveaus lasse sich die islamistische Ideologie besiegen. Dabei wird übersehen, dass es zahllose hoch gebildete Dschihadisten gibt, und ihre Reihen füllen sich Jahr um Jahr mit weiteren Universitätsabsolventen, vor allem solchen mit Abschlüssen in technischen Berufen. Es erklärt auch nicht, warum eine der gewalttätigsten Ideologien gerade im reichsten Land der Region ihren Ursprung hat, in Saudi-Arabien nämlich. Ohne Frage sind ein höherer Lebensstandard und verbesserte säkulare Bildung Teil der Lösung, aber ironischerweise braucht es dafür eine weitere Mauer – eine, die in den meisten modernen Gesellschaften besteht, nämlich die zwischen Religion und Politik.

Da der Islam einen alles umfassenden Lebensentwurf bietet, fällt es vielen praktizierenden Gläubigen schwer, Religion und Ethnizität aus der Politik herauszuhalten. »Gebt dem Kaiser, was des Kaisers ist, und Gott, was Gottes ist.« – Diese Zeilen werden Jesus zugeschrieben. Im Koran sucht man nach vergleichbaren Aussagen vergeblich. Ohne die Auflösung dieser Verbindung wird das religiöse Gesetz jedoch immer das weltliche Gesetz untermauern, wenn nicht gar überlagern, und die jeweils herrschende Religion oder Sekte wird dafür sorgen, dass ihre Version von Glauben und Gesetz diejenige ist, an die man sich zu halten hat.

Im Gegensatz dazu wurde in Europa die Bildung und Organisation politischer Parteien entlang ethnischer oder religiöser Trennlinien weitestgehend abgeschafft. Die meisten politischen Parteien rekrutieren ihre Anhänger aus breiten und vielfältigen gesellschaftlichen Gruppen, und die Religion spielt bei Regierungen und politischen Entscheidungen keine nennenswerte Rolle.

Die Erinnerung an »säkulare Politik« ist jedoch gerade in Nahost mit despotischer Herrschaft verbunden – die Baath-Partei in Syrien und Irak liefert hierfür abschreckende Beispiele. Beide gaben sich als säkulare sozialistische Parteien, die über ethnischen und religiösen Spaltungen stehen, aber beide unterdrückten ihre Völker mit brutaler Gewalt. Das hatte zur Folge, dass viele den säkularen Parteien nicht trauen, wenn es um die Verteidigung ihrer Interessen geht. Stattdessen wenden sie sich der Partei zu, die hinter ihrer Religion steht.

Vorerst bleiben die arabischen Länder gefangen in Spaltung und Konflikten, sowohl innerhalb der einzelnen Länder als auch untereinander. Saudis und Iraner betreiben einen geopolitischen Machtkampf, der sich auf lokaler Ebene im althergebrachten Schisma zwischen Schiiten und Sunniten manifestiert. Dieses wiederum spielt in Konflikte jenseits der jeweiligen Grenzen hinein. Viele der Konflikte in der gesamten Region – wie etwa der Krieg im Irak – brachten ähnliche Risse zum Vorschein, wobei die Gewalt und der Extremismus, die daraus entstehen, nicht an Landesgrenzen haltmachen. Gefangen in diesem Mahlstrom sind Minderheiten wie die Christen, Jesiden und Drusen.

Der Traum von der panarabischen Einheit hat sich in einen Albtraum panarabischer Spaltung verwandelt. Wenn diese sektiererischen Dämonen erst einmal freigelassen sind, braucht es Jahre, bisweilen Jahrzehnte, um Misstrauen und Furcht gegenüber »den anderen« wieder abzubauen. Der Flickenteppich der Nationalstaaten wie Syrien ist zerrissen, und noch ist unklar, wie die neue Ordnung aussehen soll. Gewiss gibt es eine Generation junger, gebildeter, städtischer Araber, die diese Spaltungen überwinden wollen, nur lastet das Gewicht der Geschichte schwer und behindert ihren Fortschritt.

Ägyptens Präsident Anwar as-Sadat sagte in einer Rede vor der israelischen Knesset im Jahr 1977 das Folgende – er bezog sich dabei auf den arabisch-israelischen Konflikt, aber über 40 Jahre danach behält seine Aussage nach wie vor Gültigkeit, und zwar quer durch die gesamte Region: »Allein, es verbleibt eine weitere Mauer. Diese Mauer bildet eine psychologische Barriere, die uns trennt; eine Barriere des Argwohns; eine Barriere der Ablehnung; eine Barriere der Angst, der Täuschung; eine Barriere der Halluzinationen, die jede Aktion, Handlung oder Entscheidung begleitet.«

FÜNFTES KAPITEL

DER INDISCHE SUBKONTINENT

»Wie alle Mauern war sie zwiespältig,
zweischneidig. Was innen war und was außen,
hing davon ab, auf welcher Seite man sich befand.«
Ursula K. Le Guin, ›Freie Geister‹
(Engl. Originaltitel: ›The Dispossessed‹)

Vorhergehende Doppelseite: Ein indischer Grenzsoldat steht Wache an einer Lücke im Grenzzaun zwischen Indien und Bangladesch.

Zwischen Indien und Bangladesch steht der längste Grenzzaun der Welt. Er verläuft entlang der 4000 Kilometer langen Grenze, mit der Indien seinen deutlich kleineren Nachbarn umschließt; der einzige grenzfreie Teil Bangladeschs ist die knapp 600 Kilometer lange Küste am Golf von Bengalen. Der Zaun zieht sich in Zickzacklinien vom Golf nach Norden durch nahezu flaches Gelände, in der Nähe der Grenze zu Nepal und Bhutan wird es gebirgiger, dann macht der Zaun eine Rechtskurve und begrenzt den Norden des Landes, fällt dann wieder nach Süden ab, oft zieht er sich durch dicht bewaldete Gebiete und endet schließlich wieder am Meer. Er passiert Ebenen und Dschungelgebiet, führt entlang von Flüssen und über Berge. Die Territorien beiderseits des Zauns sind dicht bevölkert, und in vielen Gegenden ist der Grund und Boden bis unmittelbar an die Grenze bewirtschaftet – was dort wächst, reicht mithin oft bis an den Zaun heran.

Über Hunderte von Kilometern ist es sogar ein Doppelzaun, teilweise mit Stacheldraht bestückt, andere Bereiche sind gemauert, wieder andere elektrisch gesichert oder mit Scheinwerfern überwacht. An manchen Stellen, etwa in Westbengalen, das rund die Hälfte des gesamten Grenzverlaufs umfasst, ist der Zaun mit intelligenten Sensoren, Peilgeräten, Wärmebild- und Nachtsichtkameras ausgestattet, die an eine satellitengestützte Kommandozentrale angeschlossen sind.

Die Inder sind bestrebt, ihr System, das bisher auf umfangreichen und nahezu konstanten Grenzpatrouillen beruht, so zu modernisieren, dass Beschädigungen am Zaun einfach lokalisiert und schnelle Einsatzeinheiten an die betreffende Stelle geschickt werden können. Wie an anderen Grenzen in der Welt auch hat die

Technologie wesentlich vereinfacht, was zuvor mit hohem Personal- und Arbeitsaufwand verbunden war, um wirkungsvoll überwachen, melden und reagieren zu können. Selbst wenn ein Sensor meilenweit entfernt von einem Kontrollposten ausgelöst wird, kann schon innerhalb einer Minute eine Drohne vor Ort und eine Patrouille unterwegs sein; die Technologie wird Jahr für Jahr ausgefeilter.

Trotz alledem vermag der Zaun der Inder die Menschen nicht am Versuch zu hindern, über die Grenze zu kommen. Sie versuchen es trotz des Stacheldrahts und trotz der Tatsache, dass die Grenzposten schon Hunderte Menschen beim Versuch, nach Indien zu gelangen, erschossen haben – und dazu noch viele weitere, die sich illegal in Indien aufgehalten hatten und bloß heimlich nach Bangladesch zurückkehren wollten. Dazu gehörte auch, im Jahr 2011, die 15-jährige Felani Khatun.

Felanis Familie hatte illegal und ohne Pass oder Visum in Indien gearbeitet – es ist kompliziert und teuer, an eines der Dokumente zu kommen. Felani wollte zusammen mit ihrem Vater für einen Besuch bei der Familie nach Bangladesch zurück, und ihr Vater hatte einem Schleuser sogar 50 Dollar bezahlt, damit er sie über die Grenze brachte. Kurz nach Tagesanbruch, der Zaun lag noch im Morgennebel, kletterte das Mädchen auf eine Bambusleiter, die der Schleuser an den Zaun gelehnt hatte. Dann verfing sich ihr Umhang im Stacheldraht. Sie geriet in Panik, rief laut um Hilfe nach ihrem Vater. Nach einer Reihe terroristischer Übergriffe hatten Indiens Grenzschutztruppen (Border Security Force – BSF) Schießbefehl erhalten, und einer der Soldaten hielt sich an den Befehl. Felani starb einen langsamen, qualvollen Tod. Sie blieb im Zaun hängen, blutete, aber lebte noch mehrere Stunden lang. Als die Sonne aufging und der Nebel sich verzog, war sie gut zu sehen, man hörte, wie sie nach Wasser rief, bevor sie schließlich an den Schusswunden starb. Der schockierend gewaltsame, langsame Tod dieses jungen Mädchens erlangte internationale Aufmerksamkeit, und der Schießbefehl wurde scharf verurteilt. Aber wie das immer ist, schwand diese Aufmerksamkeit mit der Zeit, und die Grenzpolitik bleibt ebenso bestehen wie der Zaun. Ihr Tod bezeugt die Kosten an Menschenleben, die solche Barrieren verursachen. Indien ist da nicht allein; überall auf der Welt nehmen derartige Todesfälle an den Grenzen zu. Dr. Reece Jones weist darauf hin, dass »2016 eine Rekordzahl an Grenztoten (7200 weltweit) erlebt hat, aufgrund der verstärkten Grenzschutzmaßnahmen«.

Als Rechtfertigung für den Zaun an der Grenze zu Bangladesch nennen die Inder den Kampf gegen den Schmuggel von Waffen und anderen Gütern sowie die Abschreckung von Aufständischen jenseits der Grenze. Vor allem jedoch soll der Zaun die massive illegale Zuwanderung verhindern, die in der Vergangenheit zu Unruhen und der massenhaften Tötung von Ausländern geführt hat. Der Hauptzweck ist, Menschen aus Indien fernzuhalten. Aber es handelt sich um eine turbulente Region, und die Migration ist hier nicht das einzige Problem. Die Trennlinien durch den ganzen Subkontinent, wie wir sie auch anderswo in der Welt so oft finden, gehen zum Teil auf Grenzen zurück, die Kolonialmächte einst willkürlich zogen. Dazu kommen in bestimmten Regionen religiöse und ethnische Vorurteile sowie die politischen Gegebenheiten. Viele der religiösen Spannungen und Gräben lassen sich bis auf die muslimische Herrschaft über Indien in den Zeiten des Mittelalters zurückverfolgen.

Im Anschluss an die ersten islamischen Invasionen aus Zentralasien kam es zur massenhaften Zwangskonvertierung der angestammten, überwiegend hinduistischen Bevölkerung; doch die schiere Größe Indiens wurde zum Problem für die Eroberer: Genau wie im Fall Chinas ist es für eine fremde Macht auch in Indien nahezu unmöglich, die volle Kontrolle zu erlangen, ohne Allianzen zu schmieden. Obgleich also zig Millionen gezwungen wurden, zum Islam überzutreten, verblieben immer noch Hunderte Millionen Hindus. Selbst zur Zeit des Mogulreichs (1526 bis 1857), als die muslimische Herrschaft fast ganz Indien erfasst hatte, erkannten die Eroberer, was auch die Briten später einsehen mussten: Wollte man die Reichtümer des Subkontinents für sich nutzen, wäre es klüger, keine absolute Macht anzustreben, sondern die diversen Regionen nach dem Prinzip »Teile und herrsche« zu verwalten. Westlich der Thar-Wüste und im Becken des Ganges-Deltas (genau die Regionen des heutigen Pakistan und Bangladesch) wurden die meisten Bewohner zum Islam zwangskonvertiert, fast überall sonst blieben die Menschen überwiegend Hindus.

1947, als die Briten den Rückzug antraten, hatten Indiens Gründerväter, allen voran Mahatma Gandhi, die Vision eines multireligiösen, demokratischen Staates, der sich vom Hindukusch im Westen bis zum Arakan-Joma-Gebirge im Osten und vom Himalaya im Norden bis zum Indischen Ozean im Süden erstreckt. Aber Muhammad Ali Jinnah, der zum ersten Führer Pakistans werden sollte, war der Überzeugung, die Muslime bräuchten, da sie in diesem Staat in der Minderheit wären, ihr eigenes Land. Er wollte »ein muslimisches Land für Muslime« und trug zur Entstehung einer Grenze bei, die teilweise nicht entlang geographischer, sondern religiöser Trennlinien angelegt wurde. Gezogen wurden sie – von den Briten, wohlgemerkt –, um die Gebiete mit überwiegend muslimischer Bevölkerung abzutrennen. Und so entstanden in jenem Jahr zwei Staaten, Indien und Pakistan, wobei der letztere in West- und Ostpakistan geteilt war. Aus den religiösen Trennlinien waren nun geographische geworden, die nicht nur in der Landschaft, sondern auch in den Köpfen der Menschen ihre Spuren hinterließen.

Oft aber durchschnitt die Grenze bestehende Gemeinden, und natürlich waren alle Gebiete bis zu einem gewissen Grad durchmischt gewesen, deshalb waren viele Menschen zur Umsiedlung gezwungen. Die große Spaltung des Subkontinents im Jahr 1947 war begleitet von Chaos und Blutvergießen. Millionen kamen bei den Massenwanderungen zu Tode, als Sikhs, Hindus und Muslime sich auf den Weg in die Regionen machten, in denen sie sich sicher wähnten. Psychologisch hat sich keines der beteiligten Länder je-

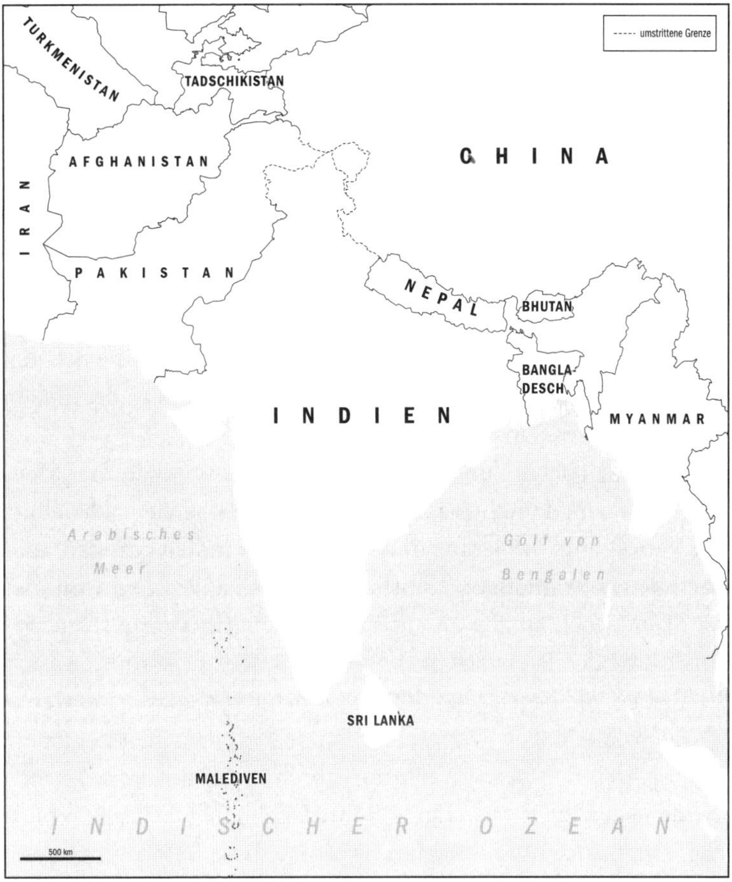

Auf dem gesamten indischen Subkontinent gibt es Massenmigration, weil die Menschen vor der Armut, den Auswirkungen des Klimawandels und religiöser Verfolgung fliehen.

mals von dieser gewaltigen Umsiedlungsaktion erholt; die Spaltung ist heute größer denn je und manifestiert sich in verstärktem Maße in Beton und Stacheldraht.

Indien zieht Migranten wie ein Magnet an. Es ist eine Demokratie, es gibt Gesetze zum Schutz von Minderheiten, und verglichen mit seinen Nachbarn erfreut es sich einer gedeihenden Wirtschaft. Flüchtlinge und illegale Einwanderer strömten damals wie heute in großer Zahl aus Afghanistan, Sri Lanka, Myanmar (ehemals Birma/Burma), Tibet, Pakistan und Bangladesch ins Land. Mindestens 110 000 Tibeter sind seit der Annexion durch China im Jahr 1951 geflohen, etwa 100 000 Tamilen aus Sri Lanka kamen während des Bürgerkriegs, der sich auf dem Inselstaat bis ins frühe 21. Jahrhundert hinzog, nach Indien, und die diversen Aufstände und Unruhen in Afghanistan sorgen bis heute für einen ständigen Zustrom von Menschen nach Indien. Bei weitem die meisten Immigranten kommen jedoch aus Bangladesch, das an drei Seiten von Indien umschlossen ist.

Bereits seit der Teilung Indiens im Jahr 1947 waren immer Menschen aus dem damaligen Ostpakistan auf der Suche nach Schutz vor Verfolgung, Intoleranz und Armut nach Indien gezogen, aber nach dem gewalttätigen Konflikt mit Westpakistan schwoll dieser Strom noch an. Schon ein Blick auf die Landkarte zeigt, warum die beiden Pakistans niemals dafür bestimmt waren, ein Land zu bleiben. Sie liegen über 2000 Kilometer voneinander entfernt, in unterschiedlichen geographischen und sprachlichen Regionen. Nach Jahren der Diskriminierung durch Westpakistan begannen die Bengalen in Ostpakistan 1971 ihre Unabhängigkeitsbestrebungen. Die pakistanische Regierung wollte diese Bestrebungen mit aller Macht unterdrücken, und in den anschließenden Gewaltexzessen wurden Millionen Menschen getötet, weitere Millionen flohen nach Indien. Heute geht man davon aus, dass weiterhin viele Tausende jedes Jahr die Grenze überqueren.

Für viele ist das Leben hart in Bangladesch. Rund 12,9 Prozent der Bevölkerung leben laut der Definition durch die Asiatische Entwicklungsbank unterhalb der staatlichen Armutsgrenze. Größte Anstrengungen wurden unternommen, um dem Problem beizukommen, aber für zig Millionen Menschen bleibt das Leben nach wie vor extrem beschwerlich. Auf dem Land zu leben bedeutet härteste Knochenarbeit in der Landwirtschaft, die anderen ziehen in die wuchernden Großstädte und hausen in den dort entstandenen riesigen Slums, in der Hoffnung, Arbeit in einer Fabrik zu finden. Minderheiten wie Hindus und Christen sehen sich Verfolgungen ausgesetzt, und insgesamt nimmt die religiöse Intoleranz immer mehr zu, angefacht durch radikale Islamisten. Es gibt zahlreiche Berichte über den erzwungenen Übertritt von Hindus zum Islam und über die Entführung junger Mädchen. Die Verfassung Bangladeschs sieht keine Anerkennung von Minderheiten vor. Artikel 41 garantiert zwar Religionsfreiheit, in der Realität jedoch haben extremistische Gruppen in den vergangenen Jahren Dutzende von Hindu-Tempeln und Hunderte von Wohnhäusern angezündet und Tausende Menschen angegriffen. Da ist es nur natürlich, dass viele ins mehrheitlich hinduistische Indien geflohen sind. Nimmt man dann noch die alle Jahre wiederkehrenden Zerstörungen durch Stürme und Überschwemmungen hinzu, kann man sich leicht ausmalen, warum so viele Bangladescher den Weg über die Grenze wählen.

Für die meisten Menschen geht es jedoch nicht bloß um Arbeitsmigration oder die Flucht vor Verfolgung: Die Grenze zwischen Indien und Bangladesch spaltete auch Gemeinden, die jahrhundertelang ohne physische Trennung bestanden hatten. Manche sind sprachlich und kulturell verwandt – der Gedanke, ihr Nachbar könne anderer Nationalität sein, ist ihnen völlig fremd –, und seit der Teilung bewegen sie sich in der Region, ungeachtet der Grenze.

Exakte Zahlen sind nur schwer zu bekommen, aber die meisten Schätzungen gehen von über 15 Millionen Menschen aus, die in diesem Jahrhundert dauerhaft von Bangladesch nach Indien übergesiedelt sind. Das hat vor allem in den grenznahen Bundesstaaten Indiens – Westbengalen, Assam, Meghalaya, Mizoram und Tripura –, in denen sich die meisten der (überwiegend muslimischen) Bangladescher niedergelassen haben, zu massiven Problemen geführt. Allerdings findet man illegale Migranten aus Bangladesch auch in allen Großstädten Indiens. Einer der am stärksten betroffenen Bundesstaaten ist Assam im Nordosten. Während des Unabhängigkeitskriegs flohen vor allem Hindus nach Indien, doch schon bald schlossen sich ihnen Muslime in immer größerer Zahl an. Zwischen 1971 und 1991 wuchs die muslimische Bevölkerung um 77 Prozent, von 3,5 Millionen auf 6,3 Millionen. Dies führte zu einer massiven ethnisch motivierten Ablehnung in Assam, wo die ortsansässige Bevölkerung nicht nur über den wachsenden Druck auf dem Arbeits- und Wohnungsmarkt klagte, sondern auch über die Bedrohung ihrer Identität und Kultur. Manche Hindus zeigten sich anfällig für den Reflex, alle Übel dieser Welt auf die Neuankömmlinge zu schieben, unabhängig von deren tatsächlichem Hintergrund – es genügte, dass sie nicht aus Assam waren. Allerdings bekamen die Muslime diese Ablehnung am stärksten zu spüren. Mit der Zunahme der Spannungen wurden auch eigentlich nebensächliche Unterschiede wie die Frage, ob man Schweine- oder Rindfleisch essen darf, immer stärker überhöht.

1982 setzten massenhafte Demonstrationen gegen die Zuwanderung aus Bangladesch ein, es bildeten sich Milizen, und schließlich kam es zu schweren Tumulten, bei denen Tausende Nicht-Assamesen niedergemetzelt wurden. Die Muslime hatten darunter am meisten zu leiden, in vielen Fällen differenzierten die Einheimischen aber auch gar nicht erst zwischen ethnischen oder religiösen Gruppen. Indira Gandhi reagierte mit Plänen für einen stacheldrahtbewehrten Grenzzaun, die die Nachfolgeregierung unter Rajiv Gandhi umzusetzen versprach.

Am Beispiel Assam lassen sich die Probleme, mit denen Indien im großen Maßstab konfrontiert ist, sehr gut aufzeigen. Wie auch anderswo macht es die Topographie in Assam nahezu unmöglich, vollständige Grenzsicherheit zu erreichen. Die gemeinsame Grenze von Assam und Bangladesch ist nur 262 Kilometer lang, und einen Teil davon bildet der Brahmaputra, der Jahr für Jahr über die Ufer tritt und seinen Verlauf ändert – da ist es schwer, dauerhafte Grenzmarkierungen festzulegen.

Seit 1971 hat sich die Bevölkerung Assams mehr als verdoppelt, von 14,6 Millionen auf über 30 Millionen, und ein großer Teil davon ist der illegalen Einwanderung geschuldet. Hindu-Nationalisten warnen, bis 2060 drohe eine muslimische Mehrheit in der Region. 2015 lebten dort 19 Millionen Hindus und 11 Millionen Muslime, wobei 9 der 27 Distrikte schon heute mehrheitlich muslimisch besiedelt sind. Ebenso wichtig: Die Volkszählung von 2017 ergab, dass ethnische Assamesen heute in dem Bundesstaat insgesamt bereits in der Minderheit sind, und da immer neue Einwanderer dazukommen, wird ihr Anteil noch weiter zurückgehen.

Nach den mörderischen Tumulten von 1982 verabschiedete das Parlament im Jahr 1985 das Assam-Abkommen, das sowohl die Regierungen des Landes und des Bundesstaates als auch die Anführer der Aufständischen unterzeichneten, die noch drei Jahre zuvor entscheidend zum Ausbruch der gewalttätigen Unruhen beigetragen hatten. Das Abkommen sollte die Zahl der Migranten in der Region verringern und bezog sich dabei auch auf den Bangladesch-Krieg von 1971. Wer vor 1971 nach Indien gekommen war, sollte unter bestimmten Bedingungen bleiben dürfen, aber alle Fremden, die am 25. März 1971 oder danach nach Assam gekommen waren – an diesem Tag begann die pakistanische Armee mit umfassenden Operationen gegen die Zivilbevölkerung –, sollten ermittelt und deportiert werden, da man Bangladesch 1985 als ausreichend stabil ansah, um Flüchtlinge dorthin zurückschicken zu können.

Gelungen ist das nicht. Von den zehn Millionen, die während des Kriegs aus Bangladesch geflohen waren, blieben mehrere Millionen in Indien, und weitere kamen nach. Im Ergebnis wurden die Zäune über die Jahre immer länger, höher und technisch ausgereifter. Die Zentralregierung hat sich darauf fokussiert, Mauern zu bauen, anstatt das Abkommen durchzusetzen und einen rechtlichen Lösungsrahmen zu schaffen. Derweil kostet die Situation immer mehr Menschenleben: Laut Human Rights Watch haben die indischen Grenzschutztruppen im ersten Jahrzehnt dieses Jahrhunderts geschätzte 900 Bangladescher beim Versuch des Grenzübertritts erschossen.

Die meisten Menschen, die das Risiko auf sich zu nehmen bereit sind, schaffen es dennoch bis nach Indien. Aber sobald sie dort ankommen, befinden sie sich in einem albtraumhaften rechtlichen Status. Indien hat keine wirksamen nationalen Gesetze für den Umgang mit Flüchtlingen oder illegalen Immigranten. Es hat die UN-Flüchtlingskonvention von 1951 nicht unterzeichnet, mit der Begründung, diese würde die Komplexität der regionalen Situation nicht ausreichend würdigen. Stattdessen fallen alle Fremden unter das Ausländergesetz von 1946, und dieses definiert den Fremden als »eine Person, die nicht Staatsbürger Indiens ist«. Man mag in der Knappheit und Kürze dieser Definition einen Vorzug sehen, allerdings hilft sie wenig, wenn man zwischen echten Flüchtlingen mit dem Recht auf Asyl und reinen Wirtschaftsmigranten unterscheiden will.

Die anhaltenden Probleme – die Ressentiments aufseiten der indischen Bevölkerung, der unklare Status der Einwanderer selbst – unterstreichen die Schwierigkeiten, die wir überall auf der Welt sehen, wenn keine klaren Systeme für den Umgang mit größeren Migrantenströmen vorhanden sind, besonders jedoch, wenn es um die Übersiedlung von einem Entwicklungsland zum anderen geht.

Nach Ansicht von Sanjeev Tripathi, ehemaliger Chef des indischen Auslandsgeheimdiensts RAW, braucht Indien ein neues Gesetz, das Flüchtlinge und illegale Einwanderer definiert. Das Land müsse auch eine Vereinbarung mit Bangladesch treffen, die sicherstellt, dass Dhaka Bangladescher zurücknimmt und sie mit Dokumenten versieht und dass »dies mit einer konzertierten Aktion zu ergänzen ist, um Immigranten aus Bangladesch zu finden, sie in die richtige Kategorie – Flüchtling oder illegaler Migrant – einzustufen, umzusiedeln oder zu repatriieren und den weiteren Zustrom zu unterbinden«. Nach seiner Aussage hat das gegenwärtige System »substanziell zur Veränderung der demographischen Zusammensetzung in den nordöstlichen Staaten Indiens beigetragen, wo sich die Einheimischen inzwischen von den Fremden geradezu erdrückt fühlen. Dies hat ihre Lebensweise nachteilig beeinflusst und zu schwelenden Spannungen zwischen beiden Seiten geführt«.

Der juristische Aspekt der Situation ließe sich mit politischem Willen in Indien selbst regeln. Die diplomatische Kooperation Bangladeschs, die es dafür braucht, ist da schon viel schwerer zu erreichen. Die Behörden im Nachbarland verdrehen nicht nur die Tatsachen hinsichtlich des Verwaltungsaufwands, der bisweilen für die Rücknahme von Migranten anfallen wird, es gibt eine Unzahl von Geschichten über Grenzposten auf der Seite Bangladeschs, die zurückkommende Bangladescher einfach wieder nach Indien geschickt haben, vor allem wenn sie der Minderheit der Hindus angehörten.

Und dann ist da das zusätzliche Problem, derjenigen, die als Illegale gelten, überhaupt erst habhaft zu werden. Es sind Millionen, und sie sind inzwischen in Indien gut integriert; oft besitzen sie einen *Aadhaar*-Identitätsausweis und sind damit bei einfachen Zwecken der Identifikation nicht von Staatsbürgern Indiens zu unterscheiden, auch wenn ihre Ausweise nicht zur Inanspruchnahme aller Einrichtungen berechtigen, die einem Bürger Indiens zustehen. In Regionen wie Westbengalen verstärkt sich das Problem zusätzlich dadurch, dass die äußeren Merkmale und der Dialekt eines Bangladeschers von denjenigen eines Westbengalen kaum zu unterscheiden sind.

Und dann ist da noch der anhaltende Streit in der indischen Po litik darüber, ob Hindus aus Bangladesch die Staatsbürgerschaft auf der Grundlage ihrer Flucht vor Verfolgung gewährt werden soll. Als die Bharatiya Janata Party (BJP), die nationalistische Hindu-Partei, an die Macht kam, nahm sie sich dieses Themas an – immerhin steht im Parteimanifest von 2014 Folgendes: »Indien bleibt eine natürliche Heimat für verfolgte Hindus, und diese bleiben in unserem Land als Flüchtlinge willkommen.« Allerdings zögert die BJP mit der Umsetzung dieser hehren Absicht, wohl wissend, dass die Einwanderung von Muslimen zwar für viele Wähler in den grenznahen Bundesstaaten die größere Sorge darstellt, dass aber auch ein gewisses Maß an Feindseligkeit allen Fremden gegenüber existiert.

Viele Anhänger der BJP-Regierung haben eine sehr robuste Sicht dessen, was sie für notwendig erachten, und fordern Maßnahmen, die manchen Menschen als ausgesprochen harsch erscheinen könnten. Dazu gehören Strafverfahren gegen jeden, der einen illegalen Einwanderer aufnimmt, und das Ausschließen illegaler Immigranten vom Arbeitsmarkt, sofern sich diese nicht freiwillig bei den Behörden registrieren. Im Wahlkampf 2014 versprach der BJP-Führer Narendra Modi wiederholt, die Grenzkontrollen zu verschärfen, und er warnte illegale Einwanderer aus Bangladesch, sie sollten besser ihre »gepackten Koffer« bereithalten. Er gewann die Wahl und wurde Premierminister.

2017 beschuldigte der BJP-Parteipräsident Amit Shah Politiker der oppositionellen Kongresspartei, die sich gegen Deportationen ausspricht, den Bundesstaat Assam zu einem Teil von Bangladesch machen zu wollen. Und viele in der Regierung betrachten das Problem unter dem Aspekt der nationalen Sicherheit. Unter dem Gesichtspunkt der Sicherheit Indiens stellt sich das Problem wie folgt dar: Pakistan hat Indien nie verziehen, für die Unabhängigkeit von Bangladesch Partei ergriffen zu haben. Um Zwietracht zu säen, betreibt es eine Politik der »ausgreifenden strategischen Tiefe«. Diese ermuntert zur illegalen Immigration und fördert den grenzübergreifenden Terrorismus aus Bangladesch. Sie unterstützt die Aktivitäten von Gruppen wie Harkat-ul-Jihad al-Islami und Jamaat-ul-Mujahideen Bangladesh sowie das Einsickern von Hunderten ihrer Kämpfer nach Indien. Durch die Veränderung des demographischen Verhältnisses zwischen Hindus und Muslimen in den Grenzregionen werden nach dieser Theorie politische Parteien entstehen, die nach Autonomie und letztendlich nach Unabhängigkeit streben und damit ein neues Heimatland für Muslime errichten werden. Dieser vermeintliche zukünftige Staat, der aus dem heutigen Westbengalen gebildet werden soll, hat sogar schon einen Namen: Bango Bhoomi. Damit werde Indien in letzter Konsequenz geschwächt, und Pakistan könnte in unmittelbarer Nähe zu Bangladesch Fuß fassen.

Anhänger der Theorie, dass ein derartiger Plan existiere, haben zwar Mühe, dies eindeutig zu belegen, verweisen aber auf die demographische Veränderung, um ihre Behauptung zu untermauern. Auf staatlicher Ebene sind die Beziehungen zwischen Indien und Bangladesch durchaus herzlich, doch die belastete regionale Innenpolitik des Subkontinents nach der Teilung und die Nationalismen von Hindus wie von Muslimen führen dazu, dass Politiker nicht selten den identitätsgesteuerten Emotionen nachgeben.

Unabhängig davon, ob die »Bango Bhoomi«-Theorie zutrifft oder nicht, weisen viele regierungsunabhängige Experten für Grenzsicherheit darauf hin, Mauern und Zäune seien von nur begrenzter Wirksamkeit, wenn es darum geht, den Zustrom von Menschen aufzuhalten, und ganz besonders ineffektiv bei der Terrorismusbekämpfung. Dazu erwähnt Dr. Reece Jones, trotz der riesigen Summen, die in den neuen Hightech-Zaun zwischen Indien und Bangladesch gesteckt wurden, habe dieser »wahrscheinlich keinerlei Auswirkung« auf die terroristische Infiltration. Schließlich »verfügt ein Terrorist oft über die Mittel, um sich gefälschte Papiere zu besorgen und mit diesen einfach an einem Grenzposten ins Land zu kommen oder auf andere Weise mit gültigen Dokumenten einzureisen«. Er bemerkt auch, dass »die Gefahr des Terrorismus gerne als Rechtfertigung für Mauern angeführt wird. Das eigentliche Thema ist jedoch fast immer die unerwünschte Übersiedlung der Armen.« Wie auch immer: Das Gerede von Bango Bhoomi hört man in Bangladesch logischerweise nicht gern. Dort sieht man im Zaunbau der Inder einen Akt der Arroganz und der Aggression, der den bilateralen Beziehungen schadet.

Viele Bangladescher fühlen sich regelrecht umzingelt, was nicht weiter überrascht: Im Osten, Westen und Norden steht der in-

Bangladesch wird von Hunderten von Flüssen durchzogen. Für einen großen Teil des Landes besteht Überschwemmungsgefahr.

dische Zaun, im Süden liegt der Golf von Bengalen, das Meer. Und das Meer rückt jedes Jahr ein wenig näher.

Bangladesch ist eines der am dichtesten besiedelten Länder der Erde. Es ist kleiner als der US-Bundesstaat Florida, hat aber eine Bevölkerung von 165 Millionen, Florida hingegen nur 20 Millionen, und die Bevölkerung wächst rapide weiter. Das Land liegt zum größten Teil auf Meereshöhe im Gangesdelta. Es gibt Hunderte von Flüssen, von denen viele jedes Jahr über die Ufer treten und Millionen Menschen von ihrem angestammten Land vertreiben. Die meisten kehren irgendwann, wenn das Wasser sich zurückzieht, wieder auf ihr Land zurück; viele Klimaexperten prognostizieren jedoch einen Anstieg der Oberflächentemperatur von mindestens 2 °C über die nächsten 80 Jahre sowie einen Anstieg des Meeresspiegels um rund einen Meter. Wenn es dazu kommt, verschwindet ein Fünftel der Landfläche von Bangladesch unter den Fluten des Meeres. Mit am stärksten gefährdet sind die an Indien grenzenden Küstenregionen wie Khulna, Satkhira und Bagerhat, insgesamt liegen aber rund 80 Prozent des Landes nur ganz geringfügig über Meereshöhe.

Weiter flussaufwärts hat das Nachlassen der Gletscherschmelze aus dem Himalaya bereits Teile von Bangladeschs kostbarem fruchtbarem Ackerland in Wüste verwandelt. Das wird sich vermutlich fortsetzen und die Menschen zu Hunderttausenden vom Land in die Städte treiben – auf der Suche nach frischem Wasser, weil ihre bisherigen Trinkwasserquellen durch das in die Flüsse vordringende Meerwasser unbrauchbar werden. Die rasch wachsenden Stadtregionen sind darauf kaum vorbereitet. Die Internationale Organisation für Migration schätzt, dass 70 Prozent der Bevölkerung in den Slums von Dhaka wegen Umweltkatastrophen wie Überflutungen oder Hurrikanen in die Hauptstadt kamen.

In vielen Teilen der Welt gibt es bereits »Klimaflüchtlinge«, doch es werden noch zig Millionen mehr werden. Die meisten davon wird es in die Städte ziehen, und schon kleine Klimaveränderungen können für die Bevölkerung vor Ort katastrophale Folgen zeitigen. In Afrika haben beispielsweise Dürren über die letzten Jahrzehnte in zahlreichen Regionen schlimme Hungersnöte verursacht, während sich auch die Sahara langsam, aber sicher immer weiter nach Süden ausdehnt. In Asien dagegen versuchen die Klimaflüchtlinge zumeist den Fluten zu entkommen. Einer von der London School of Economics im Jahr 2010 veröffentlichten Studie zufolge liegen neun der zehn am stärksten durch Überflutung gefährdeten Küstenstädte in Asien. Dhaka liegt hier an dritter Stelle hinter Kalkutta und Mumbai.

Projiziert man diese Zukunftsaussichten auf ein Land wie Bangladesch, wo moderne Gesundheitsversorgung Mangelware und das Bildungsniveau niedrig ist, wird klar: Wenn ein Fünftel des Landes überflutet und der Rest zum Teil nicht mehr landwirtschaftlich nutzbar ist, werden sich die Menschen massenhaft in Bewegung setzen. Einige werden versuchen, in den Westen zu kommen, aber viele Millionen, vor allem die Ärmsten, werden sich nach Indien aufmachen und dann vor dem Zaun und den Grenzschutztruppen stehen. An diesem Punkt hätte Indien ein weit größeres humanitäres und politisches Problem als das, mit dem es heute schon zu kämpfen hat.

Die Muslime machen mit ihren inzwischen fast 200 Millionen Menschen ca. 15 Prozent der indischen Bevölkerung aus. In Bangladesch sind jedoch rund 90 Prozent der Menschen Muslime. Die Krise einer Massenmigration würde eine Menge Fragen aufwerfen. Wie viele Menschen aus Bangladesch würde Indien angesichts der heute schon bestehenden Spannungen mit illegalen Einwanderern aufzunehmen bereit sein? Wie viele würde die Bevölkerungsmehrheit akzeptieren, vor allem in den grenznahen Bundesstaaten, ohne dass Unruhen ausbrechen und die politischen Parteien sich rasch auf Extrempositionen zurückziehen? Würde Indien die Hindus aus Bangladesch vorrangig behandeln, weil diese wegen der religiösen Diskriminierung am meisten zu leiden hätten? Das sind Fragen, mit denen sich beide Länder heute schon herumschlagen müssen, aber die Worst-Case-Szenarien einer Überflutung des Landes würden die Lage noch einmal dramatisch verschärfen: Klimawandel und Demographie lösen weitere Wanderungsbewegungen von Menschen aus, die aus ihrer Heimat vertrieben werden und sich weder kulturell noch ökonomisch ohne weiteres in andere Länder integrieren lassen.

Bangladesch hat in dieser Hinsicht auch selbst Probleme genug. Das Volk der Rohingya in Myanmar stellt dort eine muslimische Minderheit in einem vorwiegend buddhistischen Staat dar. Etwa 750 000 von ihnen leben in der Region Arakan an der Grenze zu Bangladesch. Ethnisch sind sie mit der bengalischen Bevölkerung in der Region von Chittagong im Süden Bangladeschs verwandt, und sie haben ein Problem. Die Rohingya sind staatenlos, da ihnen Myanmar auf der Grundlage ihrer Ethnie die Staatsbürgeschaft verweigert. 1982 entwarf die Diktatur von Myanmar ein Staatsangehörigkeitsrecht, in dem 135 nationale »Rassen« aufgelistet sind, die vor Beginn der britischen Kolonisation der Arakan-Region im Jahr 1823 angeblich im Land sesshaft gewesen waren. Obwohl Nachweise existieren, die die Anwesenheit der Rohingya in der Region schon seit dem 7. Jahrhundert belegen, stufte sie die Junta nicht als zu Myanmar gehörend ein. Die Rohingya unterliegen diversen massiven Reisebeschränkungen, haben Mühe, wirtschaftlich Fuß zu fassen, und bemühen sich meist ohne Erfolg, Geburten und Heiraten in ihren Gemeinden bei den Behörden zu registrieren, was sie noch weiter isoliert.

Anfang der 1990er-Jahre flohen bis zu 250 000 Rohingya nach Bangladesch, begleitet von Berichten über religiöse Verfolgung, Mord, Vergewaltigung, Folter, Zwangsarbeit, verschuldet durch das Militär Myanmars. Das UN-Hochkommissariat für Flüchtlinge (UNHCR) stufte sie als Flüchtlinge ein, und zunächst nahm Bangladesch sie auch auf. Angesichts ihrer unaufhörlich steigenden Zahl begann man jedoch, sie zu Zehntausenden wieder zurück über die Grenze zu deportieren, nicht selten inmitten von Auseinandersetzungen zwischen den Flüchtlingen und dem Militär Bangladeschs. Mitte des Jahrzehnts waren bis auf ca. 20 000 Menschen wieder alle zurück in Myanmar. Es ist jedoch unmöglich, mit Gewissheit zu sagen, wie viele es sind, da die Regierung von Bangladesch aufgehört hatte, sie zu registrieren, und anschließend die Hilfsorganisationen ersuchte, von Hilfen für die Nichtregistrierten abzusehen – mit der Begründung, man wolle die anderen nicht auch noch ermutigen, nach Bangladesch zu kommen. Bangladesch ist eines der ärmsten Länder der Welt und hat dennoch in diesem Jahrhundert bis zu einer halben Million Flüchtlinge aufgenommen – dabei ist das Land denkbar schlecht darauf eingerichtet, diese zu versorgen.

1998 schrieb der UNHCR an die Militärregierung in Myanmar und forderte die Gleichbehandlung der Rohingya, nachdem Vorwürfe verbreiteter Diskriminierung und Benachteiligung aufgekommen waren. Die Junta schrieb zurück: »Sie unterscheiden sich rassisch, ethnisch und kulturell von allen anderen Bevölkerungsgruppen in unserem Land. Auch ihre Sprache und ihre Religion sind anders.« In den letzten Jahren hat die Gewalt gegen die Rohingya wieder zugenommen, Dörfer und Moscheen wurden in Brand gesteckt und Menschen umgebracht, vor allem als Reaktion auf einen Angriff gegen die Grenzpolizei durch eine militante Rohingya-Gruppe im August 2017. In der Folge hat die Zahl derer, die nach Bangladesch zu gelangen versuchen, erneut dramatisch zugenommen: Allein in der zweiten Hälfte des Jahres 2017 waren wieder über 600 000 auf der Flucht.

Heute leben Hunderttausende Rohingya in Elendsvierteln um die Hafenstadt Cox's Bazar in Bangladesch oder in Flüchtlingslagern des UNHCR. In einem armen und überbevölkerten Land, das schon Mühe hat, sich um das eigene Volk zu kümmern, sind humanitäre Ressourcen dünn gesät. Überdies fürchten viele, die Einwanderer würden Gesetzlosigkeit und Kriminalität ins Land bringen, außerhalb der Gesellschaft stehen und keine legale Arbeit kennen. Nach dem jüngsten Flüchtlingsstrom in Richtung Bangladesch kamen Forderungen nach strengeren Grenzkontrollen auf; es gab allerdings auch Rufe nach einer stärkeren humanitären Antwort. Es gibt zudem Befürchtungen, die Unruhen in der Region könnten Terrororganisationen anlocken, die sich die religiösen und ethnischen Spaltungen zunutze machen und extremistisches Gedankengut unter den betroffenen Minderheiten verbreiten. Die Region könne zu einer Brutstätte der Radikalisierung werden und die Gewalt, die dort bereits herrscht, noch weiter anheizen.

Bangladesch ist entschlossen, die Flüchtlinge so bald als möglich zurückzuschicken; Myanmar verhält sich ausweichend, sagt einerseits, man würde Flüchtlinge zurücknehmen, andererseits plant das Land bereits eine Nachrüstung und Erweiterung der Barriere entlang der rund 270 Kilometer langen Grenze. Es gibt sogar schon Vorwürfe, es seien Landminen verlegt worden, um die Menschen an der Rückkehr zu hindern. Darüber hinaus ist unklar, was die Rohingya nach ihrer Rückkehr erwartet: Mehr als 200 Dörfer wurden komplett niedergebrannt, und die systematische Diskriminierung ihres Volkes besteht nach wie vor.

Eine Lösung ist nicht in Sicht, solange der Staat Myanmar seine Minderheiten unnachgiebig verfolgt; somit scheint sich eine weitere Grenze als Quelle von Spannungen und Instabilität zu etablieren.

Die wachsenden Bevölkerungen des Subkontinents stehen vor den Herausforderungen des 21. Jahrhunderts, und das in einer menschengemachten Geographie der Zäune und Ländergrenzen, die auf historisch gewachsene Strukturen wenig Rücksicht nimmt.

Südlich von Assam trennt das von dichtem Dschungel bewachsene Arakan-Joma-Gebirge Indien von Myanmar. Die Menschen haben sich schon durch den Dschungel geschlagen und versucht, in Indien Asyl zu beantragen, aber nicht in so großer Zahl, dass daraus ein nationales Problem hätte werden können. Größere Sorgen bereitet der Aufstand, den das Stammesvolk der Naga innerhalb Myanmars begonnen hat und der manchmal bis nach Indien überschwappt. Das hat zum Bau eines Zauns entlang einzelner Grenzabschnitte geführt – nicht durch Indien wohlgemerkt, sondern durch Myanmar.

Die Naga setzen sich aus mehreren im Urwald lebenden Gebirgsvölkern zusammen. Sie haben gemeinsame kulturelle Wurzeln, allerdings sehr unterschiedliche Sprachen – die meisten sprechen verschiedene Dialekte der Naga-Ursprache, die nicht nur für Außenstehende völlig unverständlich sind, sondern bisweilen auch untereinander. Einige dieser Stämme haben die Kopfjagd erst vor wenigen Jahrzehnten aufgegeben, nachdem sie zum Christentum bekehrt worden waren, sie bleiben jedoch vielen ihrer ursprünglichen kulturellen Praktiken treu und sehen sich weder Myanmar noch Indien zugehörig.

Nach der Ausrufung des Staates Indien im Jahr 1947 und des Staates Myanmar (Burma) im Jahr darauf sah sich das Naga-Volk durch die neu festgelegten Grenzen der souveränen Staaten geteilt. In den 1950er-Jahren brach ein bewaffneter Konflikt aus, als einige Angehörige des Naga-Stamms auf der indischen Seite der Grenze die Unabhängigkeit von Neu-Delhi zu betreiben begannen. Die Schaffung des Bundesstaates Nagaland (der kleinste Teilstaat Indiens) im Jahr 1963 reduzierte die Gewalt, brachte aber keine dauerhafte Lösung. Bis in die 1970er-Jahre waren die militanten Gruppen nach Myanmar abgedrängt worden, setzten jedoch ihren Kampf von dort aus an der Seite anderer Naga-Stämme fort. Heute verteilen sich geschätzte zwei Millionen Naga beiderseits der Grenze, in einer Gegend, die Naga-Nationalisten gerne zu ihrem vereinten Heimatland verbunden sehen möchten.

Die Regierung von Myanmar, die fast ständig mit gleich mehreren inneren Unruhen fertigwerden muss, tat wenig, um die Naga in der Region daran zu hindern, ihre Milizen zu schulen und auszurüsten und häufige grenzüberschreitende Überfälle zu starten. Natürlich ist die Zentralregierung in Indien darüber ebenso irritiert wie die Regionalbehörden in Assam, Manipur und Nagaland. Nachdem 2015 bei einem solchen Angriff 18 indische Soldaten getötet worden waren, startete Indiens Militär eine nächtliche Blitzaktion jenseits der Grenze, die erste seit vielen Jahren. Helikopter setzten indische Kommandos an der Grenze ab, diese drangen mehrere Kilometer weit nach Myanmar vor und griffen dort zwei Lager der Naga-Rebellen an. Neu-Delhi sprach daraufhin von etwa 38 getöteten Rebellen, diese Zahl ist allerdings strittig.

Für die Öffentlichkeit musste Myanmars Regierung so tun, als wäre man erzürnt ob dieser Grenzverletzung, in Wirklichkeit hatte Myanmar selbst schon gelegentlich in Manipur und Mizoram, also auf indischem Territorium, »Terroristen« der Rebellengruppen der Chin und der Arakanesen verfolgt, tolerierte also insgeheim auch das Vordringen der Inder auf ihr Staatsgebiet. Indiens Regierung posaunte wenig diplomatisch die ganze Geschichte heraus, weshalb Myanmar ernsthaft darüber nachdenken musste, wie dergleichen in Zukunft zu verhindern sei. Ein zusätzlicher Impetus war Chinas wachsender Einfluss in Myanmar – dem ließe sich gegebenenfalls durch eine Stärkung der Verbindung mit Indien entgegenwirken.

Anfang 2017, als die indische Armee ihre Operationen gegen Aufständische fortsetzte, begann Myanmar mit dem Bau eines kurzen Grenzzauns in der »Naga-Selbstverwaltungszone«, einem Gebiet, in dem die Naga eine begrenzte Autonomie genießen. Offiziell hat Indien mit diesem Zaun nichts zu tun; allerdings gibt Neu-Delhi Myanmar fünf Millionen Dollar zur »Förderung der grenznahen Gebiete« in der Region. Der Zaun steht dort im Namen der beiderseitigen nationalen Sicherheit, um einerseits die Naga-Milizen am Eindringen nach Indien zu hindern und andererseits zu gewährleisten, dass Indien keine Gebäude auf dem Staatsgebiet von Myanmar errichten kann. Der Regierung geht es nach eigener Aussage nicht darum, den Grenzverkehr der normalen Bevölkerung zu behindern, sie droht aber dennoch, Gemeinden und Familien zu trennen, die bisher die Staatsgrenze als rein imaginäres Gebilde betrachtet haben. Beide Regierungen hatten sich stillschweigend auf die Duldung dieser Freizügigkeit geeinigt, die den Naga bis zu 16 Kilometer visafreie Bewegungsfreiheit beiderseits der Grenze einräumt. Dies trug zum Wachstum der grenznahen Märkte bei, wo die myanmarischen Naga indische Waren kaufen konnten, die es in ihrem Land kaum gab und die bisher geschmuggelt worden waren. All dies ist nun in Gefahr, was das Volk der Naga, das sich weder Indien noch Myanmar zugehörig fühlt, noch weiter spalten wird.

Nicht alle Grenzen Indiens sind so umstritten, dass man sie mit Zäunen versehen müsste. Indien und Bhutan pflegen enge Beziehungen, und da Indien 98 Prozent der Exporte Bhutans abnimmt, denkt keine Seite an eine »Befestigung« der Grenze. Die Beziehungen zwischen Indien und Nepal sind zwar deutlich angespannter, vor allem nach einer vier Monate langen »Grenzblockade« 2015. Dennoch sieht Neu-Delhi keine Notwendigkeit, eine 1600 Kilometer lange Grenze abzuzäunen, zumal es seinen Einfluss im Nachbarland wahren und kein Vakuum entstehen lassen möchte, das – und das wissen die Inder sehr genau – die Chinesen nur zu gerne auffüllen würden.

Was China betrifft, gibt es eine natürliche Grenze in Gestalt des Himalaya, der die beiden Länder entlang des größten Teils der 4000 Kilometer langen gemeinsamen Grenze trennt. So sind die beiden größten Völker der Welt auf natürliche Weise weitgehend voneinander abgeschottet. Einen Zankapfel allerdings gibt es zwischen beiden, und das ist der indische Bundesstaat Arunachal Pradesh, auf den China Anspruch erhebt. Zu Feindseligkeiten an der Grenze hat dieser Disput hingegen bisher nicht geführt. Dennoch überwacht China die Grenze mit Dutzenden weltraumgestützter Satelliten.

Problematisch wird es dagegen wieder an der Grenze zwischen Indien und Pakistan. Seit der Teilung sind die bilateralen Beziehungen belastet, entsprechend ist dies eine ausgesprochen »heiße« Grenze. Indien hat eine rund 550 Kilometer lange Barriere entlang der umstrittenen Waffenstillstandslinie innerhalb von Kaschmir errichtet, einer Region, auf die beide Länder als Teil ihres souveränen Territoriums Anspruch erheben. Das meiste davon liegt in einem etwa 140 Meter breiten Streifen auf der von Indien kontrollierten Seite und besteht aus einem bis zu 3,60 Meter hohen Doppelzaun. Er ist ähnlich ausgestattet wie der Zaun zwischen dem Bundesstaat Westbengalen und Bangladesch, mit Bewegungssensoren und Wärmebildkameras, jeweils angeschlossen an eine Kommandozentrale, die bei Bedarf eine schnelle Verlegung von Grenztruppen an die kritischen Bereiche veranlassen kann. Das Gelände zwischen den beiden Zäunen ist vermint.

1947 bekamen die Bundesstaaten im Rahmen des Indian Independence Act die Wahl, sich Indien oder Pakistan anzuschließen oder aber eigenständig und unabhängig zu werden. Maharadscha Hari Singh, der Herrscher in Kaschmir, war Hindu, sein Volk dagegen mehrheitlich muslimisch. Der Maharadscha entschied sich für die Neutralität und entfesselte damit einen von Pakistan unterstützten Aufstand der Muslime, was wiederum zur Folge hatte, dass der Maharadscha Kaschmir den Indern zusprach. Und so kam es zu einem ausgewachsenen Krieg: Am Ende wurde das Territorium geteilt, allerdings ist beiderseits der Trennlinie die Mehrheit der Bevölkerung muslimisch. Es folgte ein weiterer Krieg 1965, und im Jahr 1999 kam es zu schweren Zusammenstößen zwischen indischen Streitkräften und von Pakistan unterstützten Gruppen. Inzwischen besaßen beide Länder Atomwaffen, so wurde die Verhinderung eines großen Konflikts noch dringlicher. Ein schwelender Aufstand auf der von Indien kontrollierten Seite Kaschmirs setzt sich bis heute fort. Gelegentlich droht dieser erbitterte Disput zwischen den beiden Mächten aus dem Ruder zu laufen. Gespräche kommen und gehen, es gibt Gesten der Freundschaft, oftmals in Form von Cricket-Matches, aber Indien ist zu dem Schluss gekommen, dass es bis zur endgültigen Lösung der Kaschmir-Frage am besten für die Wahrung des Friedens sei, Barrieren zu bauen. Diese sollen das Einsickern aufständischer Gruppen verhindern, weil das wieder in bewaffnete Gefechte ausarten könnte.

Es ist ein gewaltiges Projekt, das sich schon über Jahrzehnte hinzieht, doch Neu-Delhi schließt inzwischen die Lücken in den Grenzbefestigungen im Norden und Westen. Teile von Punjab und Rajasthan wurden bereits in den 1980er- und 1990er-Jahren eingezäunt, und Indien ist dabei, nun die gesamte Westgrenze zu »versiegeln«, von Gujarat am Arabischen Meer bis hinauf nach Kaschmir im Himalaya. Das Ganze läuft unter dem Namen »Comprehensive Integrated Border Management System« (CIBMS). Wegen der Sumpfgebiete im Süden und der Thar-Wüste im Norden lässt sich das Terrain teilweise nur schwer passieren.

Das CIBMS-System ähnelt dem Sicherungssystem an der Grenze zu Bangladesch, allerdings ist es eine viel aktivere Grenze, und die Gefahr militärischer Auseinandersetzungen zwischen Indien und Pakistan ist stets präsent. Die neu aufgestellten Barrieren sind sämtlich mit Radar, Wärmebildkameras, Nachtsichtgeräten und anderer Technik ausgestattet, jeweils verbunden mit Kontrollposten alle fünf Kilometer. Es gibt Pläne für die Installation von 200 000 Scheinwerfern, und die 130 an Flüssen entlang verlaufenden Sektoren werden mit Unterwasser-Lasertechnik ausgestattet, die wiederum mit den Kontrollzentren verbunden ist. Das indische Militär denkt außerdem an die Anschaffung unbemannter Luftfahrzeuge, die aus 20 000 Meter Höhe eine Zeitung erkennen könnten. Auch Geräte, die Bewegungen von Menschen in Dutzenden Kilometern Entfernung registrieren, sind angedacht. Pakistan kritisiert den Bau dieser Grenzbefestigungen mit dem Hinweis auf UN-Resolutionen und örtliche Vereinbarungen, die dadurch verletzt würden; die Inder stehen auf dem Standpunkt, dass Vorkommnisse wie grenzüberschreitender Beschuss und Überfälle von Milizen durch diese Maßnahmen reduziert würden.

Derlei Dinge sind oft eine Frage der Interpretation. Während Indien den Bau befestigter Aussichtsposten als Verteidigungsmaßnahme betrachtet, könnte Pakistan darin eine Startbasis für Angriffsoperationen sehen. Das Grenzabkommen zwischen Indien und Pakistan (1960/61) definiert, wie beide Sichtweisen berücksichtigt werden können, wurde aber bisher von keiner Seite unterzeichnet, und in der Praxis werden solche Abkommen eher spontan vereinbart. Jedes Jahr kann einen neuen Streitpunkt bringen, an den man in den früheren 1960ern vielleicht noch gar nicht gedacht hat. Beispielsweise stellte Indien 2017 einen über 100 Meter hohen Fahnenmast an der Grenze zu Attari im Punjab auf. Pakistan beschuldigte Indien unverzüglich des Vertragsbruchs und sagte, der Fahnenmast, der noch in der Stadt Lahore zu sehen sei, könnte auch mit Spionagekameras bestückt sein, die tief ins Territorium von Pakistan blicken.

Die Situation in Kaschmir ist da schon besser geklärt. Auch wenn man sich über die exakte Lage der Grenzlinie uneins ist, wird theoretisch das Verhalten beiderseits der Waffenstillstandslinie durch das Karatschi-Abkommen aus dem Jahr 1949 geregelt. Darin ist festgelegt, dass innerhalb von 450 Metern beiderseits der Linie keine Verteidigungsstellungen errichtet werden dürfen, was allerdings beide Seiten beharrlich ignorieren. Der fragile Waffenstillstand wird ebenfalls oft gebrochen. Es gibt nicht nur gelegentliche Feuergefechte zwischen regulären Grenztruppen beider Länder, Neu-Delhi beschuldigt Islamabad auch, Terrorgruppen beim Eindringen auf die von Indien kontrollierte Seite zu helfen, um damit die Gewalt anzufachen und sogar Terrorangriffe in indischen Städten zu verüben. Seit den frühen 1980er-Jahren liefern sich beide Länder immer wieder sporadische Artilleriegefechte hoch oben auf dem Siachen-Gletscher, unweit der Waffenstillstandslinie. Die Kampfzone liegt im Karakorum-Gebirge, einem Himalaya-Ausläufer, und ist damit das höchstgelegene Kriegsgebiet der Welt. Fast 6000 Meter über dem Meeresspiegel stehen sich Soldaten aus Pakistan und Indien gegenüber, in einer der denkbar lebensfeindlichsten Klimaregionen der Welt. Die Stationierungszeiten in diesen Höhen sind auf maximal zwölf Wochen begrenzt, da der längerfristige Sauerstoffmangel zu Schlafstörungen und Halluzinationen führen kann. Die Soldaten schießen aufeinander, aber der Frost führt zu mehr Todesfällen als die Waffengewalt.

Kaschmir bleibt bis heute die größte Streitfrage zwischen den beiden Ländern. Sie teilen sich eine Grenze, die von Außenstehenden gezogen wurde; diese zerteilte bestehende Gemeinden und symbolisiert als befestigtes Monument die Feindschaft zwischen zwei Atommächten.

Pakistans 2430 Kilometer lange Westgrenze zu Afghanistan wurde ebenfalls von Fremden gezogen. Die ursprünglichen muslimischen Eroberer nutzten Afghanistan als Sprungbrett für die Invasion in Indien, und die Briten nutzten die Grenze später zur Skizzierung der westlichen Peripherie dessen, was sie als Kronjuwel ihres Imperiums betrachteten. Die Grenze wird noch heute als Durand-Linie bezeichnet, benannt nach Sir Henry Mortimer

Durand. 1893 zogen er und der afghanische Emir Abdur Rahman Khan diese Linie, die im Prinzip Afghanistan als Pufferzone zwischen dem britisch kontrollierten Indien und dem von Russland dominierten Zentralasien etablierte.

Es war schon immer eine problematische Grenze, das ist noch heute so und wird auch so bleiben. Sie macht aus Paschtunen beiderseits der Linie Bürger verschiedener Staaten, weshalb viele diese Grenze nicht akzeptieren. Aus diesem Grund, und auch weil Afghanistan auf einige Territorien östlich der Linie Anspruch erhebt, erkennt Kabul die Grenze nicht an.

Pakistan wiederum will jeden paschtunischen Nationalismus, der letztlich in eine Abspaltung münden könnte, unbedingt unterbinden und legt deshalb Wert auf ein möglichst schwaches Afghanistan. Das ist einer der Gründe, warum Teile der pakistanischen Militärelite heimlich die Taliban und andere Gruppen innerhalb Afghanistans unterstützen – selbst wenn dies östlich der Durand-Linie auch den Pakistanern schadet. Heute gibt es afghanische Taliban und pakistanische Taliban, die eng kooperieren und ähnliche Ansichten haben, und beide töten Pakistaner, Zivilbevölkerung wie Militärpersonal.

Im Frühjahr 2017 hatte sich die Lage so zugespitzt, dass Pakistan Pläne ankündigte, in zwei Distrikten entlang der Grenze in den Stammesgebieten unter Bundesverwaltung einen Zaun zu errichten. Dies sollte, so hieß es, grenzüberschreitende Operationen der Taliban verhindern. Doch selbst wenn Pakistan es schaffen sollte, in diesem schwierigen und gebirgigen Terrain einen Zaun aufzustellen: Der Geist ist aus der Flasche, denn die Taliban sind ja schon im Land präsent und können sich dort frei bewegen.

Derweil verläuft südlich der Durand-Linie die pakistanisch-iranische Grenze, und hier sind es die Iraner, die sich mit dem Mauerbau beschäftigen. Eine drei Meter hohe und ca. einen Meter dicke Betonmauer entsteht an einzelnen Grenzabschnitten. Diese ist Teherans Antwort auf jahrelangen Drogenschmuggel, aber auch auf das Einsickern sunnitischer Milizen aus Pakistan in den mehrheitlich schiitischen Iran. In der Folge überquerten 2014 iranische Truppen die Grenze, um eine militante Gruppe zu bekämpfen; es kam zu einem Feuergefecht mit pakistanischen Grenztruppen. Die Beziehungen zwischen beiden Ländern bleiben freundschaftlich, doch im Zeitalter der Mauern hat sich der Iran für den Versuch einer physischen Abschottung entschieden, damit die Situation nicht weiter eskaliert – und folgt damit nur dem von Indien, Bangladesch und anderen Ländern in der Region gesetzten Trend.

Alle diese Beispiele stehen in eklatantem Widerspruch zum Traum mancher Politiker und Geschäftsleute, eine riesige offene Handelszone auf dem Subkontinent zu schaffen. Gerade Indien ist auf Myanmar, Nepal, Bhutan und Bangladesch zugegangen, um gemeinsam Pläne zu entwickeln, die Reise und Handel in der Region vereinfachen sollen. Transnationale Straßen und Bahnlinien werden angepeilt, mit optimierten Grenzpunkten und letztendlich auch einem deutlichen Abbau von Grenzkontrollen, nach dem Vorbild bestimmter Bereiche der EU. Allerdings geht es damit nur sehr langsam voran, und die Grenzbefestigungsprogramme, die wir heute in den meisten dieser Länder sehen, laufen den praktischen Vorteilen und dem Geist der regionalen Zusammenarbeit eindeutig zuwider.

An den Grenzen zwischen Indien und Pakistan sowie Indien und Bangladesch sehen wir die tiefste Spaltung, denn es ist letztendlich ein religiöser Graben, der die Länder trennt. Indien ist ein Land mit mehrheitlich hinduistischer Bevölkerung, einem säkularen demokratischen System und entsprechenden Traditionen. Allerdings haben wir in den letzten Jahren eine scharfe Zunahme des Hindu-Nationalismus erlebt. Pakistan ist eine islamische Republik mit zweifelhafter Demokratie und einer von Militärherrschaft geprägten Geschichte. Bangladesch wiederum, wiewohl offiziell eine säkulare Republik, hat sich im staatlichen Sektor wie im öffentlichen Leben immer stärker religiös ausgerichtet, und Minderheiten und Atheisten sind ernsthaft gefährdet, für ihre religiösen und sonstigen Überzeugungen mit dem Leben zu bezahlen.

Nicht alle Mauern auf dem Subkontinent sind aus Beton und Stacheldraht; manche sind unsichtbar, aber deshalb nicht minder präsent. Indien weist enorme innere Spaltungen und ein Ausmaß an Vorurteilen auf, das in manch anderem Land als schockierender Skandal wahrgenommen würde, der nach einer Verurteilung durch die internationale Gemeinschaft verlangt – und doch schweigt die Welt weitgehend zu den Schrecken des indischen Kastensystems.

Das Ganze erinnert an die Apartheid in Südafrika, wenn auch mit deutlichen Unterschieden – nicht zuletzt deshalb, weil das System nicht in den Gesetzen des Landes verankert ist. Dennoch hat es eine segregierte Gesellschaft geschaffen, innerhalb derer manche als überlegen klassifiziert sind, andere dagegen als unrein und als Menschen, die »am ihnen zugewiesenen Platz« zu bleiben haben. Im Ergebnis wird bestimmten Kategorien von Personen der Zugang zu Jobs verwehrt, und auch ihre Bewegungsfreiheit ist eingeschränkt. Das System stellt sicher, dass seine herrschende Kaste privilegierte Stellungen behält, und es verurteilt andere zu einem Leben in Armut, in dem sie Gewalt ausgesetzt sind, ohne sich juristisch dagegen wehren zu können. Die Mauern zwischen den Kasten sind für Außenstehende weitgehend unsichtbar.

Die Wurzeln des Kastensystems sind religiöser Natur und reichen über 3000 Jahre zurück. Die Hindus werden in hierarchisch streng definierte Gruppen aufgeteilt, basierend darauf, womit die Mitglieder der jeweiligen Gruppe ihren Lebensunterhalt bestreiten. Gerechtfertigt wird dies im ›Manusmriti‹ – dem maßgeblichen Buch des hinduistischen Rechts, das im Kastensystem die »Grundlage für Ordnung und Regeleinhaltung in der Gesellschaft« sieht. Höhere Kasten bleiben unter sich, Orte, an denen gegessen und getrunken wird, sind getrennt, die Ehe mit Angehörigen anderer Kasten ist in der Regel verboten, zumindest aber verpönt, und in der Praxis bleiben den niederen Kasten viele Berufe verschlossen.

Auch einige vorindustrielle europäische Gesellschaften gründeten auf der erblichen Übertragung von Berufen, was dafür sorgte, dass das Klassensystem intakt blieb. Allerdings basierte dieses System nicht auf der Religion und wurde durch die Moderne massiv aufgeweicht. Bedingt durch den Druck der Urbanisierung zeigt auch Indiens Kastensystem hier und da gewisse Auflösungserscheinungen, aber das religiöse Fundament sorgt dafür, dass es im Alltag fest verankert bleibt. Indien ist und bleibt eine vorwiegend bäuerlich-ländliche Gesellschaft, und da sind die Möglichkeiten, die eigenen Wurzeln zu verbergen und seinem religiösen Erbe zu entkommen, eher bescheiden. Obwohl sich die Bevölkerung immer mehr in Richtung der Städte orientiert, besteht das Kastensystem fort, weil auch der religiöse Rahmen Bestand hat.

Das System teilt die Menschen in vier Kategorien auf: Brahmanen, Kshatriyas, Vaishyas und Shudras. Brahma ist der Gott der Schöpfung, und die Brahmanen, die in der Bildung und auf intellektuellem Gebiet dominieren, sind der Überlieferung zufolge aus dessen Kopf hervorgegangen. Die Kshatriyas (aus seinen Armen) sind Krieger und Herrscher, die Vaishyas (aus seinen Schenkeln) sind Händler, und die Shudras (aus seinen Füßen) haben niedere Arbeiten zu verrichten. Diese vier Hauptkategorien sind in rund 3000 Kasten aufgeteilt, die sich wiederum in nicht weniger als 25 000 Unterkasten aufteilen.

Außerhalb dieses Systems stehen die sogenannten Unberührbaren, die heute üblicherweise als Dalit (»der Zerbrochene, der Zur-Schau-Gestellte«) bezeichnet werden. Wenn Sie in Indien jemanden erblicken, der ein totes Tier beseitigt oder die Straße reinigt, handelt es sich mit einiger Wahrscheinlichkeit um einen Dalit. Wer Toiletten putzt oder in der Kanalisation arbeitet, ist fast sicher ein Dalit. Diese Gruppe ist wesentlich stärker gefährdet, vergewaltigt, zusammengeschlagen oder sogar ermordet zu werden, wobei die Verurteilungsquote bei Menschen, denen Verbrechen gegen Dalits zur Last gelegt werden, deutlich niedriger ist als bei Verbrechen gegen andere Gruppen. In vielen ländlichen Gebieten ist es den Dalits bis heute verboten, Wasser aus öffentlichen Brunnen zu trinken oder einen Hindu-Tempel zu betreten.

Die Kaste, in die man hineingeboren wird, bestimmt die Arbeit, die man bekommt, und es ist eine Binsenweisheit, dass Personen aus »niederen« Kasten sich eher mit einem Besen in der Hand wiederfinden werden, selbst wenn sie einen Hochschulabschluss vorweisen können. Alle Angehörigen dieser niederen Kasten erleiden Diskriminierung, die Dalits jedoch stehen auf der untersten Stufe.

Das Kastensystem weist auch einen auf die Hautfarbe bezogenen Aspekt auf, den viele gerne herunterspielen, dennoch gibt es ihn ohne jeden Zweifel. Eine genetische Studie des Zentrums für Zell- und Molekularbiologie in Hyderabad aus dem Jahr 2016 entdeckte einen »profunden Einfluss der Hautpigmentierung« innerhalb der Klassenstruktur: Menschen hellerer Hautfarbe finden sich vorwiegend in den »höheren« Kasten wieder. Nationale säkulare Gesetze haben die Diskriminierung theoretisch abgeschafft, aber im System haben Vertreter der höheren Kasten das Sagen, und die wollen ihre Stellung gewahrt wissen, deshalb werden die Gesetze schlicht nicht durchgesetzt. Viele Politiker sind auch nicht gewillt, wirklich etwas zu unternehmen, da sie auf Blöcke von Wählerstimmen aus bestimmten Kasten angewiesen sind.

Das System ist in der Kultur des Landes zutiefst verwurzelt. Beispielsweise sagte Mahatma Gandhi, der einer der »höheren« Kasten entstammte: »Ich glaube, wenn die Gesellschaft der Hindus bis heute Bestand haben konnte, so verdankt sie dies dem Fundament des Kastensystems. … Die Auflösung des Kastensystems und die Einführung eines Gesellschaftssystems nach westeuropäischem Vorbild bedeutet für die Hindus die Aufgabe des Prinzips der Vererbung des Berufs, und das ist die Seele des Kastensystems. Das Erblichkeitsprinzip ist ein ewiger Grundsatz. Es zu verändern heißt, Unordnung zu schaffen.« Die Fairness gegenüber Gandhi gebietet, darauf hinzuweisen, dass er später dieses System und die schlechte Behandlung der Unberührbaren verurteilte. Er stand allerdings zum Grundgedanken der Varnas, der gesellschaftlichen Klassen. Er sagte, jedem sei eine bestimmte erbliche Berufung zuteilgeworden, die festlege, welche Tätigkeit er ausüben solle, aber das impliziere keine Überlegenheit der einen gegenüber der anderen Gruppe. Varnas, schrieb er, seien »das Gesetz des Lebens, das das Leben der menschlichen Familie universell bestimmt«.

Dieser Gedanke der Bestimmung und des »Naturgesetzes« bleibt vorherrschend. Die Dalits und andere Kasten haben versucht, mithilfe der säkularen Gesetze für Chancengleichheit zu sorgen. Einen gewissen Erfolg hatten sie damit, aber auch die Gewalt gegen sie hat dadurch zugenommen. Indiens nationale Verbrechensstatistik des Jahres 2014 weist einen 29-prozentigen Anstieg der Verbrechen gegen Menschen aus niederen Kasten über zwei Jahre aus, in denen diese Benachteiligten vermehrt versuchten, auf juristischem Weg Gerechtigkeit zu erlangen. Besonders oft sind Dalits, die Land besitzen oder kaufen, der Gewalt durch ihre örtlichen Gemeinschaften ausgesetzt, weil diese entschlossen sind, sie am unteren Ende der sozialen Leiter zu halten.

Verlässliche landesweite Zahlen über Zugehörigkeit zu den Kasten sind schwer zu finden, da die letzte Volkszählung in Indien, die auch die Kasten erfasste, aus dem Jahr 1931 stammt. Damals machten die Unberührbaren 12,5 Prozent der Bevölkerung aus. Auch heute noch bleiben sie trotz 27 Jahren staatlicher Förderung die ärmste und am stärksten unterdrückte Volksgruppe in Indien. Die wichtigen Posten in der Regierung, im Justizwesen, im diplomatischen Dienst und im Militär sowie Führungspositionen in Unternehmen, im akademischen Bereich, in den Medien und im Bildungssystem werden ganz überwiegend von Brahmanen beherrscht, obwohl diese nur etwa 3,5 Prozent der Bevölkerung ausmachen. Alle Gesellschaften gründen auf sozialen Schichten, doch selbst das elitäre Public-School-System in Großbritanniens Klassengesellschaft führt nicht zu einer derart starren, verknöcherten Gesellschaftsstruktur. Angesichts der bäuerlich und religiös geprägten Kultur Indiens wird es sehr lange dauern, bis diese Vorurteile überwunden sind – sofern denn genug Inder das überhaupt wollen. Das System überlebt zum Teil auch deshalb, weil seine Anhänger ganz offen argumentieren, es sorge für den Zusammenhalt der Gesellschaft: Indien müsse vor der Fragmentierung der Gesellschaft geschützt werden, die Europa nach der Industriellen Revolution erlebt hat. Die Vertreter der anderen Seite halten dem entgegen, es sei unmoralisch und behindere die Entwicklung des Landes, weil es so nicht ausreichend auf die vorhandenen menschlichen Befähigungen zurückgreifen kann.

In den Jahrzehnten seit der Unabhängigkeit haben einige Dalits diese Schranken überwunden und einen gewissen Bekanntheitsgrad erlangt, namentlich K.R. Narayanan, der von 1997 bis 2002 Präsident des Landes war. Mit der verstärkten Wanderung der Menschen vom Land in die Städte wurden die unsichtbaren Mauern ein wenig abgebaut: Welcher Kaste man angehört, ist in der Stadt weniger offensichtlich, manche Städter nehmen das System nicht übermäßig ernst, und es kommt heutzutage sogar schon zu Mischehen zwischen den Kasten. P. L. Mimroth vom Zentrum für die Rechte der Dalits glaubt allerdings, dass diese Diskriminierung noch immer so tief in der Psyche des Landes verwurzelt ist, dass es Generationen dauern wird, bis sich der Geist der Gesetze gegen das Kastensystem allgemein durchsetzt: »Es war falsch anzunehmen, Bildung würde das Prinzip der Unberührbarkeit auslöschen. Das wird noch über 100 Jahre brauchen.«

Wie die Statistiken zeigen, ist das System nach wie vor präsent und im gesamten Land gültig: Vielen Millionen Menschen werden die grundlegendsten Menschenrechte verweigert, nicht durch das Gesetz, sondern durch die Kultur. Das ist nicht das Bild, das sich die meisten Menschen von Indien machen. Generationen von Urlaubsgästen und Rucksacktouristen kehren aus Indien zurück nach Hause, inspiriert durch den Geist des Hinduismus, der Freundlichkeit, Gewaltlosigkeit, Spiritualismus und Vegetarismus propagiert. Nur wenige erkennen, dass daneben eines der menschenunwürdigsten Gesellschaftssysteme auf dem Planeten existiert.

1936 wurde der große indische Intellektuelle B.R. Ambedkar eingeladen, den jährlichen Vortrag einer Hindu-Reformergruppe zu halten. Er reichte seine Rede ein, die neben vielen anderen provozierenden Aussagen die folgende Passage enthielt: »Kein System der sozialen Ordnung unter Menschen kann so erniedrigend sein wie das Kastensystem … Es ist dieses System, das hilfreiches Handeln der Menschen abtötet, lähmt, verkrüppelt.« Der Vortrag wurde abgesagt mit der Begründung, Teile davon seien »unerträglich«. Ambedkar veröffentlichte seinen Text später im gleichen Jahr als Aufsatz.

Im 21. Jahrhundert ist die indische Gesellschaft alles andere als »abgetötet«. Indien ist ein dynamischer Staat, der global immer mehr an Bedeutung gewinnt und in dem eine vielfältige Hightech-Industrie zu Hause ist. Und dennoch existieren im gleichen Land Millionen von Barrieren, die vielen Millionen seiner Bürger jeden Fortschritt und Aufstieg unmöglich machen. Die Mauern, die Indien umgeben, sollen Menschen fernhalten, und die inneren Mauern sind dazu da, Menschen zu unterdrücken.

Die Gräben, die den gesamten Subkontinent durchziehen, werden immer augenfälliger, vertieft durch die fortgesetzte und noch anwachsende Wanderungsbewegung von Menschen auf der Flucht vor Armut, Verfolgung und den Folgen des Klimawandels. Wenn die Mehrheit der Wissenschaftler mit ihren Prognosen in Sachen Klimawandel richtig liegt, ist offenkundig, dass diese Wanderungsbewegung das gesamte Jahrhundert prägen wird. Eine Mauer, die einem solchen Druck widersteht, müsste erst noch erfunden werden. Diese Barrieren können (und werden) als partielle, einseitige, den Status quo wahrende »Zwischenlösung« errichtet werden. Sofern aber nicht auch Wohlstand aufgebaut wird, werden letztendlich alle verlieren.

In einem Versuch, die regionale Demographie zu kontrollieren, werden die Barrieren entlang des Großteils der vielen tausend Grenzmeilen heutzutage immer höher, breiter und technisch ausgereifter.

Wie wir gesehen haben, können solche Barrieren die Menschen, die sie überwinden wollen, am Ende doch nicht aufhalten – vielen bleibt gar keine andere Wahl, als es zu versuchen –, und eine Überwachung der Grenzen, die verstärkt auf Gewalt setzt, kann furchtbare menschliche Folgen zeitigen. Felani Khatun bezahlte dies mit ihrem Leben, und in den weiten Ebenen des Gangesdeltas in Bangladesch leben noch Millionen wie sie.

SECHSTES KAPITEL

AFRIKA

»Die Kräfte, die uns einigen,
sind stärker als fremde Einflüsse,
die uns trennen.«
Kwame Nkrumah

Vorhergehende Doppelseite: Ein Sahraui-Mädchen mit Sahraui-Flagge vor dem Marokkanischen Wall, der die Westsahara zwischen den von Marokko und den von der Polisario-Front kontrollierten Territorien zerschneidet.

Ganz im Norden des afrikanischen Kontinents steht ein Wall. Es ist ein Wall aus Sand, ein Wall der Schande und des Schweigens.

Der Marokkanische Wall zieht sich über rund 2700 Kilometer durch die Westsahara und Teile Marokkos. Das Gebilde trennt das, was Marokko seine »Südlichen Provinzen« entlang der Atlantikküste nennt, von der sogenannten Freien Zone inmitten der Wüste – einer Region, die das Volk der Sahraui als »Demokratische Arabische Republik Sahara« (DARS) für sich beansprucht. Hinter dem zwei Meter hohen Sandwall liegt ein Graben, Millionen von Landminen sind beiderseits der Barriere über mehrere Kilometer in der Wüste verstreut. Das Ganze gilt als längstes zusammenhängendes Minenfeld der Welt. Etwa alle fünf Kilometer steht ein Außenposten der marokkanischen Armee, besetzt mit bis zu 40 Soldaten, die auf dem Geländestreifen zwischen den einzelnen Basen patrouillieren. Vier Kilometer hinter den Posten sind mobile Einsatzkräfte stationiert, darauf folgen Artilleriebasen. Über die Länge des Walls verteilt sind Radarmasten, deren »Blick« bis zu 80 Kilometer weit in die Freie Zone reicht. All dies ist darauf ausgerichtet, militärische Kämpfer der Sahrauis, die sogenannte Polisario-Front, möglichst weit von der Grenze fernzuhalten – und damit auch von dem Gebiet, das Marokko als sein Territorium betrachtet.

Es ist eine unwirtliche Gegend. Bei Tag sind 50 °C keine Seltenheit, nachts fällt die Temperatur bis in die Nähe der Frostgrenze. Oft weht der mit Sandstaub aufgeladene Schirokko durch die trockene Landschaft, die Luft wird senffarben, die Sicht schlecht. Für Fremde ist es eine abweisende, lebensfeindliche Region, für die Sahrauis ist es die Heimat.

Schon vor dem Rückzug der Spanier 1975 gab es in der Westsahara eine Unabhängigkeitsbewegung. Als die Spanier gingen, nahmen 350 000 Marokkaner am »Grünen Marsch« teil – sie wanderten in die Region und beanspruchten sie als Territorium Marokkos. Spanien übertrug danach die Kontrolle an Marokko und Mauretanien; die Regierung in Rabat annektierte de facto das Territorium und schickte 20 000 Soldaten hin, die sich sofort mit der Polisario konfrontiert sahen. Die Kämpfe dauerten 16 Jahre und kosteten Zehntausende Menschenleben. Der marokkanischen Armee gelang es trotz zahlenmäßiger Übermacht und moderner militärischer Ausstattung nicht, die Guerillataktik der Polisario zu bezwingen. 1980 begann Marokko mit dem Bau dessen, was als »Wall der Schande« schließlich 1987 fertiggestellt wurde.

Und jetzt herrscht Schweigen. Man kann vom Westsahara-Konflikt nicht sagen, er sei in Vergessenheit geraten – dafür hätte er es erst einmal ins Bewusstsein der Weltöffentlichkeit schaffen müssen, und das hat er nicht. Die Sahraui, die beiderseits des Walls leben, sprechen Hassania, einen Dialekt des Arabischen. Sie sehen sich kulturell nicht Marokko zugehörig und sind traditionell ein Nomadenvolk. Allerdings sind sie heute weitgehend urbanisiert – Zehntausende von ihnen leben in Flüchtlingslagern. Die Demographie der Westsahara wurde durch Einwanderer aus Marokko vollkommen verändert, denn die Regierung hat mit gezielten Anreizen wie Steuervergünstigungen, Subventionen und Einmalzahlungen die Übersiedlung ins Westsahara-Gebiet gefördert. Die Gesamtzahl der verbliebenen Sahrauis kennt niemand genau, Schätzungen reichen von 200 000 bis 400 000 Menschen. Bis Mitte des 20. Jahrhunderts war den Sahrauis der Begriff der Grenze fremd; sie zogen als Nomaden dem Wetter folgend einfach durch ein riesiges Gebiet, je nachdem, wo der unberechenbare Regen fiel. Heute stehen 85 Prozent dessen, was sie als ihr traditionelles Territorium betrachten, unter marokkanischer Kontrolle. Das Wort Sahraui bedeutet »Wüstenbewohner« – Sahara heißt schlicht »Wüste« –, und genau das wären sie auch gerne, nämlich Bewohner der Wüste und nicht Staatsbürger Marokkos. Wie viele weitere Völker, denen wir in diesem Kapitel begegnen werden, sind sie Opfer von Grenzlinien, die Fremde gezogen haben – in diesem Fall ist es eine riesige Linie im und aus Sand.

Marokko ist nicht das einzige Land, das sich mit sezessionistischen Bewegungen herumschlagen muss. Überall in Afrika gibt es Abspaltungsversuche, Konflikte, die in verheerenden Bürgerkriegen versinken, wie jene im Südsudan und in der Demokratischen Republik Kongo. Warum leiden so viele Länder Afrikas unter diesen schrecklichen Kriegen? Die Gründe sind zahlreich und vielfältig, doch die Geschichte der Entstehung und Gestaltung der Nationalstaaten auf dem Kontinent spielt eine entscheidende Rolle.

Unabhängigkeitsbewegungen kämpfen um Anerkennung und Selbstbestimmung. Das Konzept des Nationalstaates, das sich in Europa entwickelt hat, verbreitete sich im 19. und 20. Jahrhundert wie ein Lauffeuer und löste den Ruf nach Selbstverwaltung einer von einem Volk gebildeten »Nation« aus – wobei dieses Volk als Gruppe ein gewisses Maß an historischen, ethnischen, kulturellen, geographischen oder sprachlichen Gemeinsamkeiten auszeichnet.

Als die europäischen Kolonialisten ihre Linien auf der Landkarte zogen und damit die Nationalstaaten schufen, die größtenteils bis heute den Kontinent Afrika bilden, unterteilten sie eine riesige Landmasse, auf der die unterschiedlichsten Völker, Gebräuche, Kulturen und Ethnien zu Hause sind, praktisch ohne jede Rücksicht auf diese Gegebenheiten. Und den Nationalstaaten, die sie konstruierten, fehlte oft jeder Bezug zu den Nationen, die bereits da waren. Diese Nationen – oder Völker – werden bisweilen auch als Stämme bezeichnet. Westliche Autoren sind oft allzu empfindlich, wenn es um den Begriff »Stamm« geht, manche Akademiker – westliche wie afrikanische – werden Ihnen sogar erzählen, die Kolonialisten hätten den Begriff überhaupt erst erfunden. Sie spielen einfach mit Worten, weil es ihnen peinlich ist, dass viele den Begriff »Stamm« gerne – aber fälschlicherweise – mit Rückständigkeit gleichsetzen. Dennoch existieren innerhalb vieler Nationalstaaten in Afrika sehr wohl Stämme – eigentlich ist es sinnlos, ihre Bedeutung zu bestreiten.

Ein Freund von mir stammt aus Westafrika und lebt in London. Das Erste, was er mir über sich sagte, war sein Name, dann sein Herkunftsland – die Elfenbeinküste – und dann sein Stamm, dem er angehört, die Mandinka. Ihn erfüllt das mit Stolz, es ist ein Stück Identifikation mit einem Volk, das sich über mehrere Länder in Westafrika verteilt; in jedem davon stellen die Mandinka eine bedeutende Minderheit. Er ist keine Ausnahme: Sehr viele Afrikaner verwenden den Begriff des Stamms, wenn sie von ihrer Nation oder ihrem Volk sprechen, und sie identifizieren sich mit der Gruppe, zu der sie gehören. Innerhalb dieses Stamms wird es – in unterschiedlichem Ausmaß – eine gemeinsame Geschichte, Gebräuche, Essgewohnheiten und vielleicht auch eine Sprache und Religion geben. Darin unterscheiden sich die Afrikaner nicht von anderen Völkern auf der Welt; was sie unterscheidet, ist die Kraft, mit der sich dieses Stammesdenken innerhalb vieler Nationalstaaten in Afrika gehalten hat. Zwischen zwei englischen Familien, die sich im Ausland begegnen, könnte man sich eine belanglose Unterhaltung wie die folgende vorstellen: »Ach, ihr seid auch Briten. Wo kommt ihr denn her?« »Milton Keynes.« »Soso, Milton Keynes«, gefolgt von leicht betretenem Schweigen, unterbrochen vielleicht durch eine Diskussion darüber, wie man am besten nach Milton Keynes kommt. Wenn ein Mandinka aus der Elfenbeinküste auf der Reise nach Nigeria einen anderen Mandinka aus Gambia trifft, werden sich die beiden sehr viel mehr zu erzählen haben.

Klassifizierungen sind schwierig, aber man schätzt, dass in Afrika mindestens 3000 ethnische Gruppen mit einer enormen Vielfalt an Sprachen, Religionen und Kulturen leben. Zu den größten zählen mit ca. 54 Millionen Menschen die Amharen und die Oromo in Äthiopien. Nigeria ist die Heimat von vier der zehn größten Stämme auf dem Kontinent – den Yoruba, Hausa, Igbo und Ijaw.

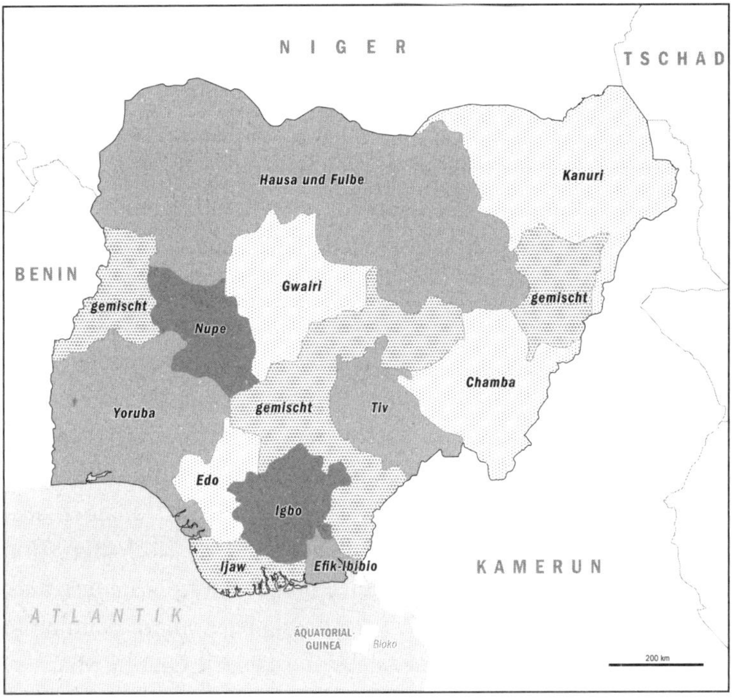

Die verschiedenen Sprachgebiete Nigerias

Zusammen stellen sie fast 100 Millionen der insgesamt 186 Millionen Einwohner Nigerias. Die Shona in Simbabwe, die Zulu in Südafrika und die Ashanti in Ghana zählen jeweils über 10 Millionen. Es gibt aber noch viele kleinere Gruppen und Untergruppen. Als grobe Orientierung und abhängig von der Zählweise dürfte es allein in Nigeria zwischen 250 und 500 Stämme geben.

Dieses Stammesdenken kann sehr viel Positives haben: Es schafft einen Gemeinschaftssinn, gemeinsame Geschichte, Werte und Gebräuche, einen Quell der Unterstützung in schwierigen Zeiten. Trotz der fortschreitenden Urbanisierung sind diese Stammestraditionen erhalten geblieben und bilden da, wo sich unterschiedliche Gruppen zusammenfinden, sogar neue Gemeinschaften.

Als Neuankömmling in der Großstadt wird man in der Regel in das Viertel gehen, in dem man sich gesellschaftlich akzeptiert fühlt und wo Menschen leben, die einem zeigen können, worauf es ankommt. Oft werden das die Leute sein, mit denen man sich identifiziert, deren bloße Zahl einem schon ein Gefühl der Sicherheit vermittelt – und das führt schnell zur Neubildung eines Stamms. Wir sehen das überall, so etwa in jeder »Chinatown« auf der Welt, und wir sehen es auch in afrikanischen Städten wie Nairobi in Kenia, wo sich oft Menschen aus unterschiedlichen, über das Land verstreuten Stämmen in Vierteln niederlassen, in denen Leute aus ihrem eigenen Stamm leben. Ein Luhya aus einer ländlichen Gegend Kenias, der in die Hauptstadt zieht, wird dort gewiss schneller im Kawangware-Viertel heimisch, auch wenn es einer der ärmlicheren Stadtteile ist. Die kenianischen Stämme haben ausgedehnte Stammesdörfer innerhalb von Nairobi geschaffen. Und das läuft schon seit Jahrzehnten auf dem ganzen Kontinent so oder zumindest so ähnlich. Im 1986 erschienenen Roman ›Coming to Birth‹ der kenianischen Schriftstellerin Marjorie Oludhe Macgoye kommt die Hauptfigur, die 16-jährige Paulina vom Stamm der Luo, aus dem ländlichen Kisumu in Nairobi an und macht sich in den Makongeni-Distrikt auf. Makongeni war und ist vorwiegend von Luo bewohnt.

Die Zugehörigkeit zu einem Stamm ist also etwas Positives, ein Quell des Stolzes, und für viele in Afrika – und anderswo – ist es eine entscheidende Frage, in welchem Ausmaß die Existenz von Stämmen den Zusammenschluss der größten übergeordneten Stammeseinheit, nämlich des Nationalstaates, behindert und auch den Zusammenhalt, den diese übergeordnete Gruppe darstellen soll. Das Problem liegt in der Art und Weise, wie diese Nationalstaaten gebildet wurden.

Ein paar Autostunden östlich von Lagos findet man mit einiger Mühe die Ruinen einer von massiven Mauern umgebenen Stadt, die zuerst im Dschungel und dann in der Geschichte für viele Jahrhunderte unterging. Man nimmt an, dass im 8. Jahrhundert mit der Errichtung der Mauern begonnen wurde, um Eindringlinge abzuwehren. Bis zum 11. Jahrhundert war Benin-Stadt zur Hauptstadt des Königreichs Benin aufgestiegen, des am weitesten entwickelten Reichs in ganz Westafrika.

Als die Portugiesen dort 1485 ankamen, fanden sie zu ihrem Erstaunen ein Stadtgebiet vor, das größer war als ihre eigene Hauptstadt Lissabon. Die Stadt lag in einer Ebene, vier Tagesmärsche von der Küste entfernt, und sie war von massiven Mauern umgeben, bis zu 20 Meter hoch und mit besonders tiefen Gräben versehen, die zusätzlich bewacht wurden. Laut ›Guinness-Buch der Rekorde‹ von 1974 waren die Stadtmauern zusammen mit denen des Königreichs insgesamt das zweitgrößte Bauwerk der Welt vor dem Maschinenzeitalter bzw. der Industriellen Revolution. In einem Artikel aus den 1990er-Jahren schätzt Fred Pearce im *New Scientist* (basierend auf Arbeiten des britischen Geographen und Archäologen Patrick Darling), die Mauern seien zu einer bestimmten Zeit »viermal länger als die Chinesische Mauer« gewesen, auch wenn dabei weniger Material verbaut wurde. Man schätzt sie auf eine Gesamtlänge von 16 000 Kilometern, und innerhalb der Mauern sollen bis zu 100 000 Menschen gelebt haben.

Die Stadt scheint anhand der Regeln entworfen worden zu sein, die wir heute als »Fractal Design« kennen – ein komplexes, wiederholtes Muster, das ähnliche Muster in immer kleinerem Maßstab aufweist. Im Zentrum der Stadt lag der Königspalast, der die Spitze einer hochgradig durchorganisierten Gesellschaft bildete. Vom Palast aus verliefen fächerförmig 30 Hauptstraßen, jeweils etwa 36 Meter breit, rechtwinklig angeordnet, und von allen zweigten schmalere Straßen ab. Die Stadt war in elf Viertel aufgeteilt. Einige davon wurden bei Nacht mit großen Metalllampen ausgeleuchtet, in denen mit Palmöl betriebene Dochte brannten, die die mit aufwendig gefertigten Kunstwerken geschmückte Stadt beleuchteten. Im Stadtzentrum standen Häuser, manche davon zwei Stockwerke hoch, und gemauerte Anlagen aus rotem Lehm. Im Umkreis lagen

500 ebenfalls ummauerte Dörfer, alle miteinander sowie mit der Hauptstadt verbunden. Es gab auch ein Grabensystem, zu dem 20 kleinere Gräben um einige Dörfer oder kleinere Städte gehörten.

Die frühen portugiesischen Entdecker waren beeindruckt von der Größe der Stadt, den fantastischen Kunstwerken und der Architektur, die sie dort vorfanden. 1691 bemerkte Lourenco Pinto, Kapitän eines portugiesischen Schiffs: »Alle Straßen verlaufen gerade und soweit das Auge reicht. Die Häuser sind groß, vor allem das des Königs, das reichhaltig geschmückt ist und großartige Säulen aufweist. Die Stadt ist reich und geschäftig. Sie wird so gut regiert, dass Diebstahl unbekannt ist und die Menschen in solch großer Sicherheit leben, dass ihre Häuser noch nicht einmal Türen haben.«

1897 wurde dieses Juwel Westafrikas von den Briten zerstört, als diese ihre Kontrolle über den Kontinent auszuweiten suchten. Nach einigen Versuchen der Briten, ihre Herrschaft über die Region zu festigen, eskalierte die Situation. Eine etwa 1200 Mann starke Truppe der Royal Marines überfiel die Stadt, brannte den Palast und die Häuser der Bewohner nieder und plünderte religiöse Ikonen und Kunstwerke. Viele der gestohlenen Benin-Bronzestatuen sind bis heute über Museen in aller Welt verstreut. Der König konnte fliehen, kehrte jedoch im August zurück und wurde ins Exil in den Süden Nigerias verbracht, wo er 1914 starb.

Zu diesem Zeitpunkt war die große Stadtmauer weitgehend zerstört, weil die siegreichen Briten große Teile der Mauer gesprengt und damit ihre Herrschaft über das Königreich demonstriert hatten. Die Stadt und ihre Umgebung ging in »Britisch Nigeria« auf. Die Ortsansässigen nutzten das, was von der Stadt übrig war, als Baumaterial für neue Behausungen, und nach und nach wurde die Stadt entvölkert. Was blieb, geriet größtenteils in Vergessenheit, allerdings nicht bei den Menschen in der Region. In den frühen 1960er-Jahren begannen Archäologen, die Gegend zu erkunden und zu kartieren, was heute Bestandteil des UNESCO-Welterbes ist, ebenso wie die Überbleibsel eines ganz ähnlichen Komplexes

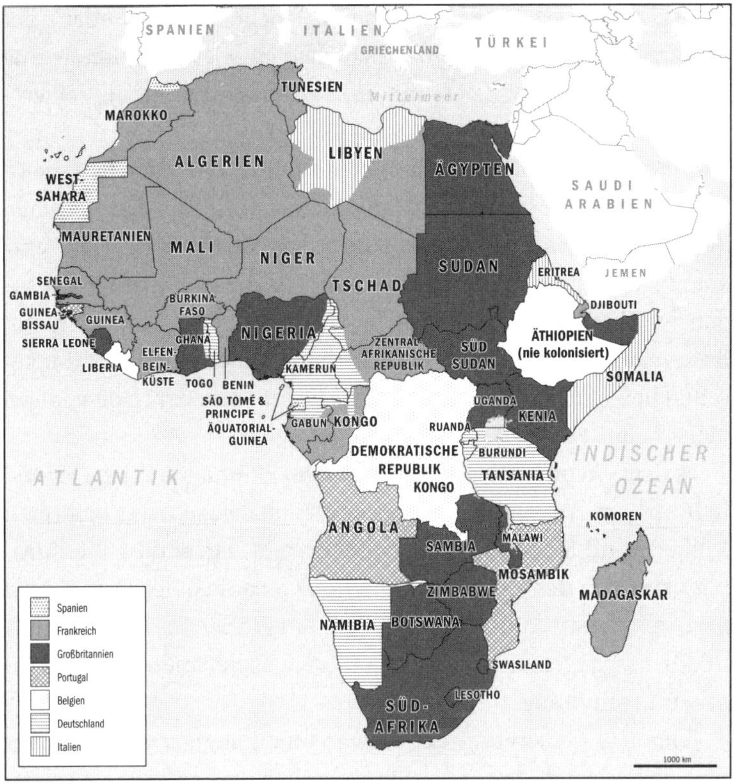

Die von Kolonialmächten besetzten afrikanischen Gebiete

aus Mauern und Gräben an einem Ort namens Sungbo's Eredo, 225 Kilometer weiter westlich gelegen.

Auch wenn kaum noch etwas übrig ist, was auf die Existenz der Stadt hinweisen könnte, war sie ein hervorragendes Beispiel für den Reichtum, die Diversität und den Wohlstand vorkolonialer Zivilisationen in Afrika. Als diese Königreiche zur Macht aufstiegen, waren sie separate Machtbereiche; heute sind sie nur noch kleine Bestandteile eines viel größeren Ganzen – Nigeria. Die willkürlichen Grenzlinien der Europäer, wie diejenigen von »Britisch Nigeria«, wurden von den Kolonialmächten oft in Abhängigkeit davon gezogen, wie weit die jeweiligen europäischen Entdecker vorgedrungen waren. Auf bestehende Nationen und Reiche, die sich entlang der örtlichen Stammestrennlinien natürlich entwickelt hatten, wurde dabei keine Rücksicht genommen. So wurden Hunderte Völker – oder Stämme – zwangsweise zusammengelegt.

Die zahllosen afrikanischen Nationen waren niemals Demokratien, aber ein Herrscher kam üblicherweise aus dem gleichen Stamm wie seine Untertanen, und das Herrschaftssystem entsprang aus dem betreffenden Stamm. Als die Kolonialisten abzogen, wurde den unterschiedlichen Völkern gesagt, sie bildeten nun innerhalb eines definierten Gebiets eine neue Gruppe, und nicht selten ließ man sie mit einem Herrscher zurück, der in den Augen vieler kein Recht hatte, über sie zu herrschen.

Es liegt ein doppelter Widerspruch im kolonialen Erbe: Der erste besteht in der Bildung einzelner Nationalstaaten aus mehreren Völkern und Stämmen; der zweite besteht darin, dass die Europäer zugleich den Einheimischen den Gedanken der Demokratie und Selbstbestimmung hinterließen. Ein großer Teil der Konflikte in Afrikas Gegenwart wurzelt in diesem Experiment der (zu) raschen Vereinigung.

Die erste Generation der Führer unabhängiger afrikanischer Staaten verstand, dass jeder Versuch, die von den Kolonialmächten entworfene Landkarte neu zu zeichnen, zu Hunderten von Mini-Kriegen führen würde, also entschloss man sich, mit den bestehenden Grenzen zu arbeiten – in der Hoffnung, irgendwann würden richtige Nationalstaaten wachsen und die ethnischen Spaltungen sich letztlich auflösen. Allerdings versäumten es die meisten dieser Führer in der Folge, Maßnahmen umzusetzen, um ihre Völker innerhalb der gegebenen Grenzen zusammenzuführen. Stattdessen setzten sie auf brutale Gewalt und wiederholten nebenbei die Kolonialstrategie des »Teilen und Herrschen«. Den vielen verschiedenen Völkern, die in diesen künstlich erzeugten Nationalstaaten zusammengewürfelt wurden, war niemals die vorteilhafte Erfahrung zuteilgeworden, ihre Differenzen untereinander zu schlichten und über die Jahrhunderte zusammenzuwachsen. Manche Staaten kämpfen bis heute mit den Widersprüchen, die der Kolonialismus in ihre Systeme eingepflanzt hat.

Angola liefert ein typisches Beispiel: Das Land – das siebtgrößte Afrikas – ist größer als Deutschland, Frankreich, Österreich, die Schweiz und die Benelux-Länder zusammen. Als die Portugiesen im 16. Jahrhundert dort eintrafen, war die Region Heimat für mindestens zehn größere ethnische Gruppen, die sich auf vielleicht 100 Stämme verteilten. Die Portugiesen drangen noch weiter vor und verleibten ihrer Kolonie noch weitere Völker ein, stießen dabei aber auf Ansprüche der Briten, Belgier und Deutschen. Die diversen ethnischen Gruppen hatten, von der Abneigung gegen die Kolonialherren einmal abgesehen, nur wenig gemeinsam. In den frühen 1960er-Jahren waren genug von ihnen in der Lage, sich zusammenzutun und einen Unabhängigkeitskrieg zu starten. Die Portugiesen zogen 1975 ab, doch sie hinterließen ein künstliches Land namens Angola, das nun als vereinter Nationalstaat funktionieren sollte.

Man stelle sich einen Moment lang vor, es hätte keinen Kolonialismus gegeben, und Afrika hätte stattdessen auf dem Weg der Modernisierung einen ähnlichen Weg wie Europa eingeschlagen, es hätten sich eigenständige, relativ homogene Nationalstaaten entwickelt. Eines der Völker Angolas sind die Bakongo. Sie sprechen Kikongo, eine Bantu-Sprache, und in vorkolonialer Zeit beherrschten sie ein zusammenhängendes Königreich. Dieses erstreckte sich über Teile diverser Territorien, die heute zu Angola, der DR Kongo und Gabun gehören. Die Bakongo fühlen sich den anderen Mitgliedern der Kikongo-Sprachfamilie in der Republik Kongo und in der Demokratischen Republik Kongo zugehörig – zusammen ungefähr 10 Millionen Menschen. In der DR Kongo stellen sie die größte ethnische Gruppe, in Angola dagegen eine Minderheit. Das erklärt den Aufstieg der Bewegung »Bundu dia Kongo«, die in allen drei Ländern präsent ist und sich einen Nationalstaat der Kikongo-Sprachfamilie wünscht, auf der Basis dessen, was man in vorkolonialer Zeit unter Territorium verstand. Sie arbeiten noch immer daran, einen einheitlichen Nationalstaat zu schmieden – wie so viele andere mit ähnlicher Geschichte.

Tatsache ist nun einmal der aufkommende Nationalismus von Völkern, die durch die Kolonialzeit zerrissen wurden. Man hat sie nicht gefragt, ob sie sich Föderationen anschließen wollen, deren Namen die Europäer festgelegt haben. Und als sie dann endlich die Europäer losgeworden waren, sollten sie Loyalität gegenüber einem System erweisen, das gegen ihren Willen installiert wurde und in dem nur allzu oft die führende ethnische Gruppe alle anderen dominierte. In manchen Ländern bleiben diese Spaltungen auf die politische Ebene begrenzt, aber vielerorts ist die Situation außer Kontrolle geraten, und Bürgerkriege oder das Aufkommen separatistischer Bewegungen waren die Folge.

Nehmen wir als Beispiel den Disput um die Land- und Seegrenze zwischen Kamerun und Nigeria, der im Jahr 1994 begann. Beide Länder beanspruchten die Hoheitsgewalt über eine ölreiche Halbinsel mit Namen Bakassi. Die Situation eskalierte immer weiter bis zu sporadischen bewaffneten Konflikten zwischen beiden Ländern, was zum Aufkommen der Bakassi Self-Determination Front (BSDF) führte. Diese veröffentlichte Videos von Kämpfern in Uniform und mit Sturmgewehren in der Hand. Außerdem betreibt sie einen Piratensender namens »Dayspring«, der nach Selbstverwaltung verlangt. Und Kamerun hat noch ganz andere Probleme mit nach Unabhängigkeit strebenden Landsleuten. Es ist überwiegend französischsprachig, unter den 23 Millionen Kamerunern spricht jedoch eine Minderheit von etwa fünf Millionen Englisch. Manche von ihnen sehen sich diskriminiert, und die Rufe nach Autonomie für die beiden an Nigeria grenzenden Provinzen im Westen des Landes, wo die meisten davon leben, wurden zuletzt lauter. Sogar ein »Präsident« im Exil existiert, auch eine Flagge und eine Nationalhymne stehen für den unwahrscheinlichen Fall bereit, dass sich die beiden Provinzen zu »Südkamerun« vereinen.

Es gibt noch zahlreiche ähnliche Beispiele. Die Provinz Casamance im Süden des Senegal kämpft um ihre Autonomie. In Kenia gibt es den »Mombasa Republican Council«, der die Unabhängigkeit der Küstenregion des Landes anstrebt, unter Verweis auf ihre eigene Kultur und darauf, dass die Region nach Erlangung der Unabhängigkeit von Großbritannien gar nicht erst Teil des Landes hätte werden dürfen. Ihr Slogan auf Swahili heißt »Pwani si Kenya« – »die Küste ist nicht Kenia«.

Nur wenigen der zahlreichen sezessionistischen Bewegungen dürfte in naher bis mittlerer Zukunft Erfolg beschieden sein, aber auszuschließen sind solche Abspaltungen nicht – manche haben es in der jüngeren Zeit tatsächlich geschafft. Äthiopien verlor Eritrea an eine Unabhängigkeitsbewegung und hat noch immer mit separatistischen Gruppen in den Regionen Ogaden und Oromia zu kämpfen. Der Sudan ist in zwei Länder zerfallen, und der Südsudan wurde damit im Jahr 2011 zum jüngsten Staat auf dem Planeten. Tragischerweise ist die Situation in einen Bürgerkrieg abgeglitten: Der herrschende Stamm der Dinka wurde zügig der Diskriminierung von Nuer, Acholi und anderen Gruppen bezichtigt, was Kämpfe zwischen diesen Volksgruppen auslöste. Der Krieg hat viele Hunderttausend Menschenleben gekostet, über eine Million mussten aus ihrer Heimat fliehen.

In der jüngeren Geschichte Afrikas kennt man derlei Geschehnisse nur zu gut. Eines der schlimmsten Beispiele liefert vielleicht Nigeria, wo ein Massaker der Igbos dem Bürgerkrieg von 1967 bis 1970 und der kurzlebigen »Republik Biafra« vorausging. Über drei Millionen Menschen kamen zu Tode, und Nigeria hat bis heute ein Problem mit den auf Biafra zurückgehenden Vorstellungen von einer Nation. Dabei ist dies beileibe kein Einzelfall. Burundi ist ein weiteres Beispiel. Ethnisch besteht die Bevölkerung zu etwa 85 Prozent aus Hutu, aber die 14 Prozent der Tutsi-Minderheit besitzen politische und wirtschaftliche Macht, und die Spannungen zwischen beiden Gruppen richten seit langem furchtbares Unheil im Land an. 1965 führte ein versuchter Sturz des Königs – ein Tutsi – zu ethnischen Auseinandersetzungen, bei denen mindestens 5000 Menschen getötet wurden. 1972 lösten Massentötungen eine Invasion von Hutu-Rebellen aus, die in Zaire ihre Basen aufgeschlagen hatten. In den anschließenden vier Jahren sind vermutlich fast 200 000 Menschen zu Tode gekommen. Die 1980er-Jahre erlebten kleinere Gewaltausbrüche, bevor dann 1993 ein flächendeckender Bürgerkrieg ausbrach, der bis 2005 anhielt. Diesmal wurde der Hutu-Präsident Melchior Ndadaye von Tutsi-Attentätern ermordet, und das löste eine ganze Kette von Ereignissen aus, in der sich beide Seiten bekriegten. In den letzten Jahren kam es noch immer hier und da zu Gewalt, inzwischen sind 400 000 Burundier aus dem Land geflohen, die meisten nach Tansania.

In Ruanda wurden beim Genozid des Jahres 1994 rund 800 000 Tutsis und gemäßigte Hutus ermordet. Die Demokratische Republik Kongo beherbergt über 200 ethnische Gruppen und leidet seit 1996 unter schlimmen Gewaltexzessen – die Schätzungen variieren, aber es könnte bis zu sechs Millionen Tote gegeben haben, und das Trauerspiel hält bis zum heutigen Tag an; eine ganze Reihe weiterer Länder, darunter Liberia und Angola, leiden ebenfalls unter verbreiteten und anhaltenden Konflikten. Die ursächlichen Faktoren hinter dieser Gewalt sind komplex, dazu gehören aufoktroyierte Grenzen, Rückständigkeit und Armut; zweifellos jedoch sind die ethnischen Trennlinien von Bedeutung. Und da die Völker nach wie vor grenzüberschreitend angesiedelt sind, kann ein Konflikt in einem Land sehr schnell ins Nachbarland überschwappen.

Differenzen zwischen benachbarten Nationalstaaten gibt es überall, doch in den meisten Teilen der Welt wuchsen territoriale Streitigkeiten organisch über lange Zeit und gründeten auf Geographie und Ethnizität. In vielen Fällen wurden diese Streitigkeiten irgendwann beigelegt. In Afrika dagegen sehen wir, wie in der jüngeren Vergangenheit geographische und ethnische Widersprüche aufbrechen, die von außen erst in die Region getragen wurden. Ja, wir sind zurück im Kolonialismus – denn der kann erst überwunden werden, wenn die Afrikaner es schaffen, seine Auswirkungen hinter sich zu lassen. Angesichts der Ausmaße, die die Veränderung gesellschaftlicher Strukturen angenommen hat, sind

60 oder 70 Jahre Unabhängigkeit nicht mehr als ein Wimpernschlag im geschichtlichen Kontext.

Natürlich ist es nicht hilfreich, dass die von Europäern gezogenen Grenzen nach wie vor die Rechtsgrundlage für jede diplomatische Lösung von Territorialstreitigkeiten abgeben – das sehen wir in Marokko und der Westsahara, die sich immer noch an die Grenzlinien zu halten haben, die die Spanier einst festlegten. Die internationale Gemeinschaft, unsicher darüber, wie sie reagieren oder für wen sie Partei ergreifen soll, hat weder den Anspruch Marokkos noch den der Polisario-Front auf die Region Westsahara anerkannt; die Region steht auf der UN-Liste der »Hoheitsgebiete ohne Selbstregierung«, was bedeutet, dass das Gebiet offiziell noch gar nicht entkolonialisiert ist. Technisch gesehen übt also noch immer Spanien die Macht in der Westsahara aus, obgleich sie in der Praxis größtenteils unter marokkanischer Kontrolle steht.

Ein weiteres Beispiel ist der Disput zwischen Kamerun und Nigeria, der letztendlich vor dem Internationalen Gerichtshof (IGH) landete und 2002 beigelegt wurde. Interessanterweise riefen beide Länder das Gericht an und beriefen sich nicht etwa auf althergebrachte Stammesansprüche und auch nicht auf die Wünsche ihrer heutigen Bevölkerung: Sie legten Dokumente aus der Kolonialzeit vor, verfasst und unterschrieben von Europäern, als die Briten in Nigeria herrschten und Kamerun Teil des Deutschen Reichs war. Diese Dokumente waren die Grundlage für das Urteil des IGH, das zugunsten von Kamerun ausfiel und Folgendes ausführte: »Die Souveränität über die Bakassi-Halbinsel liegt bei Kamerun, die Grenze ist im Englisch-Deutschen Abkommen vom 11. März 1913 festgelegt.« Das Gericht stellte weiter fest: »Der Streit resultiert aus der Zeit der Aufteilung Afrikas unter europäischen Mächten, aus den späteren Mandats- und Treuhandregelungen unter dem Völkerbund respektive den Vereinten Nationen sowie der dann folgenden Unabhängigkeit.«

Nicht alle Nigerianer waren glücklich über dieses Urteil und auch nicht mit der Entscheidung ihrer Regierung, das Urteil zu akzeptieren. Einige wollten die Sache neu aufrollen. Die Zeitung *Vanguard*, die in der Region des Niger-Deltas erscheint, betrieb jahrelang eine Kampagne zur Aufhebung des Urteils und zur erneuten Verhandlung des Falls auf der Basis überlieferter territorialer Ansprüche. Ein Kommentar aus jüngerer Zeit endete mit der Erklärung: »Die Rückforderung der Bakassi-Halbinsel ist eine Aufgabe, die erledigt werden muss!«

Die Rechtsgelehrten sind uneins, inwieweit die diversen Fehden und Konflikte denn tatsächlich einen ethnischen Hintergrund haben. Manche Fachleute legen nahe, die Politiker würden einfach die unterschiedlichen Gruppierungen gegeneinander ausspielen, um ihre eigenen Ziele zu verfolgen. Das mag von Fall zu Fall zutreffen, bedeutet aber nicht, dass diese Unterschiede gar nicht existierten oder dass sie nicht wirklich tief verwurzelt wären.

In manchen Fällen können starke Stammesbindungen Entscheidungsträger auch davon abhalten, sich auf das eigentliche nationale Interesse zu konzentrieren, und sie können die Politik entlang von Stammesgrenzen spalten. Die relativ stabile Demokratie Südafrikas gilt beispielsweise als »ethnisch blind«, und dennoch ist das politische System entlang ethnischer und stammesbezogener Linien aufgesplittert: Die Zulu sind eng mit der Inkatha Freedom Party verbunden, die Xhosa dominieren den ANC. Die Verfassung des Landes erkannte diese Trennlinien und richtete regionale Stammesparlamente, die »Provincial Houses of Traditional Leaders«, in den Provinzen Limpopo, KwaZulu-Natal, Ostkap, Freistaat, Mpumalanga und Nordwest ein. Diese spiegeln im Wesentlichen die verschiedenen »Nationen« oder Stämme innerhalb Südafrikas wider.

Ein weiteres politisches Problem ist die durch den Tribalismus begünstigte Vetternwirtschaft – sprich: Korruption. Diese stellt ein riesiges Problem auf dem gesamten Kontinent dar, von Kenias Expräsident Daniel arap Moi als »Krebsgeschwür« beschrieben, das auf alle möglichen Arten wuchert. Politische Vereinbarungen, Geschäftsverträge und juristische Urteile können davon betroffen sein, was bedeutet, dass die für einen Job am besten qualifizierte Person oftmals nicht die ist, die ihn am Ende auch bekommt. Es verleitet dazu, bei der Wahl des Ehepartners innerhalb seiner definierten Gruppe zu bleiben, und wirkt der nationalen Einheit entgegen. Es ist auch überaus schädlich für die wirtschaftliche Prosperität eines Landes. Mittel, die in Entwicklung, Infrastruktur oder andere öffentliche Ausgaben hätten fließen sollen, landen in den Taschen immer reicher und mächtiger werdender Einzelpersonen. Laut Schätzungen der UN schädigt die Korruption den Kontinent jedes Jahr um rund 50 Milliarden Dollar. Korruption gibt es natürlich in jedem Land der Welt, aber in Afrika wütet sie besonders schlimm. Deshalb rief die Afrikanische Union 2018 als »Jahr des Kampfes gegen die Korruption« aus.

Von anderer Seite wird allerdings auch darauf hingewiesen, dass gewisse Kontrollmechanismen in das Stammessystem eingeflossen sind und für eine gerechtere Verteilung von Wohlstand und Macht im Land sorgen können. Nigeria weist beispielsweise, wie bereits gesehen, scharfe ethnische und religiöse Trennlinien auf. Viele Regionen werden ganz überwiegend von der einen oder anderen Gruppe dominiert – der Süden des Landes ist vorwiegend christlich, der Norden muslimisch geprägt. Der Süden hat eine höhere Alphabetisierungsrate, eine bessere Gesundheitsversorgung und mehr Geld. Die politische Landkarte verläuft entlang ganz ähnlicher Linien. Deshalb gilt ein ungeschriebenes Gesetz zum Ausgleich jeder Diskriminierung oder ungleicher Machtverteilung im Land insgesamt: dass nämlich das Präsidentenamt (wo größtenteils über den Haushalt entschieden wird) abwechselnd von einem Christen und einem Muslim ausgeübt werden muss. Das ist ein Beispiel auf höchster Ebene, doch auch viele Parlamente und Regierungen machen ihre Entscheidungen davon abhängig, wie sich diese auf die diversen Stämme auswirken werden. Das soll in erster Linie Unruhen und Unzufriedenheit möglichst vermeiden. Wenn die politischen Parteien die Stämme A, B und C vertreten und die Ansichten von Stamm D ignorieren, können sie davon ausgehen, dass im betreffenden Teil des Landes Unruhe aufkommt. In gewisser Weise läuft das in jedem politischen System so, in Afrika aber gründet es viel stärker auf Stämmen und Ethnien als anderswo.

Manche Länder sind erfolgreicher als andere, wenn es darum geht, die politischen Auswirkungen dieser ethnischen und stammesbezogenen Trennlinien einzudämmen. Kwame Nkrumah aus Ghana verbot beispielsweise Parteien, die auf Stammeszugehörigkeit beruhen, und in der Elfenbeinküste sorgte Félix Houphouët-Boigny, Präsident von 1960 bis 1993, für eine maßvolle Machtstreuung und schaffte es so, regionale Spannungen im Zaum zu halten. Botswana ist einigermaßen stabil, teils weil es einer der wenigen Staaten Afrikas ist, der ein hohes Maß an Homogenität aufweist, dazu ein demokratisches System und eine funktionierende Wirtschaft. Tansania bildet eine weitere Ausnahme, obwohl dort über 100 Stämme leben. Der erste Präsident des Landes, Julius Nyerere, bestand im Sinn einer nationalen Identität auf Swahili als ausschließlicher Landessprache. Die Sprache war im Land weit verbreitet und wurde so zum Bindeglied, das die Nation zusammenhielt. Doch selbst Tansania zeigt leichte Risse: Islamisten in Sansibar fordern ein Referendum, das die Union zwischen Tanganjika und Sansibar beenden soll, aus der Tansania im Jahr 1964 hervorging.

Wie sehr kann ein stark verankerter Tribalismus die Entwicklung eines Landes beeinflussen? Das lässt sich wohl unmöglich exakt bewerten, da es schlicht kein Beispiel für ein gänzlich stammesfreies Land als Vergleichsgröße gibt. Mit Sicherheit jedoch lenkt die Notwendigkeit, auf Ausgleich zwischen den konkurrierenden Ansprüchen überlappender Gruppen zu achten, von der Entwicklung des Landes insgesamt ab. Und zweifellos können Konflikte, die in Gewalt ausarten, ein ganzes Land destabilisieren, der Wirtschaft schaden, Millionen aus ihrer Heimat vertreiben und viele Millionen Todesopfer fordern. Sie können enorme Kosten verursachen, für das Land insgesamt wie für jeden einzelnen

Bürger, und sie spielen eine Rolle in den schrecklichen Zyklen von Armut und Ungleichheit, die den gesamten Kontinent erfassen.

Afrika ist der ärmste Kontinent der Erde. Die Globalisierung hat Hunderte Millionen Menschen aus der Armut geholt, zugleich jedoch hat sie die Kluft zwischen den Reichen und allen anderen noch vergrößert. Diese Kluft ist in Afrika besonders extrem: Die zehn Länder mit der größten Ungleichheit zwischen Arm und Reich weltweit liegen allesamt auf diesem Kontinent. Überall in Afrika gibt es moderne Städte, in denen Wolkenkratzer ebenso schnell wachsen wie Weltkonzerne und die Mittelschicht. Aber gleich neben dem Wohlstand haust in all diesen blühenden Ballungszentren bitterste Armut – Menschen, die von zwei Dollar pro Tag oder weniger leben. Einer Studie der Weltbank aus dem Jahr 2016 zufolge ist der Prozentsatz der in Armut lebenden Afrikaner von 56 Prozent 1990 auf 43 Prozent im Jahr 2012 zurückgegangen, allerdings hat die absolute Zahl der Betroffenen wegen des Bevölkerungswachstums dennoch zugenommen: von 280 Millionen auf 330 Millionen.

Simbabwe gehört zu den ärmeren Ländern Afrikas, und ein großer Teil der Bevölkerung würde gerne anderswo nach einem besseren Leben suchen, vor allem in den reicheren Nachbarländern im Süden, Botswana und Südafrika. Reiche Länder wollen aber meist keine armen Einwanderer in großer Zahl aufnehmen, und viele schaffen es gar nicht erst über die Grenze. An der Grenze zwischen Botswana und Simbabwe steht ein 480 Kilometer langer Elektrozaun. Dieser soll, sagen die Behörden, die Verbreitung der Maul- und Klauenseuche verhindern, aber sofern Kühe aus Simbabwe nicht gerade besonders sprunggewaltig sind, fragt man sich, warum der Zaun dann so hoch ist. Simbabwe und seine verarmte Bevölkerung sind auch von Südafrika durch einen Zaun getrennt. Als eines der reichsten Länder im Süden des Kontinents ist Südafrika geradezu ein Magnet für Migranten – zum Teil ist das auch der Grund für den Zaun an der Grenze zu Mosambik.

Trotz aller Barrieren schaffen es immer noch viele Menschen nach Südafrika, und hohe Immigrantenzahlen sorgen hier genauso für Spannungen wie überall auf der Welt. 2017 appellierte die Staatsführung Nigerias an Südafrika, zu intervenieren und die ihrer Ansicht nach »xenophoben Attacken« in einer Welle immigrantenfeindlicher Gewalt zu beenden. Ausgangspunkt dieser Welle waren Äußerungen des Zulu-Königs Goodwill Zwelithini kaBhekuzulu, die Fremden sollten »ihre Sachen packen« und gehen. Später behauptete er, er sei falsch zitiert worden, aber der Geist war aus der Flasche, und bei den Unruhen hörte man oft Rufe wie »Der König hat gesprochen«. Die drei Millionen Menschen zählende Gemeinde der Simbabwer wurde zur Zielscheibe, es leben aber auch um die 800 000 Nigerianer in Südafrika, und während der Auseinandersetzungen war kein Ausländer sicher, wenn er dem Mob in die Hände fiel. Nigerianer und ihre Wohnstätten wurden attackiert, nigerianische Geschäfte wurden geplündert und abgefackelt, mehrere Menschen kamen zu Tode, Hunderte wurden aus ihren Behausungen vertrieben und flohen in vom Staat eingerichtete Lager. Die Unruhen führten auch zu anti-südafrikanischen Demonstrationen in Nigeria, südafrikanische Firmen und Geschäfte wurden angegriffen, man hörte Rufe, die Südafrikaner sollten verschwinden.

Dieses Szenario kennen wir schon aus anderen Ländern in aller Welt: Ängste und Befürchtungen richten sich gegen Einwanderer, denen man nicht nur vorwirft, den Einheimischen die Arbeit wegzunehmen, auch steigende Kriminalität durch Drogenhandel, Bandenbildung und was auch immer wird ihnen in die Schuhe geschoben. Es gibt keinen zwingenden Zusammenhang zwischen Kriminalität und Immigration, sehr wohl aber zwischen Kriminalität und Armut, und beides ist in ganz Afrika verbreitet. Statistiken zeigen, dass Afrika in Sachen Kriminalitätsrate nur noch hinter dem amerikanischen Kontinent rangiert, vor allem bei der Mordrate. Laut einem UN-Bericht aus dem Jahr 2012 zur weltweiten Kriminalitätsrate wurden in dem Jahr 437 000 Morde verübt, 36 Prozent davon in Amerika, 31 Prozent in Afrika. Zum Vergleich: In Europa waren es nur fünf Prozent. Derselbe Bericht wies darauf hin, dass die Mordrate in manchen Teilen Afrikas im Steigen begriffen war.

Die Armut scheint zugleich Ursache und Folge von Verbrechen zu sein, und die Armen können diesem Kreislauf nicht entkommen. Dabei schlagen die meisten, die in den Slums ein trost- und hoffnungsloses Dasein fristen, gar nicht den Weg in die Kriminalität ein, obwohl ihnen alles fehlt, was wohlhabendere Leute als Grundbedürfnisse für ein angenehmes Leben betrachten würden. Dennoch leiden sie unter Verbrechensfolgen wie Diebstahl, Gewalt, Waffen, Banden, Drogenhandel, überforderter Polizei, Ausbeutung. All dies wirft sie unweigerlich wieder zurück in Ungewissheit und Unterentwicklung und damit in die fortdauernde Armut, in die sie schon hineingeboren wurden.

Während die Armen in diesem Teufelskreis gefangen sind, werden die Reichen immer reicher und nutzen ihren Reichtum, um sich vor den Härten alltäglich erlebter Armut abzuschotten und sich hinter den eigenen Mauern zu verschanzen: abgezäunte, bewachte Wohnanlagen, ein eindeutiges Zeichen für die wirtschaftlichen Gräben und die riesige Ungleichheit, die den ganzen Kontinent prägt. Diese Art zu leben bietet viele Verlockungen, wie ein Werbespot deutlich macht: »Mach dein Leben leichter! Lass Lusakas neuesten Vorort hinter dir. Eine exklusive und sichere Wohnsiedlung … MukaMunya umgibt ein Elektrozaun mit Alarmanlage, bewachter Einfahrt und 24-Stunden-Sicherheitssystem, Zutritt ist ausschließlich auf Einladung möglich … die Hauptstraße ist asphaltiert, da kannst du auch dein Traumauto mal spazieren fahren. Annehmlichkeiten ohne Ende erwarten dich … Das Park-Clubhaus bietet zwei Tennisplätze, einen Squash-Court, ein 25-Meter-Schwimmbecken und eine Bar, die keine Wünsche offen lässt. In unmittelbarer Nähe liegen eine der besten Schulen Lusakas und ein Reiterweg, und auch die Stadt ist nur wenige Autominuten entfernt.« Die Mauern einer solchen abgeschlossenen Wohnanlage versprechen Luxus, Sicherheit und Exklusivität. Wenn Ihr Name nicht auf der Liste steht, kommen Sie nicht hinein, und wenn Sie auf die Liste wollen, kostet das Geld – viel Geld. MukaMunya heißt »mein Ort« auf Soli, eine Bantu-Sprache, die in Sambia gesprochen wird, aber die meisten Einheimischen können von einem Leben dort noch nicht einmal träumen.

Solche Wohnfestungen sind nichts Neues. Schon in frühester Zeit, als die Menschen begannen, Landwirtschaft zu betreiben und sesshaft zu werden, über das Zeitalter der Römer und das Mittelalter, gehörten Mauern, die Ansammlungen von Behausungen umgaben, zur Normalität. Erst seit relativ kurzer Zeit – mit dem Aufkommen des Nationalstaates und der inneren Sicherheit einschließlich Polizei – ließen Städte das Abreißen von Mauern zu oder begannen, sich über diese Mauern hinaus auszudehnen. Inzwischen gehen neue Mauern hoch. Während jedoch früher die gesamte Gemeinschaft hinter den Mauern Schutz vor äußeren Bedrohungen und Gefahren suchen konnte, lebt heute nur eine kleine Minderheit dauerhaft in dieser geschützten Umgebung.

Der Trend zu solchen gesicherten Wohnvierteln kam während des 20. Jahrhunderts wieder auf und verstärkt sich seitdem immer mehr. Heute entstehen solche Anlagen überall in Afrika – vor allem in Sambia, Südafrika, Kenia und Nigeria. Südafrika spielte dabei eine Art Vorreiterrolle. Laut ›Economist‹ gab es allein in Johannesburg schon 2004 nicht weniger als 300 geschlossene Wohnviertel und 20 gesicherte Anwesen. 2015 weihte Graça Machel, die Witwe Nelson Mandelas, dann die »Steyn City Parkland Residence« in Südafrika ein – eine Wohnanlage, viermal größer als Monaco –, und dort steht auch Südafrikas teuerstes Haus.

Das Ganze ist natürlich nicht auf Afrika beschränkt. In den USA etwa scheint das Kalifornien der 1930er-Jahre Ursprung solcher »befestigten Städte« zu sein, mit abgeschlossenen Enklaven wie Rolling Hills. Manche Fachleute sehen eine Beschleunigung des Wachstums dieser befestigten Gemeinden in den 1980ern und führen das auf den Abbau des Sozialstaates und die Senkung der

Ausgaben für die Kommunen zurück: Menschen, die es sich leisten konnten, brachte es dazu, sich aus dem öffentlichen Raum zurückzuziehen und immer mehr abzukapseln. Eine Studie aus dem Jahr 1997 schätzt die Zahl der abgeschlossenen Wohnviertel in den USA zum damaligen Zeitpunkt auf 20 000, mit 3 Millionen Bewohnern.

Ähnliches beobachten wir in Lateinamerika. Auch dort hat die Zahl der »Wohnfestungen« in diesem Jahrhundert dramatisch zugenommen. In Perus Hauptstadt Lima trennt etwas, das man heute auch als »Mauer der Schande« kennt, eines der reichsten Viertel der Stadt von einem der ärmsten. Manche dieser Anlagen sind zu regelrechten Städten innerhalb von Städten geworden: In Alphaville im brasilianischen São Paolo leben beispielsweise über 30 000 Menschen, und das hat den Alltag im Stadtzentrum vollkommen verändert. Die Chinesen legen vergleichbare Neubauviertel in noch viel größerer Dimension an.

Diese moderne Wohn- und Lebensweise ist nicht auf die Superreichen beschränkt. Das rapide Wachstum der Mittelschicht in vielen afrikanischen Ländern hat zum Entstehen abgeschlossener Wohnviertel geführt, die um jene werben, die sich zwar kein Luxus-Einfamilienhaus, aber immerhin eine Wohnung in einer modernen Hochhaussiedlung leisten können. Nehmen wie Nigeria als Beispiel: In der ehemaligen Hauptstadt Lagos mit ihren 21 Millionen Einwohnern leben mit die ärmsten Menschen der Welt. Sie hausen in Slums, in schwimmenden Barackensiedlungen in den Lagunen der Stadt oder zusammengepfercht auf den Inseln um das Festlandareal der Megacity, und gar nicht weit davon stehen einige der teuersten Häuser der Welt. In den schicken Neubaugebieten ist ein Preis von einer Million Dollar und mehr für ein Zwei-Zimmer-Apartment keine Seltenheit. Ganz bestimmt bleibt von Ihrer Million nichts mehr übrig, wenn Sie sich in eine der neu erschlossenen »Städte« wie Eko Atlantic einkaufen. Diese steht auf rund sechs Quadratkilometer Land, das man dem Atlantik vor Lagos abgerungen hat. Die Stadt ist regelrecht umringt von solchen

Erschließungen. Sie zeugen davon, dass es der Mittelschicht und der gehobenen Mittelschicht in diesem ölreichen Land mit seinen 186 Millionen Einwohnern immer besser geht, und sie zeigen, wie sich die Verteilung des Reichtums in den Ballungszentren verändert. Der Boom in diesen Vierteln ist zum Teil eine Reaktion auf die hohen Verbrechensraten, von denen bereits die Rede war. Doch eine Studie aus dem Jahr 2014, veröffentlicht im ›Journal of Housing and the Built Environment‹, weist ironischerweise darauf hin, dass gerade der Umzug in ein Haus innerhalb einer solchen Festung das Risiko eines Einbruchs in die eigene Immobilie sogar erhöhen könnte. Jeder, der es sich leisten kann, in einer solchen abgeschotteten Gemeinde zu wohnen, ist in den Augen von Einbrechern und Dieben logischerweise ein lohnendes Ziel.

Der Bericht räumt durchaus ein, dass diese Anwesen mehr Schutz bieten als die Wohnviertel außerhalb davon, er weist aber auch darauf hin, dass in den deshalb verlassenen öffentlichen Räumen die Kriminalitätsrate gestiegen ist. Abgeschottete Wohnviertel drohen überall dort, wo sie entstehen, den gesellschaftlichen Zusammenhalt zu unterhöhlen. Natürlich gibt es seit jeher Stadtteile, in denen die Reichen leben, aber es gibt auch seit jeher gemeinsame öffentliche Bereiche, zentrale Plätze, Märkte, Parks oder Freizeitareale, die jedem offenstehen. Das neue Modell städtischen und vorstädtischen Lebens und Wohnens basiert auf Exklusion: Man kommt nur auf den Hauptplatz, wenn man es durch die Sicherheitsschleusen schafft, die die Stadt umgeben. Die fehlende Interaktion schadet unter Umständen auch dem Sinn für bürgerschaftliches Engagement, fördert den Standesdünkel derjenigen, die sich in diesen Vierteln abkapseln, und führt zu einem psychologischen Graben – die Ärmeren werden zu Außenseitern, denen man quasi eine Mauer vor die Nase gesetzt hat. Wachsender Reichtum, der die Allgemeinheit nicht wenigstens relativ am Wohlstand teilhaben lässt, verschärft die Spaltung.

Das wirkt sich auf die ganze Gemeinschaft aus und – in einer Art Dominoeffekt – auch auf das Verhalten lokaler und staatlicher

Behörden. Wenn signifikante Teile der Bevölkerung in Gemeinden leben, in denen sie Privatfirmen für die Bereitstellung der Infrastruktur bezahlen – Wasserleitungen, Straßen usw. –, private Sicherheitsdienste und Feuerwehren beschäftigen und sich auch selbst privat versichern, schrumpft die Rolle der regionalen wie der gesamtstaatlichen Regierung. Und wenn eine Regierung oder staatliche Behörde nur noch für die Verwaltung kleinerer Teile der Gesamtgesellschaft zuständig ist, schwächt dies den Zusammenhalt des Nationalstaates insgesamt. In diesem Szenario könnte ein Politiker kaum noch mit dem Slogan vor die Öffentlichkeit treten, den der britische Ex-Premierminister David Cameron 2016 im Zusammenhang mit finanziellen Härten aussprach: »Das geht uns alle an.«

Oder, in den Worten der Vereinten Nationen in ihrem UN-Habitat-Report: »Auswirkungen der Abschottung (›Gating‹) zeigen sich in der realen und potenziellen räumlichen und gesellschaftlichen Fragmentierung von Städten. Die Folgen sind eine Abnahme der Nutzung und Verfügbarkeit des öffentlichen Raums und eine stärkere sozioökonomische Polarisierung. In diesem Kontext werden der Abschottung kontraintuitive Wirkungen zugeschrieben, die die Kriminalität und die Furcht vor dieser noch verstärken. Gleichzeitig zieht sich die Mittelschicht aus öffentlichen Straßen zurück und überlässt diese den schutzlosen Armen: Straßenkinder, ganze Familien leben sprichwörtlich auf der Straße und werden allzu leicht Opfer von Kriminellen.« Manche Studien legen allerdings nahe, dass innerhalb der Wohnviertel diese Abschottung den sozialen Zusammenhalt und Nachbarschaftssinn durchaus fördern kann und die Trennlinien von Stammesdenken und Ethnizität überwindet. Dort löst sich das Stammesdenken auf der Basis von Ethnien dann tatsächlich auf.

In einer Studie über derart isolierte Gemeinden in Ghana aus dem Jahr 2015 wurden die Bewohner gefragt, warum sie sich für die Neubaugebiete als Wohnort entschieden hatten. Die meistgenannte Antwort war »hohe Wohnqualität«, an zweiter Stelle kam der Sicherheitsaspekt, der soziale Status der Anwohner an Nummer drei. Das »Gefühl der Zusammengehörigkeit« stand an sechster Stelle, ein Verweis auf die kulturellen Auswirkungen solcher geschlossenen Gemeinschaften schaffte es auf Platz acht: »ein Puffer gegen das System der Großfamilie«. Auch wenn dieses Argument erst an achter Stelle stand, gibt es doch einen bemerkenswerten Einblick in die moderne Neuinterpretation einer abgeschotteten Stadt, und es beschreibt, wie diese Neuinterpretation allmählich zur Auflösung der engen Familienbande führt, die ansonsten den Kontinent so sehr prägen.

Dort, wo der Sozialstaat schwach und Arbeit nur vorübergehend und unter der Hand zu finden ist, ist es ganz normal, wenn ein oder zwei relativ gut verdienende Familienmitglieder mit ihrem Einkommen Dutzende Angehörige des erweiterten Familienclans mitversorgen. Einem Verwandten einen Job zu verschaffen gilt nicht als Vetternwirtschaft, sondern als familiäre Pflicht. Das ist in Afrika schon lange so, und so wird der Aufbau einer physischen Barriere zwischen Mitgliedern des erweiterten Clans einen negativen Effekt haben, da diese Anwesen zumeist für den engsten Familienkreis und eben nicht für den ganzen Clan gebaut sind. Diese Neubauten sind eine ganz andere Welt, und das nicht nur im physischen Sinn. Für diejenigen im Inneren der Mauern ist dies der neue, wesentlich unverbindlichere »Stamm«, die Gesellschaftsschicht der unmittelbaren Nachbarschaft.

Die »neuen Stämme« hinter den Mauern entwickeln ein Gefühl der Zusammengehörigkeit, weil sie Dinge besitzen, die zu stehlen sich lohnen würde, nicht weil ihre Mütter und Väter ursprünglich aus einer bestimmten Gegend kamen oder eine bestimmte Sprache sprachen. Sie pflegen einen ähnlichen Lebensstil, haben oft ähnliche Interessen, die auf ähnliche Weise geschützt werden. Wenn sie es sich leisten können, bezahlen sie andere für ihren Schutz; wenn nicht, tun sie sich zusammen, und so wird hinter diesen Mauern der Sinn für das »Wir und die anderen« verwässert – manchmal bleibt nichts weiter übrig als das »Ich«.

Die ethnische Identität spielt in den meisten Ländern Afrikas noch immer eine überragende Rolle. Die Grenzen der Nationalstaaten sind zwar real insofern, als sie innerhalb eines rechtlichen Rahmens existieren und manchmal auch durch bestimmte physische Barrieren markiert sind, aber im Denken der Menschen, die innerhalb oder im Umfeld dieser Grenzen leben, gibt es sie nicht immer. Wie die Sahrauis, deren traditionelles Terrain durch den Marokkanischen Wall zerschnitten wurde, verspüren viele noch immer die Anziehungskraft des Lands ihrer Ahnen.

Der postkoloniale Konsens unter Afrikas politischen Führern, die Grenzen zu erhalten, gründete auf der Furcht, Veränderungen würden endlose Konflikte nach sich ziehen, und auf der Hoffnung, der Aufbau echter Nationalstaaten könnte gelingen und letztlich dazu beitragen, die ethnischen Gräben zu überwinden. Das hat sich aber als unglaublich schwierig erwiesen, nicht zuletzt weil die Nationen – Völker – Afrikas nach wie vor grenzüberschreitend existieren, oft gar keine Landesgrenzen kennen. Im Gegensatz dazu gibt es zum Beispiel in Westeuropa häufiger klar definierte geographische oder sprachliche Trennlinien, an denen eine Nation endet und die andere anfängt.

Heute, im 21. Jahrhundert, steht Afrika an einem Punkt, der rückblickend betrachtet kommen musste: Es muss versuchen, die Wiederentdeckung seines vorkolonialen Verständnisses der Nation mit der Realität der aktuell definierten Nationalstaaten in Einklang zu bringen. Das ist ein schmaler Grat und mit Gefahren verbunden, aber die in diesem riesigen Territorium allenthalben bestehenden Spaltungen wird man gewiss nicht dadurch los, dass man sie ignoriert oder leugnet.

Einst gab es den »Wettlauf um Afrika«; beim Wettlauf unserer Zeit geht es darum, ein gewisses Maß an Wohlstand auf den Kontinent zu bringen, das die Menschen davon überzeugt, friedlich nebeneinander zu leben und zugleich dort an Lösungen zu arbeiten, wo sie lieber getrennt voneinander leben möchten.

SIEBTES KAPITEL

EUROPA

»Keine Mauer kann heute humanitäre Krisen oder Menschenrechtsverletzungen in irgendeinem Teil der Welt von nationalen Sicherheitskrisen in einem anderen Teil trennen … Was mit dem mangelnden Schutz der Würde eines einzelnen Menschenlebens beginnt, endet nur allzu oft im Unglück ganzer Nationen.«

Kofi Annan, Rede anlässlich der Verleihung des Friedensnobelpreises an die Vereinten Nationen, 2001

NE MILITAR ES GILT DIE MILITARISCH BEDINGTE
H BURGERRECHTE DES WELTBURGERS ZU ERSETZEN

Vorhergehende Doppelseite: Menschen versammeln sich an der Berliner Mauer nach der Grenzöffnung, November 1989.

Eines frühen, grauen Morgens im Jahr 1979 bestieg ich einen Militärzug in Westdeutschland, der quer durch Ostdeutschland auf dem Weg nach Charlottenburg im westdeutschen Sektor Berlins war, ehemals die Hauptstadt eines vereinten Deutschlands. Zu jener Zeit stand die Mauer bereits 18 Jahre, und sie schien als Bauwerk ein Dauerzustand zu sein, der uns trennen würde, solange wir leben – wenn nicht gar in alle Ewigkeit. Eine andere Zukunft schien sich nicht abzuzeichnen – die Gegenwart bestand aus Beton und Stacheldraht, Teil eines Konflikts, der nicht nur Ost und West spaltete, sondern, wenn es dumm lief, genug Atome spalten würde, um uns alle ins Jenseits zu befördern.

Als Angehöriger der Royal Air Force war ich mit einem Militärausweis ausgestattet und brauchte deshalb keinen Reisepass für diese Fahrt. Der Zug hielt an einem Bahnhof an der Grenze, komplett ausgestattet mit Stacheldrahtzaun und Wachturm. Sowjetische Grenzsoldaten betraten den Zug und kontrollierten, kurz angebunden und humorlos, unsere Papiere, während die ostdeutsche Transportpolizei – die »Trapos« – mit Suchhunden die Unterseite der Waggons inspizierte. Die böse kapitalistische Lokomotive samt Besatzung wurde durch eine gute kommunistische Version ersetzt, und nach rund zwei Stunden tuckerten wir weiter in den militärischen Korridor, der Westdeutschland mit Westberlin verband.

Die Waggontüren waren von außen mit Ketten verschlossen worden, die Fenster versiegelt, als wir in eine heruntergekommene, triste, zwielichtige Welt einfuhren, in der die Wirklichkeit in ewiges Grau getaucht zu sein schien. Wir durften bei Zwischenhalten weder aufstehen noch mit ostdeutschen oder sowjetischen

Soldaten oder Zivilisten sprechen. Der Korridor war über die gesamte Länge von 233 Kilometern mit hohen Stacheldrahtzäunen eingefasst, dazwischen immer wieder Wachtürme mit Scheinwerfern und Grenzposten mit Maschinenpistolen. Hinter den Zäunen lagen bereinigte »Todeszonen«, die den Grenzposten ungehinderte Sicht boten, falls jemand mutig oder dumm genug war, einen Grenzübertritt zu wagen. Nach vier langen Stunden ratternder und ruckliger Fahrt rollten wir endlich in Berlin ein und auf das Symbol der größten ideologischen Spaltung des 20. Jahrhunderts zu. Das war eine Stadtmauer, wie es sonst keine gab – gebaut nicht etwa, um Eindringlinge abzuwehren, sondern um Menschen an der Flucht zu hindern.

Heutzutage ist Reisefreiheit für die meisten Europäer das Normalste der Welt. Dabei ist es gar nicht so lange her, dass das Reisen quer durch den Kontinent massiv eingeschränkt war. Während des Kalten Kriegs brauchte man, um Grenzen in Westeuropa zu überqueren, einen Reisepass, auch wenn es nur eine Routinekontrolle war. Wer dagegen den Eisernen Vorhang in die andere Richtung, also nach Osteuropa, durchschreiten wollte, brauchte nicht nur einen Pass, sondern musste sich auch auf eine Menge Papierkrieg und Sicherheitskontrollen einrichten – und sich darüber im Klaren sein, dass dabei jede seiner Bewegungen streng überwacht wurde. Der Eiserne Vorhang und die Berliner Mauer erinnerten auf extreme Weise daran, dass ein Kontinent mit gemeinsamer Geschichte, verflochtenen Kulturen und uralten Handelsrouten von der Ideologie und der Politik der Großmächte vollkommen zerrissen war.

Nach dem Zweiten Weltkrieg, als sich die kommunistischen und die kapitalistischen Siegermächte entlang dieser neuen Trennlinie in Stellung brachten, begann das sowjetische Wirtschaftssystem schon bald, seine Bürger im Stich zu lassen. Die einfachen Menschen im Osten mussten bloß aus dem Fenster schauen oder die Straße überqueren und konnten den spektakulären Erfolg des Wiederaufbaus in Westdeutschland mit eigenen Augen sehen.

Das westdeutsche Fernsehen war im größten Teil Ostdeutschlands zu empfangen und sendete Bilder von einer boomenden Verbrauchergesellschaft in die Wohnzimmer der einfachen Leute. Die Ostdeutschen rissen sogar Witze darüber und tauften die am weitesten östlich gelegenen Regionen, in denen keine Westsender empfangen werden konnten, das »Tal der Ahnungslosen«. Jeder Tag, an dem die Menschen dem Fortschritt zusehen konnten, war ein Schlag gegen die Vorstellung vom überlegenen Sowjetsystem. Die regierende Sozialistische Einheitspartei Deutschlands (SED) hatte 1958 getönt, ihre Hauptaufgabe sei es, Westdeutschland beim Verbrauch von Konsumgütern innerhalb von zwei Jahren zu überholen. Daraus wurde nichts, aber die Sowjetunion übernahm immerhin die Führung im Wettlauf ins Weltall; eine beliebte ostdeutsche Parodie auf einen kommunistischen Slogan jener Zeit lautete denn auch »Keine Butter, keine Sahne, auf dem Mond die rote Fahne«.

Vor dem Bau der Mauer hatten sich derart viele Ostberliner entschieden, in die Westsektoren zu gehen, um zu arbeiten oder sich sogar dauerhaft dort niederzulassen, dass die ostdeutsche Wirtschaft irgendwann in großen Nöten war. Rund zwei Millionen hatten in der zurückliegenden Dekade mit den Füßen abgestimmt und »rübergemacht«, und der Strom wuchs immer weiter. Zwischen Januar 1960 und Ende Juli 1961 zogen weitere 330 000 Menschen in Richtung Westen. Ostdeutschland verlor seine Arbeiterschaft – und seine Glaubwürdigkeit.

In der Nacht zum 13. August begann die Volksarmee der DDR mit Erlaubnis Moskaus, die Hälfte einer der großartigsten Hauptstädte der Welt mit einer Mauer abzuriegeln. Die Behörden auf der einen Seite nannten sie den »Antifaschistischen Schutzwall«, die auf der anderen Seite die »Schandmauer«. In den ersten Jahren bestand sie lediglich aus vereinzelten Mauerabschnitten, ansonsten hauptsächlich aus blockierten Straßen, zugemauerten Fenstern und Abschnitten mit Stacheldraht. Innerhalb eines Jahrzehnts stand dann eine Betonmauer, verstärkt mit Wachtürmen,

Bunkern, Elektrozäunen, Wachhunden, Selbstschussanlagen und Hunderten bewaffneter Grenzsoldaten.

Im Osten war es den Menschen strikt verboten, sich der Mauer zu nähern, im Westen konnte man sich dagegen bis unmittelbar vor die Mauer begeben – die Straße endete einfach dort, wo nun die Mauer stand – und die irrwitzige Logik der Teilung Deutschlands und der Völker Europas mit Händen greifen. Auf dieser Seite konnte der schwarze Humor aus der Zeit des Kalten Kriegs an die Mauer gesprayt werden. Ich erinnere mich noch an zwei Graffitis, beide auf Englisch: »Jump over the wall and join the party«, und »Warning! East German high jump training area«. Im richtigen Leben war der Mauer mit Hochsprung nicht beizukommen, dafür versuchten Zehntausende auf anderen Wegen, von Ost nach West zu gelangen, und mindestens 140 Menschen bezahlten diesen Versuch mit dem Leben, manche Historiker sprechen von deutlich höheren Zahlen. Tunnel boten sich anfangs am ehesten als Fluchtroute an, aber es gab auch noch andere denkwürdige und erfolgreiche Wege.

Ganze vier Monate nach dem Bau der Mauer steuerte der 28-jährige Lokomotivführer Harry Deterling seine Dampflok samt Personenzug auf die Mauer zu, gab Vollgas und krachte durch die Grenzbefestigungen. Es war kein Zufall, dass sechs Mitlieder seiner Familie im Zug saßen. Zwei Jahre später bemerkte Horst Klein, ein Zirkusakrobat, ein ausrangiertes Stahlkabel, das quer über die Grenze verlief. 20 Meter über dem Boden und den darunter patrouillierenden Wachen hangelte er sich vorsichtig nach Westberlin. Die vielleicht tollkühnste und brillanteste Flucht gelang zwei Familien im Jahr 1979. Hans Peter Strelczyk und Günter Wetzel nutzten ihre technischen Kenntnisse zum Bau eines improvisierten Heißluftballons mit Propangaszylindern. Ihre Frauen nähten den Ballon aus Regenschirmseide, Zeltnylon, Taftstoff und Bettlaken zusammen. Die Gondel bestand aus einer kleinen Plattform mit Geländer. Dort kauerten die vier Erwachsenen und vier Kinder (nachdem sie vorher die Windrichtung getestet hatten),

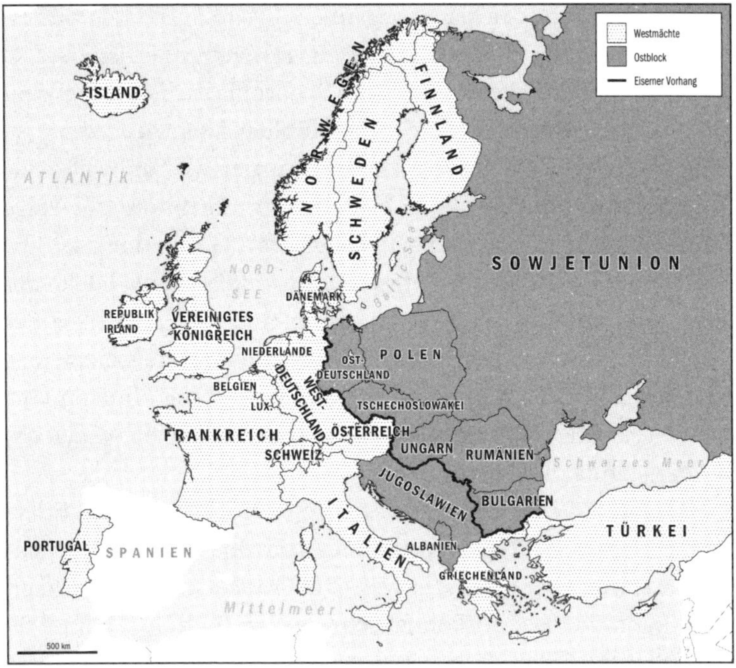

Das durch den Eisernen Vorhang geteilte Europa im Kalten Krieg (1947–1989)

schwebten in rund 2000 Meter Höhe westwärts und landeten rund 10 Kilometer hinter der Grenze und in der Freiheit.

Dennoch muss man die Mauer, an ihrer Raison d'être gemessen, als Erfolg bezeichnen. Es ist nicht bekannt, wie viele sie überwunden haben, Schätzungen belaufen sich auf nur etwa 5000 Menschen; der Massenexodus war tatsächlich zum Erliegen gekommen. Die ostdeutsche Wirtschaft begann sich zu stabilisieren, nachdem man die Arbeiterschaft eingesperrt hatte, und Mitte der 1960er-Jahre hatte der Staat Handel und Währung unter Kontrolle und war funktionsfähig, zusammen mit den übrigen Vasallenstaaten des Sowjetreichs.

Den Ostdeutschen blieb allerdings keine Wahl, und den meisten war das auch klar. Sie saßen hinter einer Mauer fest, die sie körperlich wie geistig über mehrere Generationen gefangen hielt. Kurz nach der Öffnung der Mauer begannen Psychologen und Psychiater, den Begriff der *Mauerkrankheit* zu verwenden. Die Barriere, so die medizinische Theorie, hatte ein Syndrom geschaffen, bei dem sich manche Menschen eingesperrt fühlten, was wiederum psychische Krankheiten und Verhaltensstörungen wie Schizophrenie, Alkoholismus, Depressionen bis hin zum Selbstmord zur Folge hatte. Der Schweizer Psychoanalytiker Carl Gustav Jung sah die Sache in noch größerem Rahmen: Ihm zufolge verwandelte der Eiserne Vorhang quasi ganz Europa in eine Art Neurotiker, der unter einer dissoziativen Störung litt. Natürlich wäre ein gewisses Maß an geistiger Erkrankung in der Bevölkerung ohnehin vorhanden gewesen, aber es ist schwer zu glauben, dass die Mauer dabei gar keine Rolle spielte.

Für uns im Westen war der Osten »drüben« – hinter dem Eisernen Vorhang. Mehrere Generationen von Denkern und Intellektuellen waren überzeugt, das System in Ostdeutschland wäre dem im Westen überlegen, ökonomisch wie moralisch. Als dann 1989 das Offensichtliche auch für sie nicht mehr zu übersehen war, konnten sich manche nur schwer eingestehen, dass ihr lebenslang gepflegter Glaube auf den Trümmern eines gigantischen Gefängnissystems gründete. Was den Rest von uns betrifft: Wir sind in den Sommerferien nicht mit dem Interrail-Ticket nach Budapest, Dresden oder Warschau gefahren, und wir sind auch nicht übers Wochenende nach Prag oder Tallinn gereist. Wir waren größtenteils schon über 30 Jahre alt, als uns zum ersten Mal jemand von »drüben« begegnete – es war nun einmal schwierig, dorthin zu kommen, und nahezu unmöglich für die Menschen von dort, nach »hüben« zu gelangen.

Viele Menschen hinter dem Eisernen Vorhang lebten in einem System, in dem sie eine amtliche Genehmigung brauchten, um innerhalb des eigenen Landes von Stadt zu Stadt zu reisen, ganz zu schweigen vom Überqueren einer Staatsgrenze in Richtung Westen. 28 Jahre lang war es eben schlicht und einfach so, wie es war. Und dann auf einmal nicht mehr.

1985 war Michail Gorbatschow zum Generalsekretär der Kommunistischen Partei der Sowjetunion aufgestiegen. Langsam begann er, die Ketten, die das Leben der Menschen bestimmten, zu lockern. Der Begriff »Perestroika« kam in Mode, er bedeutet »Umgestaltung«, steht aber auch für »Zuhören«. In diesem Kontext entwickelte sich außerdem die Idee des »Glasnost«, der Offenheit. In tausend kleinen Schritten öffneten sich Gesellschaft und Politik, und die Menschen hörten einander zu. Bis zum Frühjahr 1989 hatte sich die Idee so weit herumgesprochen, dass Ungarn hinter dem Eisernen Vorhang begonnen hatte, den Zaun an der Grenze zu Österreich teilweise abzureißen. In jenem Sommer beschlossen Tausende Ostdeutsche, die Ferien in Ungarn zu verbringen.

Bis zum August hatten Hunderte von Familien aus Ostdeutschland ihre Zelte vor dem westdeutschen Konsulat in Budapest aufgeschlagen, Hunderte weitere waren auf das Gelände der Kirche »Zur Heiligen Familie« geflüchtet, alles unter den wachsamen Augen von Offizieren des DDR-Geheimdienstes, der Stasi. Ein Gerücht über ein »Paneuropäisches Picknick« an der Grenze zu Österreich machte die Runde, und unversehens machten sich die Leute auf den Weg. Am späten Nachmittag des 19. August hatten sich mehrere Hundert vor einem hölzernen Tor versammelt, Dutzende gingen darauf zu, und dann rannten Hunderte buchstäblich durch die Lücke, manche weinten vor Freude, andere lachten, wieder andere liefen einfach weiter und konnten nicht glauben, dass sie wirklich die Grenze hinter sich gelassen hatten. Drei Wochen später öffnete Ungarn endgültig die Grenzübergänge, und 60 000 Menschen strömten hinaus. Bundeskanzler Helmut Kohl sagte später, es sei in Ungarn gewesen, wo »der erste Stein aus der Mauer geschlagen wurde«.

Im Herbst kam es zu Massendemonstrationen gegen die Regierung in der DDR. Im Oktober trat der verhasste Staatsratsvorsitzende Erich Honecker zurück und wurde durch den kaum weniger verhassten Egon Krenz ersetzt. Ohne Anleitung von Seiten der Herren und Meister in Russland musste das Politbüro improvisieren. Man beschloss, den Ostberlinern zu erlauben, Reisevisa für einen Besuch in Westdeutschland zu beantragen. Das war ein Prozess, den man noch hätte bewältigen können, und die kommunistische Obrigkeit hätte so vielleicht Zeit gewonnen und Wege gefunden, die Kontrolle zu behalten, aber dann kam eines jener winzigen Details dazwischen, die manchmal den Lauf der Geschichte verändern. Der Mann, der mit der Aufgabe betraut worden war, die Visa-Entscheidung am 9. November zu verkünden, war der »Sekretär für Informationswesen« – eine Art Propagandaminister – Günter Schabowski. Er war erst kurz zuvor aus dem Urlaub zurückgekehrt und bei der Besprechung, bei der die Maßnahme beschlossen wurde, nicht dabei gewesen, hatte deshalb auch keine Kenntnis von den Details des geplanten Prozesses. Dazu hatten Briefings für die Kommandeure von Grenzposten am folgenden Tag gehört, damit diese sich befehlsgemäß verhalten konnten. Als Schabowski gefragt wurde, wann die neuen Regelungen in Kraft träten, zögerte er zunächst etwas und antwortete dann: »Nach meiner Kenntnis ist das sofort, unverzüglich«. Zu dem Zeitpunkt standen schon Tausende Ostberliner vor der Mauer, und innerhalb weniger Stunden waren es Zehntausende auf beiden Seiten.

Zuerst wollten die ostdeutschen Grenzposten niemanden passieren lassen, aber dann stempelten sie inmitten des ganzen Durcheinanders ein paar Pässe, und schließlich zogen sie sich zurück und ließen die Massen einfach ungehindert durch. Danach spielten sich unbeschreibliche Szenen ab, die ein Jahr zuvor niemand für möglich gehalten hätte. West- und Ostdeutsche lagen sich in den Armen, Sektkorken knallten, und die »Mauerspechte«, ganz normale Bürger aus Ost- und Westberlin, kletterten mit Hämmern, Meißeln und Äxten bewaffnet auf die Mauer und machten sich an die Arbeit, die große Barriere einzuebnen. Das Wort des Abends war: *Wahnsinn!*

Das war ein aufregender, emotionaler Tag für alle Europäer. Ich lebte zu der Zeit in Paris, und etwa 36 Stunden später sah ich einen alten, verbeulten Trabant, in dem vier junge Ostberliner saßen, die Champs-Élysées entlangtuckern. Die Grenze war offen, und das Erste, was ihnen in den Sinn kam, war ein Besuch in der Stadt der Lichter – sie waren fast nonstop gefahren, um nach Paris zu kommen. Die ganze riesige Avenue entlang blieben die Pariser stehen, applaudierten den Nachbarn aus Deutschland und hießen das neue Zeitalter willkommen.

Die beiden Deutschlands vollzogen 1990 die politische Vereinigung, nach 45 Jahren der Spaltung. 1989 soll Exkanzler Willy Brandt gesagt haben: »Nun wächst zusammen, was zusammengehört.« Man nahm an, er meinte damit Deutschland, dabei sprach er in Wirklichkeit von Europa ganz allgemein.

Ein vereinigtes Deutschland also? Ein einiges Europa? Bis zu einem gewissen Punkt schon. Aber es gab auch noch die Barriere, der mit Hammer und Meißel nicht beizukommen war – »die Mauer in den Köpfen«. Die Mauer hatte die Menschen ja nicht nur am Reisen gehindert, sie hatte tiefe wirtschaftliche, politische und gesellschaftliche Gräben entstehen lassen, die, wie sich zeigen sollte, weit schwerer zu überwinden waren als eine Betonmauer. Nach all den Freudentränen und Freundschaftsbekundungen begann der harte Weg der Wiedervereinigung. Schließlich war das keine Fusion auf Augenhöhe. 1990 hatte der Osten 16,1 Millionen Einwohner, der Westen 63,7 Millionen, und die Wirtschaft Westdeutschlands war unendlich viel stärker als die des Ostens. Der demokratische Kapitalismus des Westens machte sich daran, die kommunistische Maschinerie zu zerlegen, ausgestattet mit dem Mandat einer Wahl im vereinigten Deutschland, in der die ehemalige Kommunistische Partei des Ostens unterging.

Alle großen Länder weisen regionale kulturelle Unterschiede auf, doch hier war ein großes Land, in dem die Menschen keinerlei Kontakt untereinander gehabt und unter verschiedenen politischen Systemen gelebt hatten. So ging im Westen beispielsweise der Glaube an Gott und die Zahl der Kirchenbesucher langsam zurück, im Osten war die Kirche schon längst zu einem Relikt der

Vergangenheit geworden. Gewiss, die Ostdeutschen hatten den Kommunismus abgelehnt, das hieß jedoch nicht, dass sie auf die härteren, rücksichtsloseren Aspekte des Kapitalismus vorbereitet gewesen wären. Andererseits haben zwar viele Westdeutsche die Vereinigung begrüßt, begannen aber schon bald zu murren angesichts der hohen Kosten für die Übernahme einer gescheiterten Wirtschaft und einer Bevölkerung, der erst noch beigebracht werden musste, wie es in der modernen Welt zugeht.

Das Ganze lief auf eine deutsche Version des »wir und die« hinaus – Ossis und Wessis. Umfragen im Jahr 2004 ergaben, dass sich jeder achte Ostdeutsche nach den alten Zeiten vor dem Mauerfall zurücksehnte, und 1999 sprachen viele Ostdeutsche vom Gefühl der Erniedrigung angesichts von Arbeitsplatzverlust, verpflichtenden Umschulungsprogrammen und den alltäglichen Problemen, die mit dem neuen System und der Konsumgesellschaft einhergingen. Selbst noch im Jahr 2015 kam eine Studie des Berlin-Instituts für Bevölkerung und Entwicklung zu dem Schluss, mindestens die Hälfte aller Deutschen fühle nach wie vor den Unterschied, ökonomisch wie kulturell. Der Osten wird bisweilen noch heute als »die neuen Länder« bezeichnet, was für nicht wenige eine Erinnerung daran darstellt, dass sich der Osten dem Westen angeschlossen hat und nicht etwa ein Zusammenschluss auf Augenhöhe erfolgt war.

Trotz Investitionen von über zwei Billionen Dollar bleiben die östlichen Regionen ärmer als der Westen, und Ende 2017 lag die Arbeitslosenquote im Osten bei 12 Prozent, doppelt so hoch wie im Westen. In der Liste der 20 am meisten prosperierenden Städte Deutschlands ist Jena die einzige im Osten.

Dabei ist es keine Geschichte des Scheiterns: Die Region hat an Wohlstand und Effizienz gegenüber früher deutlich zugelegt – Dresden, Leipzig und andere Städte sind geradezu aufgeblüht, der Lebensstandard ist gestiegen. Aber über ein Vierteljahrhundert nach der Vereinigung bleiben immer noch Trennlinien. Das liegt nicht allein daran, dass dort die Löhne niedriger sind; es liegt auch daran, dass es wegen des kommunistischen Systems kaum Eigentum gab. Zum Zeitpunkt der Vereinigung wurden sämtliche Ersparnisse der Menschen im Verhältnis 2:1 von Ostmark auf die westdeutsche D-Mark umgestellt.

2010 fanden Soziologen der Universität Bielefeld heraus, dass die Ostdeutschen zwar 20 Prozent der Gesamtbevölkerung ausmachten, aber weniger als fünf Prozent der »Elite« in Politik, Wirtschaft und Medien stellten – wohlgemerkt trotz des höheren Bildungsniveaus im Osten, vor allem in Mathematik und naturwissenschaftlichen Fächern. Letzteres liegt zum Teil an den massiven Investitionen in Schulen seit der Wiedervereinigung. Diese »Bildungslücke« hatte im Prinzip zur Folge, dass die Klügsten aus dem Osten in den Westen gehen, um sich dort gut bezahlte Jobs zu sichern. Da Frauen in der Schule besser abschneiden als Männer, hat der zahlenmäßige Anteil junger Frauen gegenüber Männern im Osten abgenommen, was mit einem Rückgang der Geburtenrate dort einhergeht. Langfristige Beziehungen und Ehen zwischen Menschen aus Ost und West waren einst ungewöhnlich, heute gibt es sie natürlich schon. Dennoch geht es dabei zumeist um Männer aus dem Westen und Frauen aus dem Osten; und dass solche Beziehungen noch längst nicht die Norm sind, zeigt der Spitzname für solche Ossi/Wessi-Paare – »Wossis«. All dies hat zu einem Bevölkerungsschwund in Ostdeutschland beigetragen, auch wenn das Tempo dieses Rückgangs nachgelassen hat. Laut einigen Berichten soll er sogar ganz zum Stehen gekommen sein, teils dank einzelner Boom-Städte wie Dresden und Leipzig (»Deutschlands coolste Stadt«). Allerdings ging dies auf Kosten der ländlichen Gebiete, aus denen die jungen Leute in Scharen abwanderten.

Es gibt auch regionale kulturelle Unterschiede: Nahrung und bestimmte Konsumgüter waren wichtige Aspekte für die Identität der Deutschen nach der Vereinigung. Vor 25 Jahren strömten die Ostdeutschen in die Geschäfte, die Levi's-Jeans, Videorecorder und hochwertige Schokolade anboten. Aber der Kauf dieser

»neuen« Produkte unterstrich lediglich die Dominanz des Westens innerhalb der neuen Beziehung. Kaum ein ostdeutsches Produkt schaffte es in die Supermärkte im Westen, und der klobige, stotternde Trabi wurde zum Gegenstand paneuropäischen Humors. Die Trabi-Witze sind Vergangenheit (ebenso wie viele Fabriken, in denen die Ostprodukte einst hergestellt wurden), die kulturellen und regionalen Unterschiede sind mit der Zeit weniger politisch geworden, doch selbst 2010 machte es noch bundesweit Schlagzeilen, als Kanzlerin Merkel, die aus dem Osten stammt, auf die Frage nach ihrer Lieblingsspeise die typisch ostdeutsche, eigentlich aus Russland stammende Soljanka nannte. Mit der Zeit werden typische regionale Speisen wie die Soljanka und die Spreewaldgurke einfach ein Stück regionaler kulinarischer Identität, politisch hat das dann nichts mehr zu bedeuten. Es gibt nun einmal keinen Weg zurück, und die *Ostalgie* verblasst irgendwann.

Die Gräben im modernen Deutschland sind längst nicht so tief wie zur Zeit des Kalten Kriegs, manche gehen außerdem auf Faktoren zurück, die älter sind als die Spaltung zwischen Kommunismus und Kapitalismus. Die Konturen der Mauer und des Eisernen Vorhangs sind aber nach wie vor sichtbar – und spürbar. Es gibt noch echte Überreste entlang der Bernauer Straße, an der Niederkirchnerstraße, in der Nähe des Reichstagsgebäudes und am Mauermuseum, wo sich einst der Checkpoint Charlie befand. Auf Flohmärkten kann man sogar noch Betonbrocken erwerben – »aus der Mauer geschlagen in jener denkwürdigen Nacht im Jahr 1989«. Die Chance, dass es sich wirklich um ein echtes Mauer-Souvenir handelt, ist eher gering, wenn man bedenkt, dass die verkauften Mengen reichen würden, um die Mauer zu einem der größten Gebäude der Menschheitsgeschichte zu machen. Wie auch immer: Sie nehmen ein graues Stück Geschichte mit nach Hause, das von menschlichem Leid erzählt, von der ultimativen politischen Spaltung des 20. Jahrhunderts, die Europa derart zerschnitt, dass sich das viele Menschen heutzutage überhaupt nicht mehr vorstellen können.

Nach dem Fall der Mauer ging in Europa alles ziemlich schnell. Als die Osteuropäer aus der Kälte kamen und die Deutschen ihre Wiedervereinigung vollzogen, lief der allgemeine politische Konsens auf ein vereintes Europa ohne Grenzen hinaus, in dem es eine einheitliche Währung geben und der Nationalstaat in den Hintergrund treten würde. Diese europäische Föderation würde mit anderen wichtigen Blöcken in einer globalisierten Welt interagieren, unter dem Dach umfassender Handelsabkommen. Zwischen den Mitgliedsstaaten käme es zum freien Fluss von Menschen, Waren, Dienstleistungen und Geld.

Die Gründerväter der EU halfen mit, nach dem Zweiten Weltkrieg ein in Trümmern liegendes und gespaltenes Europa wieder aufzubauen. Grundlage dessen war der Gedanke, den Nationalstaaten innerhalb einer gemeinsamen Wirtschaftszone wieder zu Wohlstand zu verhelfen; deshalb hieß sie ursprünglich auch »Europäische Wirtschaftsgemeinschaft«. Ihre Nachfahren waren der Ansicht, eine europäische Nation könnte auf Ideologie gegründet werden. Das ist ein nobles Ansinnen, verwurzelt im Verlangen, einen Schlussstrich unter die 2000 Jahre zu ziehen, in denen die europäischen Stämme sich gegenseitig mit Kriegen überzogen. In den 1990ern erkannte Jugoslawien zu spät, dass es nicht gelungen war, die Flammen des Nationalismus auf dem Balkan unter der Decke des slawischen Sozialismus zu ersticken, und musste nun zusehen, wie das ganze Haus abbrannte; diejenigen, die nach einem europäischen Superstaat strebten, sahen in Jugoslawien den Beleg dafür, dass das Projekt der EU unbedingt gelingen musste. Allerdings legten eine Vielzahl kleiner Details und ein paar größere und folgenreiche Faktoren die Probleme im System offen.

Als die Gemeinschaft der Nationalstaaten in den 1980ern begann, sich in eine Union von Mitgliedsstaaten zu verwandeln, wurden immer mehr Befugnisse an Brüssel übertragen und damit die Souveränität der Einzelstaaten verwässert – und das gefiel nicht jedem. Im Lauf der Jahre wurde in den einzelnen Ländern der Ruf nach Unabhängigkeit immer lauter – man wollte Entschei-

Die Ausdehnung der EU seit ihrer Gründung

dungen im Interesse der eigenen Bevölkerung treffen können, wenn es um Haushaltsfragen, Gesetze, Handelsregeln usw. ging. Sie wandten sich gegen ein Diktat der in Brüssel zentralisierten Macht der Union. Zudem hatte die Befolgung von EU-Direktiven in manchen Ländern ernste wirtschaftliche Probleme geschaffen. Die Einheitliche Europäische Akte von 1986 etablierte den Binnenmarkt, und 1999 wurde eine einheitliche Währung aus der Taufe gehoben, der Euro. Was dabei fehlte, war eine gemeinsame Fiskal- oder Finanzpolitik als begleitende Maßnahme, außerdem gab es auch keine Flexibilität im Euro-System, die regionale Finanzturbulenzen hätte auffangen können. In guten Zeiten waren die Menschen kaum geneigt, die Weisheit eines solchen Systems wechselseitiger Abhängigkeit infrage zu stellen. Nun aber hat der Euro zu kämpfen und stellt für Anwärter auf die EU-Mitgliedschaft alles andere als eine Verlockung dar; überdies gab und gibt es finanzielle Gewinner und Verlierer. Griechenland etwa leidet unter einem horrenden Ausmaß an Jugendarbeitslosigkeit, und das zum Teil gerade wegen der Wirtschaftspolitik, die dem Land von Berlin und Brüssel aufgezwungen wurde.

Die EU steht auch immer noch vor der Herausforderung, Ost- und Westeuropa zu vereinen, nachdem man 2004 im Rahmen der Erweiterung mehrere osteuropäische Länder in die Gemeinschaft aufgenommen hatte. Reisefreiheit ist eines der Ideale der EU: Die Europäer sollen das Recht haben, innerhalb der Mitgliedsstaaten frei zu reisen und ihren Wohnort und Arbeitsplatz frei zu wählen. Das sollte zugleich Wachstum in ganz Europa generieren und die Idee der europäischen Integration verbreiten. Dieses Ideal pflegten nicht wenige: Es war doch verlockend, auf dem Kontinent frei zu reisen, wie es nur wenige Jahrzehnte zuvor unmöglich gewesen wäre, gerade für die Länder hinter dem einstigen Eisernen Vorhang. In mancherlei Hinsicht wurde dadurch das im Kalten Krieg noch allgegenwärtige Gefühl des »wir und die« abgebaut. Aber ebenso wie Deutschland die anhaltenden Folgen der Berliner Mauer erleben musste, gibt es auch zwischen West und Ost insgesamt noch zahlreiche Unterschiede. Staaten wie Ungarn, Polen und Bulgarien hatten unter den gleichen Reisebeschränkungen und wirtschaftlichen Mängeln gelitten wie die DDR, und später traf der Zusammenbruch der Sowjetunion ihre Volkswirtschaften besonders hart. Es gibt durchaus Fortschritte, viele der ärmsten Länder der EU sind aber just die einstigen Ostblockstaaten.

Als die Staaten des Ostens in die EU aufgenommen wurden, betrug das Bruttoinlandsprodukt pro Kopf in Ländern wie Großbritannien und Frankreich fast das Sechsfache des Vergleichswerts in Polen. Dennoch unterschätzten viele in der politischen Elite des Westens ganz massiv, wie viele Menschen auf der Suche nach Arbeit in Richtung Westen übersiedeln würden – man war schlicht nicht darauf vorbereitet, als mehrere Millionen genau dies taten. Der Bedarf an Zuwanderung in den Arbeitsmarkt ist eine ökonomische Tatsache. Die Zuwanderer erledigen zudem oft Arbeiten, die die Einheimischen nicht haben wollen. Allerdings genügt die harte Logik der Wirtschaft nicht immer, um einen französischen, dänischen oder britischen Klempner, Bauarbeiter oder Taxifahrer von den Vorzügen eines Einwanderungslands zu überzeugen, wenn sie mit den Neuankömmlingen um Jobs, Wohnung und Gesundheitsversorgung konkurrieren müssen. Als so viele Wirtschaftsmigranten begannen, aus den armen europäischen Ländern in die reicheren überzusiedeln, begannen die Leute, über den Zustrom der Arbeitsmigranten aus Osteuropa zu murren und die Vorzüge dieser Reisefreiheit infrage zu stellen. Am stärksten spürte man das in Großbritannien mit dem Aufkommen der UKIP, und das trug letztendlich entscheidend zum Brexit-Votum bei.

Zu dieser wachsenden Unzufriedenheit kamen dann auch noch die Finanzkrise von 2008 und die anschließenden staatlichen Einschnitte in Sozialausgaben und Investitionen in der gesamten Union. Während die Banken zerbröselten, sollten die Steuerzahler in den jeweiligen Ländern den Schlamassel wieder beseitigen. Bei steigender Arbeitslosigkeit und zunehmender Migration innerhalb einer Region ohne Grenzen traten die Schwächen des Systems offen zutage. Wahre Gläubige werden dem europäischen Projekt die Treue halten, komme, was da wolle. Leidenschaftliche Nationalisten werden immer dagegen kämpfen, und die Agnostiker werden es nur unterstützen, wenn es ihnen etwas bringt – und große Teile des europäischen Wahlvolks gewannen allmählich den Eindruck, dass Europa ihnen nichts mehr brachte. Ohne das wirtschaftliche Gedeihen, das sie zusammenhielt, und angesichts der schwindenden Unterstützung für ein fehlerhaftes System ließ sich der wachsende Nationalismus nicht mehr eindämmen oder ignorieren.

Es ist der EU nie wirklich gelungen, den Nationalstaat in den

Herzen der meisten Europäer zu ersetzen. Man könnte sagen, die Gründer sind die Sache zu eilig und zu arrogant angegangen, im Glauben, mit ihrem Europa würde am Ende eine Bevölkerung geschaffen, die sich zuerst als Europäer und erst an zweiter Stelle als Bürger ihres jeweiligen Nationalstaates versteht. 1861 sagte Massimo d'Azeglio, einer der Pioniere der Vereinigung Italiens: »Wir haben Italien geschaffen, jetzt müssen wir Italiener schaffen.« Auch das erwies sich als nicht so einfach, und in mancherlei Hinsicht ist auch dieser Prozess noch nicht abgeschlossen; das traf also selbst dort zu, wo die Regionen eine gemeinsame Religion, Geschichte und, bis zu einem gewissen Grad, Geographie teilen.

Die EU und die Eurozone zu schaffen und sich dann daran zu begeben, »die Europäer« zu schaffen, ist unendlich viel schwieriger: Immerhin müsste man dafür die vielen unterschiedlichen Interessen, Bedürfnisse und Prioritäten von Finnen und Ungarn mit denen von Griechen und Portugiesen unter einen Hut bringen. Der begrenzte Erfolg dabei zeigt sich in der wachsenden Instabilität der Union. Die Skandinavier haben sich bereits verabredet, um für den Fall eines Scheiterns der EU eine Nordische Union ins Auge zu fassen. Die Visegrad-Gruppe (Slowakei, Tschechische Republik, Polen und Ungarn) präsentiert sich zusehends als einheitliche Front gegen Brüssel. Der Vorstoß in Richtung »ein Europa« wird durch den Brexit gebremst, aber auch durch separatistische Bewegungen in Schottland, Belgien, Italien und Spanien, und durch das Aufblühen von Parteien der Euroskeptiker in fast allen Ländern. 2017 geriet dies durch die Krise in Katalonien besonders in den Blickpunkt der Öffentlichkeit, und derlei Spannungen ergeben sich nun einmal, wenn mehrere Nationen innerhalb eines einzigen Staats existieren sollen.

Wissenschaftler argumentieren gerne, der Nationalismus sei ein »falsches Konstrukt«, da er auf »eingebildeten Gemeinschaften« basiere, aber es ist nichts Falsches am Gefühl der Menschen, was ihre nationale Identität angeht, und »eingebildet« ist etwas anderes als »nicht existent«. Die Palästinenser haben beispielsweise durch

Sprache, Religion und Kultur ein starkes Identitätsgefühl entwickelt und sehen sich als eine Nation – und zwar als eine Nation, die ihren eigenen Staat verdient. Kaum ein Wissenschaftler würde dem widersprechen, und doch hält sich das rein intellektuelle Argument, Nationalismus sei von gestern, sei sogar primitiv. Für die letztgenannte Behauptung spricht vielleicht sogar einiges, aber die Realität des Nationalismus zu ignorieren, der einem überall auf der Welt begegnet, ist einfach töricht. Manche Wissenschaftler, Intellektuelle und Teile der Medien, der Geschäftswelt und der politischen Klasse sehen sich als befreit vom Nationalismus. 2016 beschrieb Jean-Claude Juncker, Präsident der Europäischen Kommission, nationale Grenzen als »die schlimmste Erfindung, die Politiker je gemacht haben«. Das mag schon sein, aber es so dreist zu behaupten ist schwerlich geeignet, die Nationalisten für die Idee eines Europäischen Superstaates zu gewinnen.

Die neue Elite, deren typischer Vertreter Herr Juncker ist, scheint den Nationalismus nicht wirklich zu verstehen und verwirft ihn vielleicht allzu schnell. Der verstorbene Historiker Tony Judt schrieb im Jahr 1996, wenn auch widerwillig argumentierend, eine noch engere Verbindung der Europäer untereinander sei gar nicht möglich: »Man sollte allerdings die reale Existenz von Nationen und Staaten nicht aus den Augen verlieren. Ihre Nichtbeachtung wird den erbitterten Nationalisten nur zu neuer Munition im Wahlkampf verhelfen.«

Und genau so kam es. Die Nationen erlebten rasche Veränderungen aufgrund der Migration, die ablehnende Haltung gegenüber Einwanderern wurde immer massiver und die Unterstützung für virulente nationalistische Parteien immer größer. Eine Mehrheit der Bevölkerung in den meisten westeuropäischen Ländern steht Neuankömmlingen noch immer positiv gegenüber, aber die meisten Umfragen seit 2004 kommen zu dem Schluss, dass die Unterstützung bröckelt. Dieser Trend hat sich mit dem plötzlichen Zustrom nichteuropäischer Flüchtlinge und Migranten in Ost- wie Westeuropa nur noch verstärkt, zusätzlich angefacht durch das Chaos im Nahen Osten und darüber hinaus. Der Druck dieser jüngsten Herausforderung, zusammen mit der Tatsache, dass die EU ohnehin schon Mühe hatte, ihre Mitglieder zu einen, die immer noch unter den Nachwehen der Finanzkrise leiden, hat die Risse in der Fassade des »Hauses Europa« noch vertieft, vom Baltikum bis zum Mittelmeer, und diese Risse gefährden inzwischen das gesamte System.

Die Migrationskrise baute sich von 2011 an kontinuierlich bis zu ihrem Höhepunkt im Jahr 2015 auf. Durch schwere Konflikte und Bürgerkriege überall in Nahost und Afrika kamen Millionen Menschen zu Tode oder wurden aus ihrer Heimat vertrieben, weitere Millionen sind vor der Gewalt geflohen und suchten im Westen nach einem neuen Leben. Zunächst hießen die meisten europäischen Politiker die Flüchtlinge willkommen, aber der Flüchtlingsstrom wollte kein Ende nehmen, und je mehr kamen, desto klarer wurde, dass die EU auf eine solche Massenmigration – allein im Jahr 2015 über eine Million – nicht vorbereitet war und dass eine wachsende Zahl Menschen nicht mehr bereit war, das alles mitzumachen. Als die Haltung der Bevölkerung umschlug, wurde an manchen EU-Binnengrenzen wieder ein strengeres Regime eingeführt: Viele Staaten wollten die Kontrolle über die Anzahl der Einwanderer zurückerlangen, die ihre Grenzen überquerten.

Unabhängig von der Migrationskrise hat ein wiedererstandenes Russland auch eine Rolle gespielt bei der Entstehung eines neuen Kontinents der Abschottung. Infolge der russischen Annexion der Krim begann die Ukraine mit dem Bau von Befestigungsanlagen an ihrer Ostgrenze. 2015 fingen Estland und Lettland an, ihre Grenzen zu Russland zu befestigen. 2017 folgte Litauen diesem Beispiel, nachdem es aufgrund der russischen Aktionen schon die Wehrpflicht wieder eingeführt hatte.

Die Migrationskrise ist jedoch einer der Hauptgründe, warum Europa heute wieder in etwa die gleiche Strecke an physischen Barrieren entlang der nationalen Grenzen aufweist wie zu Zeiten des Kalten Kriegs. Die Situation entstand zunächst an den Außengrenzen der EU. Hier und da standen bereits Zäune und Mauern, etwa um Spaniens marokkanische Enklaven Melilla und Ceuta. Dort hatte sich, wie bei so manchen Grenzanlagen, der fast sieben Meter hohe Grenzzaun als durchlässig erwiesen. Anfang 2018 stürmten an die 200 afrikanische Migranten diesen Zaun. Sie waren so verzweifelt, dass sie sogar die Polizisten angriffen, die sie aufhalten wollten. Die meisten wurden später festgenommen und in ein Gefangenenlager für Migranten gebracht, aber Tausende schafften es in den letzten paar Jahren auf diesem Weg nach Spanien.

Eine der ersten neuen Grenzen dieser Art wuchs im Jahr 2011 in Gestalt eines Stacheldrahtzauns an der Grenze zwischen Griechenland und der Türkei. Dieser sollte Migranten und Flüchtlinge aus Nahost und Afrika am Betreten des EU-Festlands hindern. 2015 zog auch Bulgarien nach.

Die Grenzbarrieren dort vermochten indes nicht zu verhindern, dass weitere Wellen von Migranten vor den Toren Europas eintrafen und auch einen Weg nach innen fanden. Migrationspfade verändern sich in der Regel – viele Menschen entscheiden sich beispielsweise für die gefährliche Passage übers Mittelmeer von der Türkei nach Griechenland –, und obgleich ein 2016 zwischen der EU und der Türkei geschlossener Vertrag vorsah, dass Letztere eine große Zahl dieser Migranten zurücknehmen würde, finden immer noch viele den Weg in die EU. Als Reaktion darauf wurden dann auch an den Binnengrenzen der EU wieder Grenzkontrollen eingeführt und Barrieren errichtet.

Ungarn gehörte zu den Ersten; 26 Jahre, nachdem die Barrieren des Kalten Kriegs verschwunden waren, wurden nun wieder neue hochgezogen. Die Ungarn begannen mit dem Bau eines Zauns, zuerst an der Grenze zu Serbien, dann auch an derjenigen zu Kroatien. Am Ende standen fast 500 Kilometer Stacheldrahtzaun, der Migranten fernhalten sollte. Im Sommer 2015 kamen Tag für Tag mehrere tausend Einwanderer über die ungarische Grenze; heute fast keiner mehr. Ungarns Regierung spricht sich mit am deutlichsten und unverblümtesten gegen Einwanderung und die EU-Pläne zur Umsiedlung der Menschen aus. Premierminister Viktor Orbán kündigte 2016 an, das ungarische Volk per Referendum entscheiden zu lassen, ob man der EU erlauben sollte, Einwanderungsquoten zu diktieren. Eine überwältigende Mehrheit stimmte für die harte Linie der Regierung, wenn auch bei geringer Wahlbeteiligung. Dennoch scheint eine Mehrheit der Ungarn mit der Sichtweise der Regierung einverstanden zu sein: Laut einer Umfrage des Pew Research Center glauben 76 Prozent der Ungarn, Flüchtlinge würden zu mehr Terroranschlägen führen, und 82 Prozent sehen in ihnen eine Last für das Land, die den Einheimischen Sozialleistungen und Jobs wegnimmt. Ungarns Regierung treibt ihre Agenda unbeirrt voran und spielt dabei mit den Ängsten der Bürger vor Bedrohungen von außen, betont die Gefahren der Immigration im Hinblick auf Terrorismus und die Verbreitung des Islam und verschärft ihre Einwanderungspolitik gar noch weiter. Zwar wurde Ungarn für seine Haltung und seine Politik gegenüber Migranten vielfach kritisiert, aber die EU hat bisher keine Sanktionen gegen das Land verhängt, und die Popularität des Premierministers ist in Ungarn ungebrochen.

Mehrere weitere Länder sind Ungarns Beispiel gefolgt und haben ähnliche Maßnahmen ergriffen. Dabei sind an einigen Grenzen »vorübergehend« wieder Kontrollen eingeführt worden, auch innerhalb des eigentlich »grenzfreien« Schengenraums. Slowenien errichtete einen Zaun an der Grenze zu Kroatien; Mazedonien an der Grenze zu Griechenland; Österreich an seinen verkehrsreichsten Übergängen zu Slowenien und Italien; und es gibt Pläne, eine Mauer in Calais zu bauen, die Migranten an der Passage über den Ärmelkanal hindern soll. Ein Blick nach Norden: Norwegen hat einen Zaun an der Grenze zu Russland aufgestellt, und Schweden hat begonnen, den Zustrom von Migranten einzudämmen, die von Dänemark aus über die Öresundbrücke ins schwedische Malmö gelangen. Zusätzlich zu Mauern und Zäunen haben auch andere Länder ihre Grenzpolitik mit weiteren Maßnahmen verschärft. Diese sollen in erster Linie die Bewegungsfreiheit nichteuropäischer Migranten und Flüchtlinge beschneiden, die es über weniger sichere Grenzen bis in die EU geschafft haben – und die Welle von Terroranschlägen in den letzten Jahren hat dazu beigetragen, den Gedanken an Grenzkontrollen für viele Menschen wieder akzeptabel zu machen. Allerdings bleibt schon die bloße Existenz dieser Barrieren nicht ohne Folgen und bedroht eines der grundlegenden Ideale, auf denen die EU aufgebaut wurde.

Die Barrieren wirken sich außerdem massiv auf Länder aus, in denen nun Immigranten festsitzen – vor allem an den Orten, an denen sie weiterhin eintreffen. So sind etwa in Griechenland Zehntausende gestrandet, sitzen in den Aufnahmezentren auf den Inseln und wissen nicht, wohin. Ihre Versorgung ist für das kleine Land kaum noch zu bewältigen. Die Migrationskrise belastet manche Länder stärker als andere, und da sich einige Länder weigern, ihren Teil der Last zu tragen, geraten die Beziehungen der Mitgliedsstaaten untereinander noch mehr aus den Fugen.

Dennoch stehen sehr viele Europäer der Immigration aufgeschlossen gegenüber und nehmen gerne Neuankömmlinge in ihrem Land auf. Viele sehen den Westen moralisch in der Pflicht, Menschen auf der Flucht vor Gewalt und Verfolgung zu helfen. Andere unterstützen das von vielen Politikern, Ökonomen und Unternehmern vorgebrachte Argument, Europa sei in Wirklichkeit auf Zuwanderung angewiesen: Aufgrund der alternden Bevölkerung und geringer Geburtenraten stehen manche Länder – beispielsweise Deutschland mit seinem Durchschnittsalter der Bevölkerung von 46,8 Jahren – vor einem Bevölkerungsrückgang. Man braucht also Einwanderer, um auch in Zukunft eine gesunde Wirtschaft zu gewährleisten. Aber die Regierungen können das noch so oft erklären: Die Menschen neigen dazu, ihre Gefühle von der aktuellen Situation leiten zu lassen, nicht von irgendeinem vagen Problem in ferner Zukunft, und die Zahl derer, die sich für Einwanderung aussprechen, nimmt ab. Umfragen des Pew Research Center aus dem Jahr 2014 ergaben, dass 86 Prozent der Griechen und 80 Prozent der Italiener lieber weniger Einwanderer in ihre Länder lassen wollten. Die Umfrage wurde während des Anschwellens der Migrationskrise durchgeführt, aber über ein Jahr vor dem Höhepunkt der Flüchtlingswelle von 2015. Und wie sieht es mit der Bereitschaft für mehr Migranten aus? Nur ein Prozent der Griechen und 14 Prozent der Deutschen äußerten sich in diese Richtung.

Viele EU-Regierungschefs schienen auf den Stimmungsumschwung kontra Immigration nicht vorbereitet zu sein. Für diesen Umschwung gibt es viele Gründe – die Leute begannen, den Einfluss der vielen Neuankömmlinge auf ihr eigenes Leben zu sehen und zu spüren. Quer durch den Kontinent gab und gibt es in dieser Hinsicht eine eindeutige Diskrepanz, und die basiert auf dem Bildungsniveau. Weit mehr Menschen ohne Hochschulbildung wünschen sich weniger Einwanderung, und das dürfte mit der Tatsache zusammenhängen, dass sie oftmals mit Einwanderern von inner- und außerhalb der EU um schlecht bezahlte Jobs konkurrieren müssen. Viele dieser Menschen mögen es überhaupt nicht, wenn man ihnen erzählt, ihre Verunsicherung angesichts von Ausmaß und Geschwindigkeit der Veränderungen, die sie um sich herum wahrnehmen, sei intolerant; und die Gleichsetzung von Mangel an Bildung und Engstirnigkeit wirkt gleich doppelt beleidigend.

Eine Zunahme terroristischer Vorfälle in ganz Europa hat dazu geführt, dass die Menschen eine Verbindung zwischen Terrorismus und hohen Einwanderungszahlen herstellen. Die Leute fürchten, Terroristen würden getarnt als Flüchtlinge und Asylsuchende in die EU kommen und könnten sich dann ungehindert innerhalb der europäischen Nationen bewegen. Einige der Pariser Attentäter vom November 2015 waren tatsächlich über Migrantenkanäle ins Land gekommen, aber Tatsache bleibt, dass die meisten Attacken von EU-Bürgern verübt wurden.

Manche sehen auch ihren Sozialstaat in Gefahr und sorgen sich, ihre Länder könnten die zusätzlichen Lasten nicht tragen, und das hängt auch mit einem bestimmten Gerechtigkeitssinn zusammen.

Stellen Sie sich vor, Sie sitzen als Ungar oder Franzose beim Arzt im Wartezimmer, und eine größere Anzahl der anderen Patienten im Wartezimmer stammt aus anderen Ländern. Sicher wollen Sie, dass jeder behandelt wird, aber Sie könnten ja auch denken, dass Sie jahrzehntelang in das Gesundheitssystem eingezahlt haben und der Patient neben ihnen nicht. Je länger Sie warten müssen, bis Sie an der Reihe sind, desto wahrscheinlicher werden Sie denken, das ist nicht fair. Das mögen vielleicht Urinstinkte sein, aber sie sind vorhersehbar. Natürlich ist das System der EU auf Gerechtigkeit ausgelegt insofern, als viele Mitgliedsstaaten in die Gemeinschaft einzahlen und die Bürger aller Mitgliedsstaaten von diesen Zahlungen profitieren, ganz gleich, in welchem Land sie leben. Kommt aber die Person neben Ihnen im Wartezimmer noch nicht einmal aus einem anderen EU-Land, verstärkt sich bei manchen das Gefühl der Benachteiligung.

Überall in der EU suchen die Regierungen nach Wegen, das Niveau der Immigration und die Unzufriedenheit in der Bevölkerung in den Griff zu bekommen. 2016 führte Dänemark ein Gesetz ein, das Asylsuchenden, die mit Bargeld und Schmuck im Land eintreffen, dazu verpflichtet, alles bis auf einen Gegenwert von 10 000 Dänischen Kronen (ca. 1340 Euro) abzugeben; der Rest sollte dazu beitragen, die Kosten für »Grundversorgung, Gesundheitsvorsorge und Unterkunft« zu decken. Nachdem Vergleiche mit der Behandlung der Juden in Nazideutschland aufgekommen waren, wurden besondere Erinnerungsstücke wie Eheringe von dieser Regelung ausgenommen. Manche deutsche Bundesländer und die Schweiz hatten bereits stillschweigend ähnliche Maßnahmen eingeführt, allerdings ist diese Praxis nicht sehr weit verbreitet. Die Schweizer registrierten zum Beispiel bei 45 000 angekommenen Flüchtlingen im Jahr 2015 lediglich 112 Fälle, in denen Wertsachen einbehalten wurden.

Es bestehen kaum Zweifel, dass in Dänemark diese und andere, in die gleiche Richtung gehende Maßnahmen eingeführt wurden, um die wachsenden Bedenken wegen der Zahl der Flüchtlinge und der Kosten ihrer Versorgung zu besänftigen. Zugleich ist gut denkbar, dass sie auch die Flüchtlinge selbst davon abbringen sollten, sich überhaupt in Richtung Dänemark aufzumachen. Die Regierung hatte dabei auch die gestiegene Unterstützung für rechtsextreme Gruppen im Auge. Allerdings hat man dabei geflissentlich übersehen, dass die Gesetze in Dänemark schon zuvor von Dänen, die arbeitslos wurden und keine Versicherung besaßen, verlangte, Wertgegenstände bis zu einem bestimmten Wert zu verkaufen, bevor sie in den Genuss staatlicher Leistungen kommen konnten. Nachdem man 21 000 Asylsuchende im Jahr 2015 aufgenommen hatte, wurde es für die Politik immer schwerer, den Gedanken der Wohltätigkeit in einer Kultur zu verkaufen, die fest im skandinavischen Prinzip des sozialen Egalitarismus verankert ist. Die Dänen nahmen mehr Asylsuchende auf als Frankreich, obwohl ihr Land zwölfmal weniger Einwohner hatte – und obwohl die neuen Regelungen auch innerhalb Dänemarks auf Kritik stießen, waren die Leute am meisten über die kritischen Stimmen entrüstet, die diese Maßnahmen als rassistisch bezeichneten und mit Nazi-Methoden gleichsetzten.

Manche Leute sorgen sich auch, die Neuankömmlinge würden die »europäischen Werte« nicht teilen. Diese sind schwer zu definieren, doch die meisten würden zustimmen, dass die EU-Länder ähnliche Vorstellungen von individueller Freiheit haben: Geschlechtergerechtigkeit, Gleichstellung von Mann und Frau, Religionsfreiheit, Redefreiheit. Der Zustrom von Menschen aus Kulturkreisen, in denen diese Normen nicht gelten, kann den Leuten das Gefühl geben, ihre eigenen Werte seien bedroht. Quer durch die EU-Länder sind Kulturkämpfe über den Gedanken des Multikulturalismus und über Werte ausgebrochen. Sollte beispielsweise Geschlechtertrennung an Hochschulen zulässig sein? Verträgt sich die Burka mit dem französischen Prinzip des Laizismus, das die Religion aus dem öffentlichen Leben heraushalten soll? Welche Strafen sollten auf Genitalverstümmelung bei Frauen verhängt werden, wenn manche Bürger diese Praxis als kulturelle Norm betrachten? Sollte die Redefreiheit auch für die Verbreitung von Ansichten wie die Verdammung bestimmter Gruppen als »die abscheulichsten aller Geschöpfe« gelten, wie der Koran beispielsweise Juden und Christen beschreibt? Oder für Aussagen wie die, dass in religiösen Fragen eine Frau »nicht (mit Worten) über einen Mann zu herrschen, sondern sich ruhig zu verhalten hat«, wie uns das Neue Testament lehrt?

Europa ist heute Heimat für Menschen aus aller Welt. Es hat in den späten 1970er- und 1980er-Jahren Hunderttausende Vietnamesen aufgenommen, viele Chinesen und Inder sind gekommen, und in fast jeder größeren Stadt gibt es lateinamerikanische Gemeinden. Sie alle gehören zur bunten Mischung des neuen Europa, auf das sich jeder einstellt, aber die schwierigste Anpassung scheint die zwischen Nichtmuslimen und Muslimen zu sein. Dafür kommen viele Gründe infrage, ein oft zutage tretender Aspekt jedoch ist die Wahrnehmung, die Muslime seien in riesiger Zahl gekommen und würden die einheimische Bevölkerung zur Minderheit machen.

Europäische Muslime machen EU-weit in Wirklichkeit nur einen recht bescheidenen Teil der Bevölkerung aus. Die ausführlichste Studie zu diesem Thema vor der aktuellen Migrations- und Flüchtlingskrise stammt vom Pew Research Center und datiert aus dem Jahr 2010. Damals lebten die größten muslimischen Gruppen innerhalb der EU in Deutschland (4,8 Millionen) und Frankreich (4,7 Millionen). Das entspricht 5,8 Prozent bzw. 7,5 Prozent der Bevölkerung in den jeweiligen Ländern. In Großbritannien waren es 2,9 Millionen (4,8 Prozent), in Schweden 430 000 (4,6 Prozent) und in Griechenland 610 000 (5,3 Prozent). Die Zahlen steigen – in den letzten 30 Jahren sehen wir eine konstante Zunahme um ein Prozent pro Dekade. Während also 2010 sechs Prozent der Bevölkerung in der EU (13 Millionen Menschen) Muslime waren, wurde diese Zahl (vor dem massenhaften Zustrom von 2015) auf acht Prozent bis 2030 projiziert. Aber die Zahlen sind noch immer viel geringer, als viele glauben.

Für diese Fehleinschätzung sind verschiedene Gründe denkbar: Manche (oftmals selbsternannte) Vertreter muslimischer Gemeinden äußern sich zu religiösen Fragen wesentlich lautstärker als jede andere Religionsgemeinschaft und erhalten ein entsprechend stärkeres Medienecho. Ein größerer Faktor ist aber vermutlich die hochgradig sichtbare Konzentration bestimmter ethnischer Gruppen in Ballungszentren. Etwa 20 Prozent der Einwohner Stockholms sind Muslime, 13 Prozent sind es in Amsterdam, 15 Prozent in Brüssel und 12 Prozent in Köln. Man könnte als Bewohner dieser Städte leicht auf den Gedanken verfallen, das, was sie im Alltag in ihrem Stadtviertel sehen, gelte in ähnlicher Weise für das ganze Land. So kommt ein Bericht der britischen Regierung von Ende 2016 zu dem Schluss, dass in überwiegend muslimisch geprägten Vierteln von Städten im Norden wie etwa Bradford die Muslime selbst glaubten, Großbritannien sei zu deutlich über 50 Prozent muslimisch.

Die Umfrage aus dem Jahr 2010 legt auch nahe, dass die Einstellung zu Muslimen in den meisten Ländern Westeuropas ganz anders ausfällt als in Süd- und Osteuropa. Im Süden und Osten sind negative Haltungen vorherrschend, so stehen beispielsweise 72 Prozent der Ungarn den Muslimen ablehnend gegenüber, ebenso wie 69 Prozent der Italiener, 66 Prozent der Polen und 65 Prozent der Griechen. Wenn es weiter nach Norden und Westen geht, sehen deutliche Mehrheiten die Muslime positiv. In Großbritannien vertraten »nur« 28 Prozent der befragten Teilnehmer eine negative Haltung; in Deutschland waren es 29 Prozent.

Allerdings scheinen in manchen Teilen Westeuropas die antimuslimischen Gefühle auf dem Vormarsch zu sein. Am stärksten sind die Sorgen der Allgemeinheit wegen des Islam wohl in Frankreich. In der Umfrage von 2010 äußerten beispielsweise nur 29 Prozent der Menschen eine negative Haltung gegenüber Muslimen, doch seitdem hat die Ablehnung dieser Religion kontinuierlich zugenommen. Das könnte sowohl an der Terrorwelle liegen, die Frankreich erschütterte, als auch an der Zunahme der

Migration. Eine Umfrage von Ipsos für *Le Monde* unter dem Titel »Fractures Françaises 2017« fand heraus, dass 60 Prozent der Teilnehmer »glauben, die Religion des Islam (sei) nicht kompatibel mit den Werten der Französischen Republik«. Zum Thema Einwanderung gaben 65 Prozent an, es gäbe zu viele Ausländer in Frankreich. Bei diesem Punkt zeigte sich eine klare politische Teilung – 95 Prozent der Wähler des Front National stimmten dieser Aussage zu, bei den Anhängern der Sozialisten waren es 46 Prozent. Einige Monate zuvor war der damalige Präsident François Hollande einer von den 46 Prozent. In einem Buch mit dem Titel ›Un président ne devrait pas dire ça …‹ (Ein Präsident sollte so etwas nicht sagen …) wird er mit folgender Aussage zitiert: »Ich denke, es kommen zu viele Immigranten, die nicht hier sein sollten.« Er räumte auch ein, Frankreich habe »ein Problem mit dem Islam … Niemand kann das bezweifeln.«

Ganz gewiss hat Frankreich ein Integrationsproblem. Es gibt heute ganze Stadtviertel in Frankreich, die überwiegend muslimisch sind. Diese liegen üblicherweise an der Peripherie der Ballungszentren, und es sind fast immer die ärmsten Viertel der Stadt. Das gab es alles schon einmal. Man muss in dem faszinierenden Essay von Charles Lambert im Magazin ›Foreign Affairs‹ aus dem Jahr 1928 nur ein paar Begriffe austauschen, schon könnte man meinen, er stamme aus dem Jahr 2018:

> Die Fremden, die nach Frankreich einwandern, neigen auch dazu, sich zusammenzutun, und manche unserer Departements sind schon zu regelrechten Zentren des *Irredentismus* geworden. Einige Dörfer im Departement du Nord sind vollständig von Polen bevölkert, die ihre Frauen, ihre Kinder, ihre Priester und ihre Schullehrer gleich mitgebracht haben. Immigranten aus Polen machen 20 Prozent der Bevölkerung von Lens aus, 40 Prozent in Courrières, 68 Prozent in Ostricourt. Dreißigtausend Italiener haben sich im Südwesten angesiedelt. Die Eroberung unserer grenznahen Provinzen durch einen Prozess der

> Infiltration schreitet systematisch fort. Im Distrikt Riviera sind fast ein Drittel der Gesamtbevölkerung Ausländer, in Nizza sogar fast die Hälfte.

Diese Zuwanderer wurden letztendlich assimiliert, und das könnte auch mit der wachsenden muslimischen Gemeinde geschehen. Es gibt jedoch Unterschiede, die für die letzten Einwanderungswellen in Europa insgesamt gelten. Wenn wir erstens akzeptieren, dass der Rassismus nach wie vor auf dem gesamten Kontinent existiert, dann könnte schon die Hautfarbe der meisten europäischen Muslime ein Hindernis für sie darstellen, gesellschaftlich wie ökonomisch. Zweitens: Anders als bei den Polen und Italienern der 1920er-Jahre gibt es Stimmen innerhalb der muslimischen Gemeinden, die ihren Leuten sagen, sie seien an einen schrecklichen Ort gekommen, gegen den man sich wehren müsse. Diese Hassprediger, die oft auch eine extreme religiöse Weltsicht vertreten, stehen vielleicht nicht für die Mehrheit, aber in Gemeinden, in denen der Glaube eine gewichtige Rolle spielt, haben sie eine Plattform und damit mehr Einfluss als ihre weißen Gegenüber vom rechtsextremen Flügel. Zuwanderergemeinden haben oft Mühe, in einer fremden Umgebung heimisch zu werden und die Anerkennung der Einheimischen zu gewinnen, und dieser Effekt wird noch verstärkt, wenn manche Anführer dieser Gemeinden selbst Abspaltung und Isolation predigen.

Die negative Wahrnehmung von »Fremden« hat nicht nur zwischen Ländern, sondern auch innerhalb von Gemeinden, politischen Parteien und Medien Gräben gerissen, auf der Straße und in den Gerichtssälen jedes einzelnen EU-Landes. Der Gedanke der Freizügigkeit war schon eine Herausforderung, als er nur die Europäer selbst betraf. Echter Dissens hielt sich da jedoch noch in Grenzen und kam allenfalls von den Rändern der Gesellschaft. Das Eintreffen so vieler Nichteuropäer hat jedoch den schwelenden Nationalismus quer durch die EU-Länder noch mehr angefacht, und das ist ein entscheidender Faktor für den dramatischen Aufstieg der äußersten Rechten in den vergangenen Jahren. Noch vor zehn Jahren war wohl die einzige rechtsextreme Partei, die – abgesehen von den Rechten im jeweils eigenen Land – die meisten Europäer wahrnahmen, der Front National in Frankreich. Heute gibt es gleich mehrere, die ganz Europa kennt: die Goldene Morgenröte (Griechenland), die Schwedendemokraten, die Partei für die Freiheit (Niederlande), die Freiheitlichen (Österreich) und Jobbik (Ungarn). Die meisten dieser ultranationalistischen Parteien wenden sich gegen weitere Integration in die EU, doch ein Grundsatz, der ihnen allen gemein ist, ist die Furcht vor dem Islam, und diese ist ohne Zweifel die treibende Kraft für viele ihrer Anhänger. Die Nationalisten sagen, sie seien einfach nur gegen den Islamismus in Form des radikalen politischen Islam, aber die Ultranationalisten überschreiten diese Linie oft bis hin zur unverblümten Islamophobie und wollen von Muslimen als Menschen grundsätzlich nichts wissen.

Der Aufstieg nationalistischer und extrem rechter Parteien ist völlig unvereinbar mit der Ideologie der EU, die sich selbst als Union freiheitlicher Demokratien begreift. Heute ist der Kern dieser Demokratien bedroht, quer durch die gesamte EU, nicht nur in den Ländern im Osten wie Ungarn und der Slowakei. Im Wesentlichen verläuft der Graben zwischen jenen, die Intoleranz tolerieren, und denen, die es nicht tun. Deutschland spielte und spielt in der EU ebenso wie in der Migrationskrise eine zentrale Rolle, es lohnt sich daher, sich anzusehen, wie sich die Dinge dort entwickelt haben. Es wird dauern, bis diese Probleme aus der Welt geschafft sind.

Angela Merkel öffnete 2015 Deutschlands Grenzen für Migranten und Flüchtlinge. Gewiss wurde sie von anderen EU-Regierungschefs kritisiert, aber auch innerhalb Deutschlands formierte sich Widerstand. Das soll nicht heißen, dass Deutschland die Flüchtlinge nicht willkommen geheißen hätte. Der Staat hat sich mächtig ins Zeug gelegt, um die Neuankömmlinge unterzubringen, und Tausende ganz normaler Leute haben als Freiwillige in den Flüchtlingszentren Hilfe geleistet und auch allerlei Dienste angeboten, wie etwa Sprachtraining und Betreuung bei der Beschäftigung. Dennoch kamen mit der Zunahme der Migrantenzahlen immer mehr Probleme auf, als die Menschen allmählich das Ausmaß der Aufgabe zu begreifen begannen, das die Schaffung einer integrierten Gesellschaft darstellen würde. Allein im Jahr 2015 trafen fast eine Million Nicht-EU-Bürger in Deutschland ein; die meisten kamen aus Syrien, danach folgten Afghanistan, Irak, Iran und Eritrea auf der Liste der Herkunftsländer. Seit dem Ende des Zweiten Weltkriegs hatten die Deutschen keine Völkerwanderung in diesem Ausmaß mehr erlebt.

Eines der anfänglichen Probleme ist, dass die Menschen nach ihrer Ankunft in Regionen streben, in denen es bereits ethnisch verwandte Gemeinden gibt. Das kann zu Integrationsproblemen führen und die Demographie und den kulturellen Charakter bestimmter Gegenden sehr schnell verändern. Der Leiter des Bundesamts für Migration und Flüchtlinge sagte in einem Interview 2016: »Flüchtlinge wollen dorthin, wo ihresgleichen sind: Pakistaner ins Rhein-Main-Gebiet, Afghanen nach Hamburg, Syrer nach Berlin. In den Ballungszentren ist allerdings der Wohnraum knapp, und die Mieten sind hoch. Schnell entstehen Gettos.«

Die anfängliche Welle der Hilfsbereitschaft in der Bevölkerung ebbte bald ab, und dazu trugen auch Vorfälle wie die zahlreichen sexuellen Übergriffe in der Silvesternacht 2015 in Köln bei, die größtenteils den Einwanderern zugeschrieben wurden. In der Folge hat die Gewalt in Deutschland immer mehr zugenommen. 2015 gab es über 1000 Angriffe gegen Flüchtlingsunterkünfte. Das war auf dem Höhepunkt der Migrantenkrise, aber 2016, als die Zahl der Neuankömmlinge deutlich auf unter 300 000 gesunken war – Folge des Deals mit der Türkei, der den Flüchtlingsstrom über die Ägäis reduzierte –, ließ die Häufigkeit solcher Angriffe kaum nach.

In Deutschland werfen die Mauer und der Eiserne Vorhang immer noch lange Schatten – das betrifft Themen, die weitaus ernster sind als Essgewohnheiten und Dialekt, und ganz besonders die Fragen der Einwanderung. Die Haltung gegenüber den Zuwanderern wird östlich der Elbe deutlich negativer. Vereinfacht ausgedrückt leben im Westen Deutschlands deutlich mehr Einwanderer als im Osten (ausgenommen Berlin). Grundlage dafür ist ein Quotensystem, nach dem Flüchtlinge und Asylsuchende über die Bundesländer verteilt werden; da die Ostländer wirtschaftlich schwächer und weniger dicht besiedelt sind, wurden ihnen entsprechend weniger Neuankömmlinge zugeteilt. 2015 und 2016 haben jeweils drei Länder im Westen – Bayern, Nordrhein-Westfalen und Baden-Württemberg – fast 50 Prozent aller Migranten und Flüchtlinge aufgenommen. Zum Vergleich: 2015 waren es in Sachsen-Anhalt 2,8 Prozent, in Mecklenburg-Vorpommern 2 Prozent und in Brandenburg 3,1 Prozent. Dennoch gibt es dort tendenziell mehr tätliche Angriffe auf Migranten. Deutschlands Verfassungsschutz (BfV) veröffentlichte einen Bericht zum Jahr 2016, laut dem es in den westlichen Bundesländern im Durchschnitt 10,5 extremistische Anschläge pro einer Million Einwohner gab. In Sachsen waren es 49,6 Angriffe, in Brandenburg 51,9 und in Mecklenburg-Vorpommern 58,7. Diese drei Bundesländer sind auch die Basis der größten Gruppen organisierter Neonazis.

Der Jahresbericht 2016 der Regierung zum Stand der Deutschen Einheit wies nicht nur auf die Auswirkungen hin, die dies auf die unter Diskriminierung Leidenden habe. Laut Iris Gleicke, damals Staatssekretärin im Bundesministerium für Wirtschaft und Energie, stellten die Probleme, »den gesellschaftlichen Frieden in Ostdeutschland zu sichern«, eine »sehr ernste Bedrohung für die gesellschaftliche und wirtschaftliche Entwicklung der neuen Länder dar«. Sie merkte aber auch an: »Die große Mehrheit der Ostdeutschen ist nicht fremdenfeindlich oder rechtsextrem.« Die Deutschen sind vorsichtig mit historischen Vergleichen, das Ausmaß der Attacken veranlasste Gleicke jedoch, die 1930er-Jahre und

Hitlers Braunhemden in Erinnerung zu rufen: »Wir Ostdeutschen haben es selbst in der Hand, ob wir unsere Gesellschaft, unsere Städte und unsere Dörfer beschützen oder ob wir sie dem braunen Spuk überlassen. Die Gesellschaft darf nicht wegschauen, wenn Menschen angegriffen oder Flüchtlingsunterkünfte angezündet werden.« Solche Kommentare wirken sehr stark auf die deutsche Psyche, es gibt aber ein immer größeres Kontingent an Menschen, die sich nicht von den Fehlern der Vergangenheit diktieren lassen wollen, was sie zu fühlen haben oder was sie sagen dürfen und was nicht. Und damit kommen wir zu PEGIDA (»Patriotische Europäer gegen die Islamisierung des Abendlandes«) und zur AfD (»Alternative für Deutschland«).

Schon 2014 marschierten PEGIDA-Anhänger durch Dresden und andere Städte im Osten. Ihre offene Feindseligkeit stellte sie abseits der etablierten Politik, doch bis Anfang 2015 zog die Bewegung riesige Menschenmengen an und hatte sich auf das ganze Land ausgedehnt. Eine Demonstration in Leipzig zählte 30 000 Teilnehmer, 20 000 waren es in München, 19 000 in Hannover und 10 000 in Dresden. Wie so oft, wenn Politik von den Rändern in die Gesellschaft einsickert, waren viele der bei den Demonstrationen zu hörenden Schlachtrufe zuerst in Fußballstadien aufgekommen. Ein bemerkenswertes Beispiel sind die »Ultras« von Dynamo Dresden, die mit ihrem Kampfbegriff *Lügenpresse* Präsident Trump um über ein Jahr voraus waren. Von den Tribünen des Dresdener Stadions verbreitete sich der Ruf in die Straßen. Die Massen hatten das Gefühl, die Behörden würden ihnen im Verbund mit den Medien nicht die Wahrheit über die Einwanderung erzählen.

Im Frühsommer hatte die Unterstützung für die Gruppe nachgelassen, wegen einer Mischung aus »Demonstrationsmüdigkeit« und diversen Skandalen, in die PEGIDA-Führungspersonal verwickelt war, darunter ein Foto des Gründers der Bewegung, Lutz Bachmann, in typischer Hitler-Pose. Aber das tat der Grundstimmung keinen Abbruch, und als die Migrationskrise im Sommer

2015 ihren Höhepunkt erreichte, kam diese Stimmung wieder an die Oberfläche und schuf den politischen Raum für eine eher »genießbare« Version von PEGIDA – und das war die AfD.

Die Partei wurde eigentlich schon 2013 gegründet, ihr damaliger Fokus lag jedoch auf einer Anti-Euro-Kampagne. Mit der wachsenden Migrationskrise wandte die Partei ihre Aufmerksamkeit dem Thema Einwanderung zu und schmiedete Kontakte mit PEGIDA. Als im Sommer 2016 die PEGIDA-Bewegung schwächelte, war die AfD gut aufgestellt, um den Posten als führende radikale und rechtsgerichtete Bewegung zu übernehmen. Die Mitgliederzahlen stiegen ebenso wie die Repräsentanz in den Länderparlamenten. So richtig schrillten die Alarmglocken dann, als sie bei der Wahl in Mecklenburg-Vorpommern mit 21 Prozent zweitstärkste Partei wurde und sogar Merkels CDU auf den dritten Platz verdrängte. Zum Zeitpunkt der Bundestagswahl im September 2017 war die AfD schon so gut organisiert und populär, dass sie mit einem starken Ergebnis in den Bundestag einzog. Zum ersten Mal seit den 1960er-Jahren war die extreme Rechte nun dort vertreten. Die CDU Angela Merkels blieb zwar stärkste Partei, aber die AfD holte vor allem im Osten so viele Stimmen, dass sie bundesweit zur drittstärksten Partei wurde. Das politische Gravitationszentrum in Europa war erneut zutiefst gespalten.

Die AfD lehnt unter anderem die Schengen-Zone ab und spricht sich für die Einführung dauerhafter Grenzkontrollen auf nationaler und auf EU-Ebene aus. Sie befürwortet die schärfere Überprüfung von Asylsuchenden und sagt, in Deutschland sei kein Platz für muslimische Glaubenspraktiken, wenn sich diese, wie es im Parteiprogramm heißt, »gegen die freiheitlich-demokratische Grundordnung, unsere Gesetze und gegen die jüdisch-christlichen und humanistischen Grundlagen unserer Kultur« richten. Einschränkend räumt das Programm zwar ein, Muslime könnten durchaus »akzeptierte und geschätzte Mitglieder unserer Gesellschaft« sein, argumentiert aber auch, Multikulturalismus würde nicht funktionieren und sei gescheitert. Sie spricht sich außerdem gegen den Euro aus, wirbt für die Wiedereinführung der D-Mark und möchte Kompetenzen (von Brüssel) an den Nationalstaat zurückübertragen.

Dieses Denken findet auf dem ganzen Kontinent seinen Widerhall. Die regionalen und politischen Gräben, die wir in Deutschland sehen, tun sich überall auf. Bei den Wahlen in den Niederlanden im März 2017 wurde die rechtsextreme »Partei für die Freiheit« zur zweitstärksten Partei. Im Mai schaffte es Marine Le Pen vom Front National in die Stichwahl um die Präsidentschaft und gewann dort 33,9 Prozent der Stimmen – immerhin fast das Doppelte dessen, was ihr Vater Jean-Marie noch im Jahr 2002 geholt hatte. Die »Freiheitliche Partei Österreichs« erfreut sich ebenfalls wachsenden Zuspruchs und schaffte Platz drei bei den Wahlen im Oktober 2017. Selbst Kanzlerin Merkel rückte im Wahlkampf 2017 deutlich nach rechts im Bestreben, den Zuspruch für die extreme Rechte einzudämmen. Es gilt eine Wahrheit über die freiheitlichen Demokratien: Wer es nicht schafft, antidemokratische Bewegungen im eigenen Land zu besiegen, muss Wege finden, mit ihnen umzugehen.

Schon im Jahr 2014 veranlassten die Belastungen durch die Migration Ungarns Premierminister Viktor Orbán zu der Aussage, er wolle eine »illiberale Demokratie« schaffen. Hinter dieser Formulierung steht die Idee, freiheitliche Politik und Werte könnten sehr wohl von einer Wählerschaft zurückgewiesen werden, die für eine nationalistische, solchen Dingen gegenüber feindselige Partei stimmt, ohne dass das Land deshalb gleich aufhört, eine Demokratie zu sein. Polens Regierung, die 2015 gewählt wurde, vertritt ähnliche Ansichten. Diese Ideologie läuft den Idealen der EU zuwider, und sie steht für eine der wachsenden Differenzen, die die Union zu sprengen drohen. Wie das Brookings Institute in einem Report zur Migration ausführt: »Die Krise destabilisiert die Politik auf dem gesamten europäischen Kontinent, sie bringt die politischen Systeme einzelner Länder ins Wanken und bedroht die Solidarität in der EU insgesamt.«

Das ist für ein gespaltenes Europa eine enorme und grundlegende Herausforderung. Dabei geht es nicht nur um Einwanderung; es geht auch um Wirtschaft, Handel, Souveränität und Liberalismus ganz allgemein. Aber während wir mit der neuen Realität der Masseneinwanderung und der moralischen Verpflichtung, die Flüchtlinge aufzunehmen, klarkommen müssen, dürfen wir unsere zentralen Werte nicht aus den Augen verlieren. Sonst würden wir möglicherweise alle künftigen Europäer, mit welchem Hintergrund auch immer, dazu verurteilen, in einer repressiveren Gesellschaft zu leben als heute. Man darf dabei nicht vergessen, dass die meisten Menschen, die nach Europa kommen, von despotischen Regimen im Stich gelassen wurden, denen sie nun zu entkommen suchen. Wir müssen den radikalen Islamismus eindämmen, die Massenmigration in den Griff bekommen und für die Flüchtlinge sorgen, aber alles in einer Weise, die unsere freiheitlichen Werte und die Regeln des Rechtsstaates nicht infrage stellt.

Diese Regeln, Werte und das System sind es, die letztendlich die große Spaltung Europas in der jüngeren Geschichte überwunden haben, die Spaltung nach 1945. Heute brechen wieder alte, aber auch neue Gräben auf. Die nächsten Jahre werden zeigen, ob wir ein sicheres europäisches Haus zu bauen vermögen oder den Rückweg in eine gespaltene Zukunft antreten.

ACHTES KAPITEL

DAS VEREINIGTE KÖNIGREICH

»Jeder Mensch ist eine Insel für sich.
Und mag uns auch ein Meer von Unterschieden trennen,
so liegt darunter doch eine ganze Welt der Gemeinsamkeiten.«
James Rozoff

Vorhergehende Doppelseite: Der Hadrianswall in Northumbria, eine Steinmauer, die das von den Römern eroberte Britannien gegen die Stämme im Norden schützen sollte.

Stellen Sie sich vor, Sie sind ein römischer Soldat und verrichten am Hadrianswall ungefähr anno 380 unserer Zeitrechnung Ihren Dienst. Sie stammen aus der Region Etrurien in der Toskana und sind einer von relativ wenigen Soldaten in Ihrer Legion, die tatsächlich vom italienischen Stiefel stammen. Es ist Februar, eisig kalt, und Sie stehen in der Nachtschicht auf einem der Schutzwälle und schieben Wachdienst. Sie sehen keinen Stern am Himmel, es ist bewölkt, es nieselt, bald graut der Morgen. Ein scharfer Wind zerrt an Ihrer Tunika, und Sie danken Jupiter für die Versorgung mit *braccae* (wollene Hosen), die letzte Woche eintrafen, wenn auch mit drei Monaten Verspätung. Schwer zu sagen, was schlimmer ist, das Wetter oder die sporadischen Attacken der Barbaren von jenseits des Walls im Norden. Ihr Kamerad auf der Nachtwache in diesem Mauerabschnitt ist auch kein Trost: Er kommt aus dem Norden Galliens, spricht kaum Latein und ist ohnehin nur Soldat geworden, damit er nach 25 Jahren Dienst vielleicht römischer Bürger werden darf.

Sie betrachten die schemenhaften Umrisse der kargen Landschaft, das spärliche Gras, die Binsenhalme, die sich im Wind wiegen, Sie denken an ihre Heimat, die Städte Lucca und Siena, die Landschaft dort, die Küste. Mit einem Stoßseufzer fragen Sie sich: »Pro di immortales, quid hic facio?« – »Was, um alles in der Welt, tue ich eigentlich *hier?*« Oder etwas in der Art.

Der Hadrianswall muss für die »primitiven« Inselbewohner ein ziemlich beeindruckender Anblick gewesen sein. Er wurde im Jahr 122 n.Chr. erbaut, war etwa 117 Kilometer lang und an manchen Stellen bis zu fünf Meter hoch und drei Meter breit. Davor hatten die Römer einen knapp vier Meter tiefen und zehn Meter breiten

Graben ausgehoben. Zwischen Wall und Graben hatte man dorniges Dickicht angebracht. Es gab zahlreiche befestigte Tore, und alle römische Meile befand sich ein kleines Fort, zwischen diesen jeweils zwei kleinere Wachtürme. Diesseits dieses Walls war die »Zivilisation« zu Hause, jenseits davon die »Barbaren«. Manche Engländer und Schotten witzeln gerne, daran hätte sich bis heute nichts geändert, auch wenn der Wall, der sie einst trennte, nicht mehr existiert.

Im Verlauf von 1500 Jahren verschwand der Hadrianswall, Symbol der riesigen Ausdehnung des Römischen Reichs – und seiner Grenzen – fast vollständig. Nachdem die Römer abgezogen waren, verfiel die Anlage allmählich. Die Bauern bedienten sich an den Steinen und bauten Häuser und Schafpferche daraus, die aufstrebenden christlichen Gemeinden holten sich weitere Steine für den Bau von Kirchen, und nach und nach, mit dem Verblassen der Erinnerung an die Römer in Britannien, verfiel auch ihr Wall und löste sich allmählich in der Landschaft auf, die sie eigentlich hatten erobern wollen.

Die Römer haben es nie geschafft, die Länder zu vereinen. Der Hadrianswall sollte das eroberte Territorium gegen die Gebiete abschirmen, die sie nicht unter ihre Gewalt bringen konnten. Als sie im Jahr 43 n. Chr. erstmals im Südosten Englands eintrafen, stießen sie auf ein Sammelsurium von Stämmen der Eisenzeit. Diese Stämme wussten, wer die Römer waren; in der Regel hatten sie bereits einen gewissen kulturellen Austausch und Handel mit dem Imperium getrieben, und auch über Roms militärische Fähigkeiten aus den Zeiten der Eroberungen Julius Cäsars ein knappes Jahrhundert zuvor war ihnen manches zu Ohren gekommen. Damals hatten die Stämme erbitterten Widerstand geleistet, aber als die Legionen diesmal über sie herfielen, waren sie nicht vorbereitet und vor allem auch nicht vereint. Sie wurden von den Römern überrannt, die sich danach in Colchester niederließen und von dort aus die gesamte Insel zu unterwerfen gedachten.

Die Historiker nehmen an, dass bis 47 n. Chr. elf Stämme kapituliert hatten und die Römer das Gebiet von südlich des Humber bis zur Mündung des Flusses Severn nahe der walisischen Grenze beherrschten. Dort begann der mühsame Vorstoß nach Wales und in Richtung Norden. Im Jahr 84 n. Chr. waren sie bis zum Meeresarm Moray Firth vorgedrungen, also etwa 240 Kilometer tief ins heutige Schottland. Es gibt Nachweise, dass die Römer bis hinauf zur Halbinsel Kintyre gesegelt und Legionäre auch in die Highlands vorgestoßen sind, der Moray Firth war jedoch die nördliche Grenze ihrer Siedlungsmacht in Britannien. Wären sie noch weiter gegangen und hätten die gesamte Insel dauerhaft unter ihre Kontrolle gebracht, die Geschichte des Vereinigten Königreichs wäre vielleicht völlig anders verlaufen.

Aber die Grenzen des Römischen Reichs waren anderswo in Gefahr, und es brauchte Truppen, um das Kernland zu schützen, nicht um an den Rändern noch weiter vorzudringen. Also legten die Römer den Rückwärtsgang ein und blieben in etwa dort stehen, wo heute die Grenze zwischen England und Schottland verläuft. Und dann bauten sie ihren Wall – das wichtigste verbliebene Zeugnis der Stärke und Reichweite des militärischen Geschicks Roms. Geographisch gesehen fehlen der Region die Flüsse oder auch Berge, die anderswo oft natürliche Grenzen bilden. Aber genau da zogen die Römer ihre Grenzlinie militärisch.

Der Wall trug dazu bei, den Flecken Erde zu formen, der letztendlich zum Vereinigten Königreich werden sollte. Zweieinhalb Jahrhunderte lang hielt diese Grenze. Südlich davon wurde das Leben immer stärker römisch geprägt; jenseits davon entwickelte sich eine ganz andere, keltische Kultur weiter. Die Regionen, die heute Wales und Schottland sind, wurden niemals vollständig unterworfen und bewahrten stets ihren Sinn für die Unterscheidung von der Region, die dann zu England werden sollte – den Teil Britanniens also, in dem die Pax Romana herrschte und wo die meisten der römischen Straßen und Städte errichtet wurden.

Im Jahr 211 n. Chr. hieß der Süden Englands »Britannia Superior«, einfach weil die Region näher an Rom lag. Die Hauptstadt wurde nach London verlegt. Nordengland wurde entsprechend zu »Britannia Inferior« (eine weitere Unterscheidung, die auch heute noch von Bedeutung ist) mit York als Hauptstadt. Bis zum Jahr 296 war das Land noch weiter aufgeteilt worden. Nun hieß der Süden »Britannia Prima«, der Norden bis zum Hadrianswall »Maxima Caesariensis«, die Midlands liefen unter der Herrschaftsbezeichnung »Flavia Caesariensis« und Wales schließlich »Britannia Secunda«. Nichts davon blieb in irgendwelchen Namen erhalten, doch die Umrisse dieser Demarkationslinien sind heute noch erkennbar.

Schließlich aber verschworen sich die Geschehnisse auf dem Kontinent gegen die Römer. Einige Jahre nachdem sich unser römischer Grenzsoldat jene rhetorische Frage gestellt hatte, fragte sich General Magnus Maximus genau dasselbe, und anno 383 hatte er die Antwort gefunden: Er wollte seine Legionen nach Hause führen und den Römischen Kaiser herausfordern. Ein paar Jahre später packte der gesamte Apparat des nördlichsten Außenpostens des Imperium Romanum seine Sachen und machte sich auf in Richtung Rom.

Als Maximus gegangen war, drangen die »Barbaren« (Pikten und Schotten) nach Süden vor, was die Briten zum Anlass nahmen, eine Petition an Rom zu richten, man möge eine Legion entsenden und die Barbaren wieder vertreiben, was Rom dann auch tat. Der Hadrianswall war zu dem Zeitpunkt bereits im Verfall begriffen, deshalb rieten die Römer den Briten, eine Grenzbarriere zu errichten, um sich die Eindringlinge aus dem Norden vom Hals zu halten. Allerdings verrieten sie ihnen nicht, wie man Steine als Baumaterial verwendet, und die Briten errichteten einen Wall aus Torf. Die »Barbaren« durchbrachen den Wall mühelos, und es folgte ein zweiter Hilferuf in Richtung Rom – es war der gleiche wie zuvor: »Rettet uns!« Wieder kamen die Legionen, schlugen die Invasoren zurück, und diesmal zeigten sie den Einheimischen, wie man eine Steinmauer baut.

Das half aber auch nicht. Ohne die Römer konnten selbst steinerne Mauern die Horden aus dem Norden nicht aufhalten. Es erging ein dritter Appell an Rom, bekannt als »Gemitus Britannorum«, das Britische Seufzen. Und diesmal fiel die Reaktion anders aus als von den Briten erhofft, ging jedoch in die Geschichte Britanniens ein und wird bis heute im politischen Diskurs verwendet. Rom schrieb zurück: »Seht zu, dass ihr euch selbst verteidigt.« Die einigende Macht in Europa hatte die Briten zurückgewiesen, die Briten hatten die einigende Macht zurückgewiesen, und nun waren sie tatsächlich auf sich allein gestellt und mussten selbst sehen, wie sie ihre Verteidigung bewerkstelligen sollten. Vergleiche zum Brexit sind spaßig, wenngleich nicht unbedingt passend. Das Problem war: Es gab schlicht keine Verteidigung, die diesen Namen verdient hätte. Die Schatten wurden länger; das Zwielicht des Britanniens der Römer im Altertum wich dem finsteren Mittelalter.

Gegen Ende des 7. Jahrhunderts war immerhin noch so viel vom Hadrianswall übrig, dass der große angelsächsische Gelehrte Beda der Ehrwürdige einen Abschnitt der Befestigung nahe dem Fluss Tyne wie folgt beschreiben konnte: »acht Fuß breit und zwölf Fuß hoch, in gerader Linie von Ost nach West, wie der Betrachter bis auf den heutigen Tag bezeugen kann«. Doch der Wall war im Verfall begriffen und verlor immer mehr an Bedeutung. Im 18. Jahrhundert ereignete sich dann etwas, das als einer der größten Akte des Kulturvandalismus in die britische Geschichte eingehen sollte.

1745 wurde Feldmarschall George Wade mit der Aufgabe betraut, den Einmarsch der jakobitischen Armee unter Bonnie Prince Charlie auf ihrem Weg nach Süden aufzuhalten. Seine Truppen und seine Artillerie kamen aber von Newcastle in Richtung Westen nicht voran – es mangelte schlicht an einer befestigten Straße. Dies veranlasste Wade, eine neue Straße quer durch das Land bis Carlisle zu bauen, entlang dem einstigen Verlauf des Hadrianswalls. Er blickte bereits auf eine lange Geschichte des Straßenbaus in Schottland zurück und galt als seriöser militärischer Führer. Und es erschien ihm – im Wortsinne – nur naheliegend, als Baumaterial etwas zu verwenden, das bereits in Sichtweite war. Also ließ er große Abschnitte der Mauer abreißen und nutzte die Steine auf einem knapp 50 Kilometer langen Abschnitt als Fundament für seine Straße.

Die Zerstörung der Mauer ging bis ins 19. Jahrhundert weiter. Erst dann begann man, ihre Bedeutung als großes historisches Monument wieder angemessen zu würdigen. Denkmalschützer nahmen sich der Sache an, man bereinigte Mauerabschnitte von Schutt und Bewuchs und kümmerte sich um die Erhaltung. Die am besten erhaltenen Abschnitte liegen in einem gut 30 Kilometer langen Stück in Northumberland zwischen Hexham und Haltwhistle – heute zählen sie zu den großen touristischen Attraktionen Großbritanniens. In den Sommermonaten folgen eifrige Wanderer zu Tausenden dem Pfad in jener ebenso glorreichen wie trostlosen Landschaft, mit der sich die Römer viele Jahrhunderte zuvor konfrontiert sahen. Im Winter bekommt man eher ein Gefühl für das, was sich den Römern als das Ende der zivilisierten Welt darstellte. Wohl sind die meisten der Türme, Zinnen und Tore nicht mehr da, aber der Wall steht noch, physisch ebenso wie in der kollektiven Vorstellungswelt der Briten. Er erinnert an die Zeiten, als die Briten erstmals politisch mit dem europäischen Festland, dem Kontinent, verbunden waren und die Trennlinie zwischen den beiden größten Teilregionen der Insel, England und Schottland, gezogen wurde.

Und selbst heute im 21. Jahrhundert, da die Mauer größtenteils schon lange verschwunden ist und obwohl das meiste davon in Wirklichkeit südlich der schottischen Grenze liegt, symbolisiert das Bollwerk der Römer noch immer eine der wichtigsten Trennlinien dessen, was nach wie vor paradoxerweise ein »Vereinigtes Königreich« bleibt.

Während wir in Europa sehen, wie schwierig es ist, Nationalstaaten und die von diesen repräsentierten Völker unter einem Banner zu vereinen, eint das Vereinigte Königreich seit vielen Jahrhunderten verschiedene Völker und Identitäten.

Gerade jetzt macht dieses Königreich einen realen Moment des »wir und die anderen« durch, zwischen den das Königreich bildenden Nationen und innerhalb ihrer Bevölkerungen, und viele Menschen fühlen sich gespaltener denn je. Dieses Gefühl verschärfte sich in den letzten Jahren noch durch das Brexit-Votum von 2016, mit dem der Ausstieg aus der EU beschlossen wurde, und dessen Folgen. Kulturen und Identitäten divergieren und interagieren auf ganz neue Art und Weise und im größeren Kontext der Probleme, die sich aus Globalisierung, Nationalismus und der EU ergeben.

Die Mehrheit der Briten verbindet das Gesetz, die Sprache und in hohem Maße auch eine gemeinsame Kultur. Schottland und England waren allerdings über den größten Teil ihrer Geschichte verschiedene Nationen mit einer nicht selten brüchigen Beziehung. Der Streit begann zu großen Teilen bereits im 13. Jahrhundert, als Edward I. von England Anspruch auf Schottland zu erheben versuchte. Nach Jahren der Kämpfe gegen die englischen Invasoren gewann Robert I. Bruce im Jahr 1314 Schottlands Unabhängigkeit wieder zurück. In den Jahrhunderten danach stand die Grenze des Öfteren im Brennpunkt von Auseinandersetzungen, mit Überfällen und Invasionen von beiden Seiten. 1603 jedoch rückten beide Länder einander näher, als König Jakob VI. von Schottland zugleich König Jakob I. von England wurde, und schließlich wurden sie durch den »Act of Union« im Jahr 1707 offiziell vereinigt.

Schottland mag zwar kein separater Nationalstaat sein, aber die Schotten unterscheiden sich als Volk dennoch ganz erheblich von den Engländern – vor allem, und darauf kommt es vielleicht gerade an, fühlen sie sich als eigenes Volk. Die Unterschiede zwischen den Völkern werden möglicherweise überhöht, doch es gibt sie auf jeden Fall, und das nicht bloß deshalb, weil nördlich der Grenze mehr Männer Röcke tragen.

Bis vor ein paar Jahrhunderten bestand ein maßvoller ethnischer Unterschied. Die Schotten stammten von keltischen Völkern ab, ebenso wie die Waliser und die *Cornish* im heutigen Cornwall im Südwesten. Sie kamen vor etwa 4000 Jahren auf die Inseln und siedelten im heutigen England, wurden allerdings mit der Zeit durch Friesen, Angeln, Jüten und Sachsen abgelöst. Zwar sind die genetischen Unterschiede zwischen Engländern und Schotten heutzutage kaum noch wahrnehmbar, dennoch bezeichnen die Schotten die Engländer bis heute manchmal als »Sassenachs« – das gälische Wort für »Sachsen«.

Gälisch oder »Gàidhlig« war die erste Sprache, die die meisten Menschen im Nordwesten Schottlands im 17. Jahrhundert sprachen. Aber innerhalb von 50 Jahren nach dem »Act of Union« war der Anteil der Gälisch sprechenden Bevölkerung auf nur noch 23 Prozent geschrumpft; im Jahr 1901 waren es gar nur noch 4,5 Prozent und ganze 1,2 Prozent zu Beginn des 21. Jahrhunderts. Rund 60 000 Menschen sprechen heute noch Gälisch, zumeist auf den Inseln im Westen, und auch die sind zweisprachig. Die Schotten wissen sehr wohl, dass ihre heutige Muttersprache nicht auf ihre ursprüngliche Sprache zurückgeht. Was ihnen bleibt, ist die historische Erinnerung – das Wissen darum, dass sie einstmals ganz anders waren. Die Engländer haben eine vage Erinnerung daran, dass sie die deutlich größere und bisweilen beherrschende Kraft im beiderseitigen Verhältnis waren; die Schotten haben ein deutlich schärferes Gespür dafür, was es heißt, unterdrückt zu werden.

Die Frage der Selbstbestimmung blieb allerdings immer präsent, trotz eines größeren Maßes an Unabhängigkeit Schottlands innerhalb der Union. Als England und Schottland das erste Mal vereint wurden, behielt Schottland die Kontrolle über sein Bildungs- und Rechtssystem – so unterscheidet etwa das englische Recht einfach zwischen »schuldig« und »nicht schuldig«, das schottische Gesetz kennt jedoch eine dritte Kategorie, nämlich »nicht bewiesen«. Einmal abgesehen von der ironischen Interpretation dieses Urteilsspruchs als »nicht schuldig – und tu das nie wieder« erfüllt diese Kategorie einen fundamentalen Grundsatz der Selbstbestimmung: die Oberaufsicht über das eigene Rechtssystem. Doch Schottland und England wurden größtenteils als Einheit regiert. Erst 1885 wurde der Posten eines Schottland-Ministers geschaffen, und selbst da hatte er nur eine nachgeordnete Stellung. Letztendlich wurde er 1926 zu einem vollwertigen Kabinettsposten aufgewertet, mit dem Titel »Staatsminister für Schottland«.

1997 wurde ein Referendum über Vorschläge zur Übertragung von Zuständigkeiten abgehalten; damals stimmte eine deutliche Mehrheit für diese Devolution. 1998 trat der »Scotland Act« in Kraft, mit dem eine schottische Exekutive und ein schottisches Parlament mit Sitz in Edinburgh eingerichtet wurden. Dieses besaß bedeutende von London übertragene Kompetenzen für alles, was als spezifisch schottische Angelegenheit angesehen wurde. 2007 benannte sich die Exekutive selbst in »Schottische Regierung« um, eine Bezeichnung, die 2012 auch juristische Anerkennung erlangte. Im Jahr darauf forderte diese Regierung ein Unabhängigkeitsreferendum für das Jahr 2014. Das Zerbrechen des Vereinigten Königreichs schien nun tatsächlich im Bereich des Möglichen zu liegen. Ganze zwei Tage vor der Abstimmung sagten die drei führenden britischen Parteien, ordentlich aufgerüttelt und auf ein »Nein« hoffend, im Falle einer Ablehnung der Unabhängigkeit würden »weitere umfassende Kompetenzen« an Schottlands Parlament übertragen. Das dürfte eine der Ursachen für den Ausgang des Votums gewesen sein: 55 Prozent stimmten gegen die Unabhängigkeit.

Nach dem Referendum unternahm Westminster den nächsten Schritt und brachte den Scotland Act von 2016 ein, der Schottlands Parlament weitere Zuständigkeiten übertrug, darunter die Möglichkeit, den Scotland Act von 1998 nachzubessern, die Führung der British Transport Police in Schottland, das Recht, die Hälfte der in Schottland erhobenen Mehrwertsteuer zu behalten, sowie die Entscheidungsbefugnis über Geschwindigkeitsbegrenzungen und Straßenbeschilderung. Letzteres mag banal erscheinen, verglichen mit der Zuständigkeit für Bildung und Justiz, aber es vermittelt das Gefühl, die eigenen Angelegenheiten auch wirklich eigenständig regeln zu können, und darauf kommt es an – im Kleinen wie im Großen.

Vielleicht ist das der Grund für die augenscheinlich schwindende Unterstützung der Unabhängigkeitsbestrebungen. Nach dem Ergebnis dauerte es nicht lange, bis die Leute über ein zweites Referendum zu reden begannen. Bei der Parlamentswahl von 2015 erzielte die Scottish National Party dann massive Zugewinne; sie konnte die Anzahl ihrer Sitze im Unterhaus von sechs auf 56 steigern. Seitdem jedoch scheinen die Menschen, auch angesichts der praktischen Umsetzung der neuen Befugnisse, das Interesse immer mehr verloren zu haben, und die Fokussierung der SNP auf ein zweites Referendum ist vielleicht sogar der Grund für ihren Absturz in der Parlamentswahl von 2017, bei der sie 21 Sitze verlor. Wie es aussieht, wird das Königreich auf absehbare Zukunft vereinigt bleiben. Die Identität der Schotten ist immer noch ausgeprägt, aber nicht so sehr, dass die Mehrheit der Bevölkerung sie in einem unabhängigen Staat verwirklicht sehen will. Das Vereinigte Königreich als Idee hat immer noch Vorrang vor den Unterschieden in der regionalen Identität, die es zwischen den verschiedenen zum Königreich gehörenden Nationen gleichwohl gibt.

Viel von dem, was hier über das Verhältnis zwischen Schottland und England gesagt wurde, trifft auch auf das Verhältnis zwischen Wales und England zu. Auch in diesem Fall sind sich die Engländer des Ausmaßes an Unterdrückung, für das sie die Verantwortung tragen, weit weniger bewusst als die Waliser, und das verleiht der Beziehung mitunter eine gewisse Schärfe. Doch auch hier wurden inzwischen Befugnisse an das walisische Nationalparlament übertragen, was die Selbstverwaltung deutlich vorangebracht hat. Die Unterdrückung der walisischen Sprache endete schon vor langer Zeit: Mehrere Gesetze des britischen Parlaments garantierten die rechtliche Gleichstellung der Sprache mit dem Englischen, und es wurden auch TV- und Radiosender in walisischer Sprache eingerichtet; das hatte eine Wiederbelebung der aktiven Nutzung der Sprache zur Folge. Rund 20 Prozent der Waliser – ungefähr eine halbe Million – sprechen »Cymraeg«. Es gehört zur keltischen Sprachfamilie, ist eng verwandt mit Cornish, und beide lassen sich auf die Sprache zurückführen, die in diesen Gegenden im 6. Jahrhundert gesprochen wurde.

Auch die Bewohner von Cornwall sehen sich eigentlich als separate Region – Cornish-Nationalisten sagen, England beginne erst »östlich des Tamar«, des Grenzflusses zwischen den Grafschaften Cornwall und Devon. Die Cornish wurden 2014 offiziell als nationale Minderheit anerkannt; dennoch hat sich die Unterstützung für eine Unabhängigkeit Cornwalls noch nicht über die politische Sphäre hinaus verbreitet.

Bei aller Betonung der jeweiligen nationalen Identität kommen die Menschen auf den Britischen Inseln doch sehr gut miteinander aus, verschreiben sich den gleichen Werten und dem übergeordneten Gedanken der Union. Natürlich gibt es Geschichten über Ressentiments der Waliser und Schotten gegen England, und natürlich gibt es sie wirklich – mir selbst wurde einmal in einem Arbeiterclub in Perthshire die Bedienung rundheraus verweigert. Aber das sind Ausnahmen, und für jeden Eiferer findet man Tausende anderer Leute, die auf solche Unterscheidung keinen Gedanken verschwenden, von irgendwelchen meist harmlosen und nicht böse gemeinten Frotzeleien einmal abgesehen.

Als junger Engländer hatte ich das Privileg, gemeinsam mit ein paar Hundert Schotten, die auf dem Weg zu einem Fußballspiel der schottischen Nationalmannschaft in Wales waren, in einem Zug nach Wrexham zu sitzen. Die Reise war ein einziges Trinkgelage, gelegentlich gewürzt mit allerlei Schmähliedern auf die Engländer (»If you hate the fucking English clap your hands«). Mir brannten vom ständigen begeisterten Mitklatschen irgendwann die Hände, ich missverstand die Gefühle von ein paar Fußballfans jedenfalls nicht als Ausdruck der Haltung der gesamten schottischen Nation. »Hass« ist ein Wort, das auf den Tribünen eines Stadions schnell einmal fällt; außerhalb des Stadions wissen sich die Leute in der Regel wie Erwachsene zu benehmen. Dass viele Briten für den Austritt aus der EU gestimmt haben, muss ja nicht heißen, dass sie einer chauvinistischen, extrem nationalistischen Haltung anhängen – schließlich haben auch viele Schotten, die für den Austritt aus dem Vereinigten Königreich votierten, nichts gegen die Engländer.

Die meisten der britischen »Stämme« der Antike leben, arbeiten, wohnen und spielen zusammen. Die Bevölkerungszahl dieser relativ dicht besiedelten Insel geht auf 70 Millionen zu, da ist ein gewisser Zusammenhalt schon sehr wichtig – und sollte eines der Völker tatsächlich beschließen, die juristischen Brücken zur Union abzubrechen, muss sichergestellt sein, dass dies friedlich und in geordneten Bahnen geschieht. Im letzten Jahrhundert gab es nur einen Winkel im Königreich, in dem dies nicht immer der Fall war: Nordirland.

Nordirland ist die kleinste der vier Hauptregionen, die das Vereinigte Königreich bilden, mit gerade einmal 5,7 Prozent der Landfläche und 1,8 Millionen Einwohnern, das entspricht 2,9 Prozent der Bevölkerung Großbritanniens insgesamt. Es entstand im Jahr 1921, nachdem die britische Regierung beschlossen hatte, Irland in zwei separate juristische Gebilde aufzuteilen. »Südirland« wurde im Jahr 1922 unabhängig, Nordirland blieb dagegen Bestandteil des Vereinigten Königreichs. Manche Leute halten die Begriffe »Vereinigtes Königreich« und »Großbritannien« für austauschbar, aber der letztere bezeichnet nur England, Schottland und Wales (und ein paar kleine, vorgelagerte Inseln), das »Vereinigte Königreich« umfasst dagegen zusätzlich auch Nordirland. Die vollständige amtliche Bezeichnung lautet denn auch »Vereinigtes Königreich Großbritannien und Nordirland«.

Nordirlands Bevölkerung war von Anfang an zwischen Protestanten (die Mehrheit) und Katholiken gespalten. Die Protestanten waren tendenziell Nachfahren von Siedlern aus Schottland, in geringerer Zahl auch aus England. Die meisten davon waren und sind »Unionisten« und wollen Teil des Vereinigten Königreichs bleiben; die Katholiken waren und sind mehrheitlich »Nationalisten«, die ein vereinigtes Irland anstreben, auch wenn sie sich nicht einig sind, wie dies zu erreichen wäre. Es gibt seit jeher ein gewisses Maß an Feindseligkeit zwischen den beiden Gruppen, die auch oft in Gewalt ausartete. Am schlimmsten war dies während der drei Jahrzehnte der »Troubles«, der Unruhen, die Ende der 1960er-Jahre begannen und über 3500 Menschen das Leben kosteten, weitere 50 000 Verletzte waren zu beklagen.

Das Karfreitagsabkommen von 1998, in dem eine Machtteilung vereinbart wurde, beendete die Gewalt weitestgehend, und die »Friedensdividende«, die sich daraus ergab, hat zu Wirtschaftswachstum und geringerer Arbeitslosigkeit beigetragen. Dennoch bleibt Nordirland eine zutiefst gespaltene Region – die Kultur des »wir und die anderen« ist einfach zu fest verwurzelt. Nur wenige Aspekte des Alltagslebens sind so komplett zweigeteilt wie Schule und Wohnen. Besonders augenfällig wird das in der Hauptstadt Belfast, denn hier stehen tatsächlich richtige Mauern zwischen den beiden Seiten. Sie sind allgemein als »Friedensmauern« bekannt, aber die traurige Ironie besteht ja darin, dass sie alles symbolisieren, nur keinen Frieden. Es ist keine durchgehende, beängstigende Barriere wie im Westjordanland oder an der saudisch-irakischen Grenze, eher eine Reihe heruntergekommener Gebilde aus Beton und Metall, die sich zickzackförmig durch einige der ärmeren Viertel Belfasts ziehen, vor allem im Norden der Stadt. Mit dem Ausbruch der Unruhen begannen auch die Mauern aufzutauchen. Viele beginnen und enden scheinbar ohne jeden Grund, aber die Einheimischen wissen schon, warum sie da stehen, wo sie stehen: Sie markieren die territoriale Trennlinie zwischen Protestanten und Katholiken, an der ohne diese Mauern die Gewalt wieder verstärkt aufflammen würde.

Henry Robinson weiß über die Breite und Tiefe dieser gesellschaftlichen Gräben nur zu gut Bescheid. Als Ex-Mitglied der »offiziellen IRA« landete er als Jugendlicher im Gefängnis – er hatte einem Rivalen von der »provisorischen IRA« in die Knie geschossen, ein gängiger und berüchtigter Racheakt in den Zeiten der Unruhen in Nordirland. Nachdem er seine Strafe im Crumlin-Road-Gefängnis abgesessen hatte, verschrieb er allerdings sein Leben der Konfliktlösung – in Nordirland, aber auch anderswo in der Welt, beispielsweise in Kolumbien. Er glaubt, die Mauern stehen der Versöhnung im Weg: »Ich nenne sie Konfliktmauern oder auch Hassmauern. Der Konflikt ist vorbei, aber das Sektierertum durfte in der Gesellschaft weiter verwurzelt bleiben, das beweist ja gerade die Tatsache, dass die Zahl der Mauern seit dem Ende des Konflikts sogar noch gewachsen ist.«

Alles in allem gibt es rund 100 solcher Mauern in Belfast. Inzwischen sind sie fast schon zu Sehenswürdigkeiten mutiert: In den Sommermonaten werden die Touristen von den Kreuzfahrtschiffen mit Bussen zu den Mauern gefahren und dürfen sie bestaunen – ein bizarrer Kontrapunkt zur wirtschaftlich positiven »Friedensdividende« und nebenbei eine ständige Erinnerung daran, wie fragil dieser Frieden ist. Beiderseits der Mauern schmücken Symbole und Botschaften der Kontrahenten die jeweiligen Wohnviertel. Die Bordsteinkanten sind in den Nationalfarben Irlands bzw. Großbritanniens gestrichen, und überall bezeugen Graffiti und kämpferische Slogans die jeweilige Gruppenidentität: Die einen beschwören die »echte IRA« und das Ziel eines vereinigten Irlands, die anderen geloben, die Zugehörigkeit Nordirlands zum Vereinigten Königreich auf ewig zu verteidigen. Ganze Häuserwände sind Wandbildern zu Ehren paramilitärischer Gruppen wie der IRA oder der Ulster Freedom Fighters vorbehalten. Henry ist wenig beeindruckt von dieser Stammesloyalität: »Ich denke, beide Seiten haben sich mit dem ›Terror-Tourismus‹ abgefunden und pflegen einen fast perversen, makabren Stolz auf die Erhaltung dieser Monumente des Hasses. Es ist ein Barometer, das anzeigt, dass die Sache in der Zukunft auch wieder in Gewalt umschlagen könnte, wenn man sich nicht darum bemüht.«

Die Spaltung zieht sich durchs ganze Land, und man findet, wenngleich in geringerem Ausmaß, derartige Mauern auch in Städten wie Londonderry – so nennen es die Unionisten – bzw. Derry, wie es die republikanischen Iren nennen. In kleineren Städten und Ortschaften sind die Verwerfungslinien nicht so leicht zu erkennen, aber es gibt sie sehr wohl. In der einen Wohnsiedlung leben überwiegend Protestanten, in der anderen Katholiken. Oft markiert vielleicht der Fluss im Ort die natürliche Grenze. Mühelos findet man Viertel, in denen 90 Prozent der Bewohner entweder Unionisten oder Nationalisten sind. Im Alltag kommt es durchaus zu normalen Kontakten und Interaktion, und da, wo die Mittelschicht zu Hause ist, sind auch die Wohnviertel nicht so strikt getrennt; viele Menschen treffen keine bewusste Entscheidung, auf Abstand zu den Nachbarn zu bleiben. Doch die politischen und religiösen Strukturen innerhalb der Gesellschaft bestimmen, wie diese Gemeinschaften funktionieren, und sie sorgen dafür, dass sie parallele, aber eben separate Alltagsleben führen.

Diese zum Selbstzweck mutierten Spaltungen sind sehr schwer zu überwinden. Nicht nur Wohnviertel – vor allem im sozialen Wohnungsbau – sind geteilt, sondern auch die Schulen. Ein Plan zur Integration des Systems ist gescheitert, und Untersuchungen aus jüngerer Zeit haben ergeben, dass in fast der Hälfte aller Schulen in Nordirland 95 Prozent der Schüler der gleichen Religion angehören. So wird eine weitere Generation herangezogen, in der schon den Kindern beigebracht wird, dass sie zu einer von zwei Hauptgruppen der Bevölkerung gehören. Peter Robinson, ehemaliger Erster Minister in Nordirland, beschrieb im Jahr 2010 dieses Bildungssystem als »abgeschwächte Form der Apartheid, die unserer Gesellschaft fundamental schadet«. Henry Robinson pflichtet ihm bei: »Die Mauern stehen symbolisch für die immateriellen Barrieren und die Spaltung, in der die meisten Menschen ihre Kinder in religiös getrennte Schulen schicken. Es gibt eine Kultur

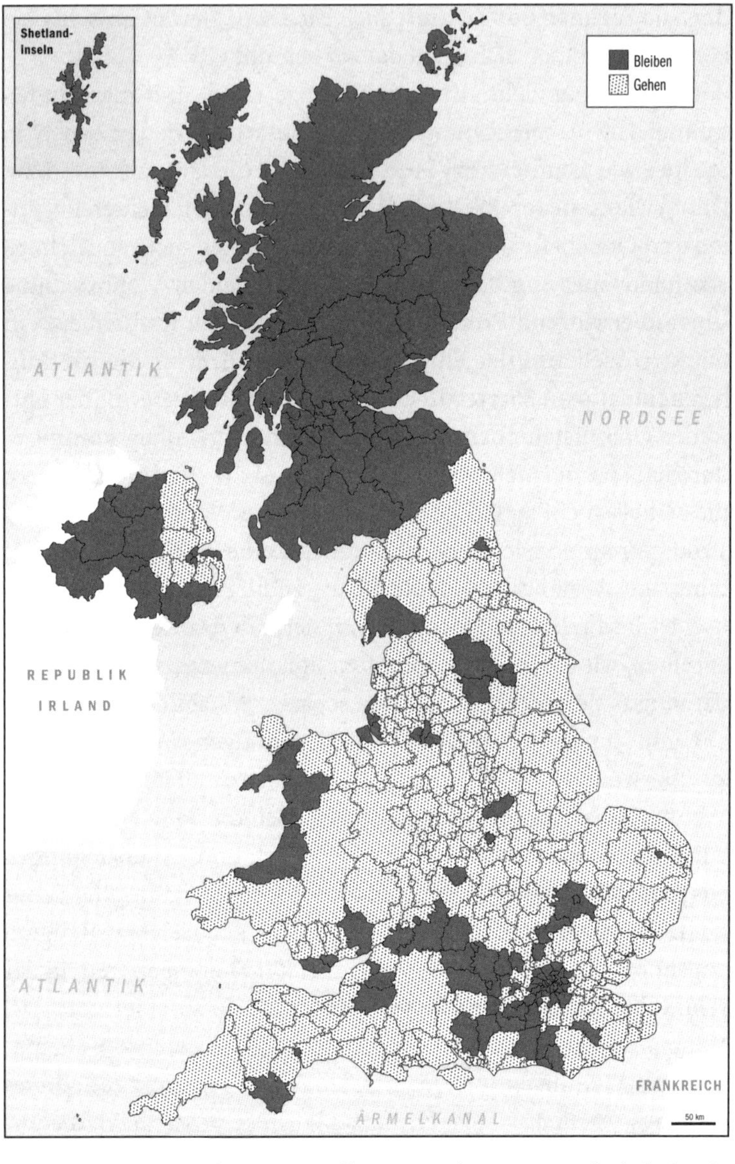

Die Abstimmungsergebnisse in Großbritannien beim EU-Mitgliedschaftsreferendum 2016

der Separation in Nordirland, und eine Politik der Integration, die nicht dazu passt ... Die Gemeinden auf beiden Seiten tun zu wenig dafür, Brücken zu bauen.«

Während die Bemühungen, die Spaltung zu beenden, offenbar in eine Sackgasse geraten sind, gibt es doch etwas, das Auswirkungen haben könnte: eine veränderte Demographie. Nach der Teilung Irlands im Jahr 1921 waren die Protestanten gegenüber den Katholiken in Nordirland im Verhältnis 2:1 in der Überzahl, und dieses Verhältnis hatte bis in die frühen 1970er-Jahre Bestand. Heute jedoch sind die Protestanten in der Gesamtbevölkerung schon gar nicht mehr in der Mehrheit: Laut der Volkszählung des Jahres 2011 machten sie 41,6 Prozent (in der Summe aller Glaubensgemeinschaften) aus, die Katholiken 40,8 Prozent. Der religiöse Aspekt des Konflikts ist in den letzten Jahrzehnten in den Hintergrund getreten, weil auch die religiöse Praxis im Alltag auf dem Rückzug ist. Dafür gründet die Spaltung heute stärker auf kultureller Identität: Ob jemand Katholik oder Protestant ist, zeigt an, ob er Nationalist oder Unionist ist. Da die Geburtenraten und die religiöse Identifikation in protestantischen Gebieten schneller abnehmen, ist es wahrscheinlich, dass die Katholiken irgendwann zur Mehrheit werden. Das wird politisch nicht ohne Folgen bleiben, auch was die Frage nach der Position Nordirlands innerhalb des Vereinigten Königreichs betrifft.

Diese Position ist schon heute, nach dem Brexit-Votum, höchst problematisch. Die Grenze zwischen Nordirland und Irland ist die einzige Festlandgrenze im gesamten Vereinigten Königreich; wie soll man damit umgehen? Die Menschen und die Unternehmen in der Region haben sich längst an die grenzüberschreitende Bewegungs- und Handelsfreiheit gewöhnt. Wie sich dies möglicherweise ändert, könnte weitreichende Folgen haben, und es besteht die Gefahr, den ohnehin fragilen Frieden zu zerstören und der Forderung nach einer Vereinigung von Nordirland und Irland neuen Schub zu verleihen. Die britische Regierung sagt, man habe nicht die Absicht, Grenzkontrollen einzuführen, doch schon das wirft wieder diverse Fragen auf – immerhin ergibt sich dadurch eine potenziell offene Route für Menschen und Waren zwischen dem Königreich und der EU, und genau das ist einer der Punkte, die die Brexit-Befürworter kontrolliert wissen wollten.

Der Brexit hat tiefe Gräben im ganzen Vereinigten Königreich bloßgelegt. Er hat die alten Spaltungen verschärft – sowohl Schottland als auch Nordirland haben sich mehrheitlich für den Verbleib in der EU ausgesprochen –, aber auch einige weitere Unterschiede in der Bevölkerung kamen zum Vorschein.

Eine der klarsten gesellschaftlichen Trennlinien der Briten ist seit jeher die soziale Schicht, und daran hat sich bis heute nichts geändert. Sie mag in der Gegenwart weniger eindeutig sein als früher – ein Lehrer als Vertreter der Mittelschicht verdient vielleicht heute weniger als ein Klempner aus der Arbeiterklasse, ein Lokführer vielleicht mehr als jemand im mittleren Management –, und auch die gesellschaftliche Mobilität und Diversität hat gewiss zugenommen. Allerdings stellen die meisten Studien zur sozialen Mobilität fest, dass Männer und Frauen, die eine Privatschule besucht und danach an einer Universität der Russell Group (die 24 führenden Universitäten des Vereinigten Königreichs) studiert haben, auch heute noch die höchsten Posten im Land beherrschen, und zwar zu einem Anteil, der weit über ihrem proportionalen Verhältnis zur Gesamtbevölkerung liegt. Man könnte vorbringen, dass diese Leute ja auch diejenigen mit dem höchsten Bildungsstand und in vielen Fällen die besten Bewerber für den jeweiligen Job sind. Man kann darin aber auch einen systemischen Aspekt sehen, der letztendlich jedes Land daran hindert, seine Besten und Begabtesten zu finden und entsprechend einzusetzen.

Ganze sieben Prozent der britischen Bevölkerung besuchten eine Privatschule, dennoch dominieren sie auf den höchsten Ebenen im Justizwesen, beim Militär, bei der BBC, bei den führenden Unternehmen, im öffentlichen Dienst und in den beiden führenden politischen Parteien. So besuchten beispielsweise 55 Prozent der Staatssekretäre Privatschulen, ebenso wie 71 Prozent der obersten Richter. Etwa jeder zweite Zeitungskolumnist im Vereinigten Königreich genoss eine Privatausbildung. Ein Bericht der Kommission für soziale Mobilität und Kinderarmut aus dem Jahr 2014 fand heraus, dass in der einflussreichen BBC-Sendung *Question Time* 43 Prozent der Gäste in Oxford oder Cambridge studiert haben. Und noch weitere Faktoren tragen zur Wahrung des Ungleichgewichts quer durch die Gesellschaft bei. Viele führende Unternehmen bieten nur unbezahlte Praktika an. Damit werden junge Leute, deren Eltern ihnen die Lebenshaltungskosten während des Praktikums nicht finanzieren können, de facto ausgeschlossen und können sich gar nicht erst bewerben. In der Konsequenz erlangen die Wohlhabenden, oft auf Privatschulen ausgebildet, die Berufserfahrung und die Kontakte, die ihren späteren Erfolg im Arbeitsleben begründen.

Da sowohl in der Politik als auch in den Medien die Absolventen privater Ausbildung weit überproportional vertreten sind, beherrschen Letztere tendenziell auch den öffentlichen Diskurs, und der kann einen enormen Einfluss auf die öffentliche Meinung haben. Es kann aber auch bedeuten, dass sie eine Minderheitenansicht repräsentieren, und damit besteht die Gefahr, dass verschleiert wird, wie populär die gegensätzliche Meinung in Wirklichkeit ist. So entsteht eine Situation, in der immer mehr Menschen immer frustrierter werden, weil ihre Stimme nicht gehört wird. Just dies geschah zumindest teilweise beim Brexit, und deshalb erlebte im Juni 2016 die politische, wirtschaftliche und mediale Elite den Schock ihres Lebens, als die Briten mit knapper Mehrheit für den Ausstieg aus der Europäischen Union votierten. Die weniger Arroganten wachten auf und erkannten, wie abgekoppelt sie vom größten Teil des Wahlvolks inzwischen waren.

Seit dem Brexit ist sehr viel von den »Abgehängten« die Rede, was sich üblicherweise auf diejenigen bezieht, denen EU-Mitgliedschaft und Globalisierung kein besseres Leben gebracht haben, sondern bloß den Kampf um weniger qualifizierte Jobs und bisweilen auch Arbeitslosigkeit. Diejenigen, die für den Ausstieg aus der EU gestimmt haben, taten dies aus vielerlei Gründen, und sie haben die unterschiedlichsten Biographien. Mit Sicherheit jedoch kamen viele von ihnen aus den ärmeren Regionen von England und Wales, aus ehemaligen Arbeitervierteln, was wiederum die traditionelle Klassenteilung zwischen Reich und Arm reflektiert.

Die alten Spaltungen sind nur schwer zu überwinden, und zugleich haben manche Kommentatoren begonnen, neue Risse in der Gesellschaft auszumachen.

Der Schriftsteller David Goodhart charakterisierte einen wichtigen neuen Unterschied in seinem 2017 erschienenen Buch ›The Road to Somewhere‹. Der Autor unterscheidet darin zwischen den Kosmopoliten, Weltbürgern (den »Anywheres«) und den eher bodenständigen, heimatverbundenen Menschen (»Somewheres«). Goodhart schreibt: »Die Weltbürger dominieren das kulturelle und gesellschaftliche Leben. Sie machen einen guten Schulabschluss, ziehen mit 18 oder 19 Jahren von zu Hause weg, gehen an die Universität, und der erste Job ihrer Karriere führt sie vielleicht nach London oder auch für ein oder zwei Jahre ins Ausland.« Sie landen in Berlin, New York, Shanghai oder Mumbai, und ohne ihre britische Herkunft zu verleugnen, werden sie quasi automatisch zu Kosmopoliten. Die Bodenständigen besitzen einen viel klarer definierten Identitätssinn. Wie die meisten Briten wohnen sie in einem Umkreis von vielleicht 30 Kilometern des Orts ihrer Kindheit und fühlen sich ihrem Heimatort, der Region und dem Land viel stärker verbunden.

Viele dieser Bodenständigen haben als Folge des wirtschaftlichen Wandels durch die Globalisierung nach und nach ihre Jobs verloren. Ihre Kultur der Arbeiterklasse wurde immer mehr an den Rand gedrängt, gerade im nationalen Diskurs. Natürlich sind wir alle ein Volk, es ist jedoch verdammt schwierig, jemanden, der in der Nähe des Orts wohnt, wo er aufgewachsen ist, eine starke lokale Identität besitzt, aber keine berufliche Qualifikation, die sich über Kontinente transferieren ließe, davon zu überzeugen, dass auch er ein »Weltbürger« sei.

Goodhart beziffert den Anteil der Kosmopoliten in der britischen Bevölkerung auf bis zu 25 Prozent, etwa 50 Prozent sieht er als Bodenständige, den Rest als »Inbetweeners«, die sich irgendwo zwischen beiden Extremen bewegen. Das sind natürlich nur Näherungswerte und recht unscharfe Definitionen, aber sie helfen, wenn man das Großbritannien von heute nicht nur durch das Prisma der Klasse, sondern auch unter Berücksichtigung der Weltsicht verstehen will. Viele »progressive« Kosmopoliten sind vielleicht peinlich berührt, wenn sie der Liebe zu ihrem Land Ausdruck geben, die Bodenständigen haben damit keine Probleme – ihre Weltsicht war zumindest bis zum Ende der 1970er-Jahre ein akzeptierter Fakt in der britischen Gesellschaft. Aber das Aufkommen der multikulturellen Gesellschaft, paralleler Kulturen und die Verbreitung höherer Bildung stellen das alles infrage.

Großbritanniens Labour Party, die traditionelle Partei der Arbeiterklasse, wird immer mehr zur Partei der »progressiven« Mittelschicht, von der viele eher der kosmopolitischen Weltsicht zuneigen. Bei den Parlamentswahlen 1966 kam Harold Wilsons Labour Party mit ca. 11 Millionen Stimmen aus der Arbeiterklasse und 2 Millionen aus der Mittelschicht an die Macht; 2015 standen die Zahlen bei 4,2 Millionen Stimmen aus der Arbeiterklasse und 4,4 Millionen aus der Mittelschicht. Dieses veränderte Bild geht auf eine Reihe von Faktoren zurück, nicht zuletzt den Niedergang der traditionellen Berufe der Arbeiterklasse, aber es liegt auch daran, dass die Partei, die sich traditionell vor allem auf die Themen konzentriert hat, die für die Arbeiterklasse am wichtigsten sind – Beschäftigung, Wohnen, Verbrechensbekämpfung –, offenbar ihren Fokus stärker auf andere Themenfelder verlegt hat, darunter auch die Identitätspolitik.

Diese unterschiedlichen Identitäten – hier die Globalisten, dort die Heimatverbundenen – sind in den Debatten über Identität, Nationalismus und Einwanderung vor und nach dem Brexit-Votum massiv aufeinandergeprallt. Jahrzehntelang war dies in vielerlei Hinsicht eine Diskussion im Verborgenen, da bestimmte Kreise in Politik und Medien sich offenbar einfach weigerten, die Sache zu thematisieren. Dennoch diskutierten große Teile der Bevölkerung landauf, landab über diese Fragen.

Mehrere aufeinanderfolgende Regierungen vertraten die Ansicht, für eine gesunde Wirtschaft jetzt und in Zukunft sei das Königreich auf massenhafte Zuwanderung angewiesen – und dafür spricht in der Tat eine Menge. Ein Blick auf eine beliebige britische Großstadt genügt, um zu zeigen, dass Verkehr, Gesundheitswesen und viele andere Branchen geradezu zum Erliegen kämen, wenn alle Einwanderer im Land am gleichen Tag freinehmen würden. Was jedoch fehlte, war eine begleitende Finanzierung von Sozialwohnungsbau und Gesundheitswesen, und die Mächtigen neigten dazu, über die Bedenken der Leute hinwegzusehen, ohne ihnen auch nur richtig zuzuhören.

Ein Beispiel konnte man im Wahlkampf vor den Parlamentswahlen im Jahr 2010 bewundern. Der damalige Premierminister Gordon Brown unterhielt sich vor laufender Kamera auf der Straße im nordenglischen Rochdale mit einer treuen Labour-Wählerin, der 65-jährigen Gillian Duffy. Mrs. Duffy äußerte allerlei Ansichten zur Staatsverschuldung, zur Bildung und zum staatlichen Gesundheitssystem und sagte dann: »Man kann gar nichts über die Immigranten sagen, weil Sie dann sagen, man sei … aber all diese Osteuropäer, die hier reinkommen, wo kommen die eigentlich her?« Ihre Äußerungen legten nahe, dass sie das Gefühl hatte, für eine Rassistin gehalten zu werden, wenn sie gesagt hätte, das Tempo des Wandels in ihrer Heimatstadt würde sie verunsichern, und die vielen Zuwanderer machten ihr Sorge. Wohl unbeabsichtigt bestätigte der Premierminister ihre Ansicht. Er scherzte ein wenig, lächelte, klopfte ihr auf die Schulter, wünschte ihr alles Gute und stieg in seinen Wagen. Dann wandte er sich an einen Mitarbeiter, nicht bedenkend, dass sein Mikrofon noch eingeschaltet war: »Das war eine Katastrophe. Ich hätte einfach … ich hätte mich nie auf das Gespräch mit der Frau einlassen sollen. Wessen Idee war das eigentlich?« Und dann beantwortete er die Frage eines Mitarbeiters, was die Frau denn gesagt hätte: »Ach, alles Mögliche, das war einfach eine ziemlich intolerante Person.« In dem Moment erkannten Millionen Menschen im Königreich, die ebenfalls darüber besorgt waren, wie sich ihre Heimatstädte veränderten, dass ihr Premierminister sie für intolerant hielt.

Nach Einschätzung vieler Wirtschaftsfachleute braucht Großbritannien in der Tat Einwanderung; das Problem ist, dass das alles so schnell ging und die Regierung nicht die Folgen bedachte, als sie die Projektionen für die Einwanderung bewertete, nachdem sich im Jahr 2004 zehn osteuropäische Länder der EU angeschlossen hatten. Diese Projektionen erwiesen sich als völlig unrealistisch. In einem Bericht für das Innenministerium aus dem Jahr 2003 war behauptet worden, nur 13 000 Einwanderer pro Jahr würden aus Ländern wie Polen und Ungarn nach England kommen, wenn Deutschland und andere wichtige EU-Länder ihre Arbeitsmärkte ebenfalls offen halten würden. Dieses »wenn« erwies sich als der entscheidende Haken bei der Sache. »Hereinspaziert!«, sprach die britische Regierung; »Bleibt mal schön draußen!«, meinten die meisten anderen EU-Länder – am Ende gestatteten nur drei EU-Länder (neben dem Vereinigten Königreich noch Irland und Schweden) den Osteuropäern 2004 sofortigen Zugang zu ihren Arbeitsmärkten. Die übrigen Mitgliedsstaaten führten eine Reihe von Einschränkungen ein, um einen stufenweisen Übergang über mehrere Jahre zu organisieren. Bis Mitte 2015 waren rund 900 000 Menschen allein aus Polen im Königreich eingetroffen. Mitte 2017 veröffentlichte das britische Statistikamt einen Bericht, laut dem zwischen 2004 und 2016 eine Netto-Migration ins Vereinigte Königreich von durchschnittlich 250 000 Menschen pro Jahr erfolgte. Zusammengenommen entspricht das in etwa der Bevölkerung von sechs Städten der Größe Liverpools.

Angesichts solcher Zahlen überrascht es nicht, dass in einer 2011 durchgeführten YouGov-Umfrage 62 Prozent der Teilnehmer folgender Aussage zustimmten: »Großbritannien hat sich in letzter Zeit bis zur Unkenntlichkeit verändert; manchmal fühlt es sich an wie ein fremdes Land, und das gibt mir ein ungutes Gefühl.« Manche sehen in solchen Gefühlen gleich einen Beweis für Fremdenfeindlichkeit und eine irrationale Reaktion auf die Vorteile der Mitgliedschaft in der EU und der Globalisierung. Das ist etwas unfair gegenüber ganz normalen Leuten, die miterleben mussten, wie ihre Wohnviertel oder ihre Stadt sich extrem schnell veränderten. Es ist eine Tatsache, dass manche Gegenden sich wirklich völlig gewandelt haben; dass dies manchen Briten ein ungutes Gefühl gibt, ist eine ebenso einleuchtende Aussage, als würde man sagen, wenn Fremde in großer Zahl plötzlich in bestimmte Viertel von Ho-Chi-Minh-Stadt einzögen, hätten die Einheimischen wohl ein ebenso ungutes Gefühl.

Ironischerweise sind es oft die gleichen Leute, die die »Gentrifizierung« von Arbeitervierteln durch die Mittelschicht beklagen und durchaus Verständnis dafür haben, dass die Arbeiterklasse solche Veränderungen nicht unbedingt toll findet, die dann schnell Leute kritisieren, denen es nicht passt, wie die Einwanderung ein Stadtviertel verändern kann. Diese Gentrifizierung wird mitunter gar als »soziale Säuberung« bezeichnet, die Einwanderung hingegen als »Diversifizierung«. Fast immer jedoch sind viele derjenigen, die solche Begriffe benutzen, weniger von diesen Veränderungen betroffen als die, die unmittelbar vor Ort leben. Menschen zurückzuweisen, die gerne in ihrer relativ homogenen Kultur lebten und die nun verunsichert sind, was ihren Platz in der Welt angeht, treibt diese lediglich in die Arme derjenigen, die sich ihre Ängste nur zu gerne zunutze machen – und das sind die wahren Intoleranten.

Die meisten Briten akzeptieren heute den Grundsatz der Gleichstellung der Geschlechter und ethnischer Gruppen sowie die gleichgeschlechtliche Ehe. Gegen Einwanderung zu sein heißt nicht unbedingt, gegen Einwanderer zu sein. Ob jemand ein ungutes Gefühl bei Veränderungen hat oder Rassist ist, ist nun einmal ein Unterschied, und Patriotismus ist auch nicht dasselbe wie Nationalismus. Ich definiere Ersteres teilweise als »Liebe zum eigenen Land und Respekt vor den Ländern anderer«, Letzteres dagegen eher als »Liebe zum eigenen Land und Verachtung für die Länder anderer«. Die Geschichte lehrt, dass es Zeit braucht, bis man sich mit »dem anderen« uneingeschränkt gut fühlen kann, aber auch, dass, wenn man es richtig anstellt, sowohl »wir« als auch »die anderen« lernen können, einander offen anzunehmen.

Das gilt auch für die Gretchenfrage der Religion. Der Zensus von 2011 ergab eine Liste mit Dutzenden von Religionen in England und Wales, in der auch »Jedi-Ritter«, »Heavy Metal« und »Satanismus« nicht fehlten. Derlei »Glaubensbekenntnisse« machen neben Christentum, Islam und Hinduismus in einer Bevölkerung von 65 Millionen Menschen natürlich nur eine verschwindende Minderheit aus.

Etwa zwei Drittel der Menschen fühlen sich weder einer Religion noch einer bestimmten Gemeinde zugehörig, was die Ausnahmestellung Nordirlands nur unterstreicht – die starke und gespaltene religiöse Identität dort hat mit der Realität im Rest des Vereinigten Königsreichs wenig gemein. Die Zahl der Kirchenbesuche geht insgesamt Jahr für Jahr zurück; diese Entwicklung begann bereits in den 1950er-Jahren und hat sich seitdem beschleunigt. Trotz des jähen Rückgangs des Christentums bezeichnen 59,3 Prozent – oder 33 Millionen – der Zensusteilnehmer sich selbst als »Christen«. Das ist eindeutig ein kulturelles Relikt aus Zeiten, in denen sich praktisch das ganze Land zum Christentum bekannte, und es zeigt, dass viele Leute, auch wenn sie die Grundsätze des Glaubens nicht akzeptieren, sich dennoch kulturell mit dessen Geschichte und Traditionen identifizieren. Aber auch diese Identifikation bröckelt: Bei der Volkszählung 2001 hatten sich noch 72 Prozent als Christen bezeichnet.

Zusätzlich zu den 59,3 Prozent Christen ermittelte der Zensus von 2011 Werte von 4,8 Prozent Muslimen, 1,5 Prozent Hindus, 0,8 Prozent Sikhs und 0,5 Prozent Juden. Das entspricht in absoluten Zahlen ca. 2,7 Millionen Muslimen, 800 000 Hindus, 423 000 Sikhs und 263 000 Juden. Zusammen mit »ohne Religion« sind dies die sechs zahlenmäßig stärksten Gruppen. Nur zur Information: Die Jedi-Ritter landeten auf Platz 7 mit 176 000 Anhängern – vielleicht sollte man auch eher von Leuten mit einem ganz bestimmten Sinn für Humor sprechen. Ganze 1800 Teilnehmer erklärten sich übrigens zu Satanisten.

Die künftige Zunahme an Jedi-Rittern und wohl auch Beelzebub-Jüngern lässt sich nur schwer prognostizieren, bei den führenden Religionen sieht das anders aus. Das am schnellsten wachsende Glaubensbekenntnis in Großbritannien ist der Islam, teilweise bedingt durch Geburtenrate, Einwanderung und die besondere Hingabe zum Glauben. Während die meisten Briten, die sich zum christlichen Erbe bekennen, gar nicht religiös sind – in Wirklichkeit stufen sich weniger als sieben Prozent der Bevölkerung als praktizierende Christen ein –, ergab eine Umfrage im Jahr 2014, dass 93 Prozent der Muslime ihre Religion tatsächlich praktizieren. Ob das wirklich religiöse Hingabe ist oder eher dem kulturellen Druck geschuldet, ist schwer zu sagen, da es in den meisten muslimischen Kulturen schlicht nicht akzeptabel ist, sich zum Atheismus zu »bekennen«. Angesichts der Stärke seiner Anhängerschaft und der Tatsache, dass jeder dritte Muslim in Großbritannien unter 15 Jahre alt ist, dürfte sich der Anstieg des Islam als zweitstärkste Religion im Vereinigten Königreich fortsetzen. Und bei fortgesetzter Einwanderung und der Abnahme des Kirchenbesuchs in der Christengemeinde folgt daraus, dass der Islam vermutlich zur meistpraktizierten Religion im Land werden wird.

Das ist allerdings etwas anderes als die tatsächliche Zahl der muslimischen Bevölkerung. 2011 war etwa jeder 20ste Bewohner Großbritanniens Muslim, die öffentliche Wahrnehmung des Verhältnisses ist jedoch eine ganz andere, und das gilt für ganz Europa: Eine Umfrage von Ipsos Mori lässt darauf schließen, dass die meisten Briten die Anzahl der Muslime um den Faktor drei überschätzen. Das gilt übrigens für Nichtmuslime ebenso wie für die Muslime selbst und liegt wohl teilweise an der Konzentration dieser Bevölkerungsgruppe in Ballungsgebieten – über 80 Prozent der Muslime leben in nur vier Regionen: in Yorkshire, im Nordwesten, in den West Midlands sowie im Großraum London.

Diese Konzentration schafft Parallelgesellschaften, und die dadurch entstandene Situation kann Spaltung begünstigen und den sozialen Zusammenhalt gefährden. Es gibt bestimmte Gegenden in Ballungsgebieten (beispielsweise Luton, Burnley, Manchester und Oldham), die überwiegend muslimisch sind und die wenig Kontakt mit den überwiegend nichtmuslimischen Vierteln in der Nachbarschaft pflegen. Der Multikulturalismus war in dieser Hinsicht keine Hilfe – er verhindert die Assimilation und untergräbt den sozialen Zusammenhalt: Wir laufen Gefahr, zu einer Mehrfach-Gesellschaft mit unterschiedlichen Kulturen zu werden, in denen die Mentalität und der Lebensstil des »wir und die anderen« immer mehr in den Vordergrund rückt.

In den Jahren nach dem Krieg tat sich das Vereinigte Königreich – zumindest in bestimmten Regionen – recht schwer mit der Entwicklung zu einer multikulturellen Gesellschaft. Die Briten von heute befinden sich in Zeiten verstärkter Massenmigration in einem ähnlichen Anpassungsprozess. Heute spielt allerdings noch ein wichtiger zusätzlicher Faktor eine Rolle: die Religion. Und wie wir in Nordirland sehen, kann sie sich als besonders schwer zu überbrückender Graben erweisen. Da die meisten Religionen im Kern ihren Weg als den einzig richtigen sehen und andere als bestenfalls fehlgeleitet, neigen sie dazu, Menschen zu separieren – eine unwillkommene Entwicklung, die manche religiösen Führer allerdings aktiv vorantreiben. Dies trifft besonders auf den Islam zu. Verglichen mit anderen Religionen existiert dort ein höheres Maß an politischem Engagement muslimischer Gruppen, mit entsprechend hoher medialer Aufmerksamkeit. Gewiss bemühen sich zahlreiche glaubensübergreifend religiöse Frauen und Männer, Brücken zu bauen, aber es gibt einfach zu viele Moscheen mit Predigern, die der Kultur des »wir und die anderen« das Wort reden – und viele am rechten Rand des politischen Spektrums sind in der Hinsicht keinen Deut besser.

Die Präsenz des Islam im Vereinigten Königreich hat eine lange Geschichte – ein Dokument von 1641 verweist auf eine »Sekte von Mohammedanern«, und die erste Übersetzung des Korans erschien in England im Jahr 1649. Allerdings betrug die geschätzte muslimische Bevölkerung noch vor 50 Jahren gerade einmal 50 000; heute geht sie auf drei Millionen zu. Das ist ein rapider Anstieg für diese kurze Zeit, und in den gleichen 50 Jahren vollzog sich ein entsprechend rascher Wandel der gesellschaftlichen Einstellung im Land. Wie bereits gesehen, ist der Kirchenbesuch stark zurückgegangen, der Glaube ist auf dem Rückzug, und doch wird die Religionsfreiheit zunehmend akzeptiert. Die Abtreibung wurde legalisiert, ebenso wie Homosexualität. Die Homoehe und die Adoption von Kindern durch Homosexuelle sind heute gang und gäbe, und die Mehrheit der Bevölkerung akzeptiert diese Veränderungen, ganz gleich, was manche Christen davon halten.

Die Spannungen ergeben sich hier aus dem Wachstum einer Religion, in der viele Anhänger und religiöse Führer die beschriebenen Beispiele modernen freien Lebens eben nicht akzeptieren, weil sie ihrem Glaubensbekenntnis grundsätzlich zuwiderlaufen. Eine Umfrage von ICM Research im Jahr 2016 stellte fest, dass 52 Prozent der teilnehmenden britischen Muslime glaubten, das englische Recht sollte dahingehend geändert werden, dass Homosexualität wieder illegal wird. Diese Haltung ist kein Problem, wenn die Anhänger dieser Haltung so gering an Zahl sind, dass sie nicht die Macht haben, den Status quo zu verändern. So hält sich beispielsweise die winzige Minderheit der »ultraorthodoxen« chassidischen Juden in Großbritannien tendenziell aus den Kulturkämpfen der Bevölkerungsmehrheit heraus und begnügt sich damit, innerhalb der eigenen Gemeinde ihre Dinge zu regeln. Der Islam dagegen ist heute und mit steigender Tendenz in einer Position, die seinen Ansichten Bekanntheit und Beachtung verschafft. Das könnte entscheidende gesellschaftliche Auswirkungen nach sich ziehen, je nachdem, von welcher Art Islam wir sprechen – von einem pluralistischen, der sich mit der Mehrheitskultur verträgt, oder von einem, der die Rückabwicklung freiheitlicher Veränderungen für jeden anstrebt, oder einem, der auf unterschiedlichen Gesetzen für unterschiedliche Gruppen der Bevölkerung besteht.

Wird es eine Europäisierung des Islam geben oder eine Islamisierung ganzer Teile europäischer Ballungszentren? Gegenwärtig sehen wir Beispiele für beides. Es gibt Millionen moderner Europäer, die als Muslime uneingeschränkt in den Alltag ihres jeweiligen europäischen Landes integriert sind. Aber es gibt auch Beispiele für überwiegend muslimische Ballungszentren, in denen eine (oftmals gewaltbereite) islamistische Ideologie propagiert wird von Leuten, die die Kontrolle über diese Gebiete und ihre Bewohner anstreben. Je mehr man die Ausbreitung der Letzteren zulässt, desto schwieriger wird es für die Ersteren, dieser Ideologie zu widerstehen.

Die Antwort auf die Frage »Was hat meine Religion mit dir zu tun?« heißt: Wir sind alle Briten und genießen als solche das Recht, Ansichten zu haben und zu vertreten, welche Art von Gesellschaft wir wollen. In dem Moment, in dem sich die Religion und die politische Arena menschengemachter Gesetze gegenüberstehen, haben wir alle etwas zu sagen: Jeder christliche Betreiber einer Bed-and-Breakfast-Unterkunft, der versuchen würde, Homosexuelle zu verbannen, wird das sehr schnell zu spüren bekommen. Diejenigen, die behaupten, die von uns geschaffene, relativ fortschrittliche Gesellschaft zu befürworten, müssen ihr Vertrauen in die Legitimität dieses Fortschritts bekunden, damit wir alle die Früchte der politischen Arbeit früherer Generationen genießen können. Dieses Vertrauen scheint aber seit vielen Jahren zu schwinden, angesichts des Aufstiegs der »kulturellen Relevanz« und der lähmenden Furcht, jede Kritik an Aspekten einer anderen Kultur könnte als rassistisch gebrandmarkt werden. Natürlich gibt es Leute, die clever genug sind, diese Furcht zu erkennen und dazu zu nutzen, die Debatte zu beenden. Rassismus ist ein zunehmend hohler Begriff, mit dem immer leichtfertiger um sich geworfen wird. In vielen Fällen lenkt er von unserem Verständnis dessen ab, was in der Gesellschaft tatsächlich vorgeht.

Ursprünglich scheint diese Furcht in einem überwältigenden Scham- oder Schuldgefühl angesichts der zahllosen Übel des Kolonialismus verwurzelt zu sein. So gesehen müsste es problematisch sein, die britische Flagge zu hissen, hingegen wäre es ein legitimer Ausdruck kulturellen Stolzes, diejenige einer ehemaligen britischen Kolonie bei einer kulturellen Veranstaltung im Vereinigten Königreich zu zeigen. Böser Patriotismus hier, guter Patriotismus dort – diese Haltung verrät eine interessante Kombination aus Schuldgefühl, Bevormundung und autoritärer Einstellung. Viele einfache Leute in Großbritannien sind gänzlich verwirrt ob dieser kulturellen Windungen, weil sie nicht in dem intellektuellen Umfeld derjenigen zu Hause sind, die das vorherrschende Narrativ propagieren. George Orwell war das alles sehr bewusst. Schon in den 1930er-Jahren schrieb er in seinem Essay ›The Lion and the Unicorn‹ (dt. Der Löwe und das Einhorn):

> England ist vielleicht das einzige große Land, dessen Intellektuelle sich ihrer eigenen Nationalität schämen. In linken Kreisen herrscht immer das Gefühl, Engländer zu sein habe etwas leicht Beschämendes, dass es eine Pflicht sei, sich über jedwede englische Institution lustig zu machen, vom Pferderennen bis zum Suet Pudding. Es ist seltsam, aber unbestreitbar wahr: Fast jedem englischen Intellektuellen wäre es peinlicher, stehend dem »God Save the King« zu lauschen, als etwas aus der Almosenbüchse zu stehlen.

Orwell bezog sich hier spezifisch auf England, und vielleicht liefert seine Beobachtung einen Schlüssel zu der Überlegung, die manch englischen Brexit-Befürworter zu seiner Entscheidung bewogen haben könnte – diejenigen, bei denen Identitätsempfinden und Nationalstolz stark ausgeprägt sind und die verunsichert sind angesichts einer politischen und medialen Elite, die sich völlig vom Leben der einfachen Bevölkerung abgekoppelt hat. Orwell war Teil des »Kommentariats«, noch bevor der Begriff erfunden wurde. Er war damals eine Ausnahme aus den gleichen Gründen, aus denen er es auch heute wäre – es war ihm wichtig, die englische Kultur zu erleben, so wie sie das einfache Volk in großer Zahl erlebt. Das lehrte ihn, sein Verständnis der realen Verhältnisse zu vertiefen.

Das Vereinigte Königreich hat angesichts nationalistischer Gefühle sowie klassen- und religionsbedingter Risse in der Vergangenheit seinen Zusammenhalt gewahrt. Jetzt steht es wieder auf der Probe – ob es in der Lage sein wird, diese Spaltungen ein weiteres Mal zu überwinden und wieder den relativen gesellschaftlichen Zusammenhalt des 20. Jahrhunderts zu erhalten, wird sich noch erweisen. Der Hadrianswall zeigt uns, welch lange Geschichte unsere Spaltungen haben, die Mauern von Belfast zeigen uns, welch weiten Weg wir noch vor uns haben und wie dramatisch die Dinge aus dem Ruder laufen können.

Es ist möglich, die Risse in der modernen britischen Gesellschaft und die konkurrierenden Narrative zu betrachten und dabei zu erkennen, wie wichtig es ist, die vernünftigen Bedenken der unterschiedlichen Fraktionen zu berücksichtigen. Ob in England, Nordirland, Schottland oder Wales: Die Einwohner müssen durch eine gemeinsame Erfahrung verbunden sein, die in ihrer Gesamtheit den Nationalstaat bildet – geeint, jedenfalls bis zu einem gewissen Grad, durch gemeinsame Werte, so schwierig diese auch zu definieren sein mögen. Der schlimmste Albtraum für uns wäre eine Zukunft, in der wir uns in unsere jeweiligen Enklaven zurückziehen – dann wäre die Summe der Einzelteile noch nicht einmal dem Ganzen gleichwertig, sondern würde es sogar schwächen.

SCHLUSSBETRACHTUNG

»Was geschehen ist, eben das wird hernach sein.
Was man getan hat, eben das tut man hernach wieder,
und es geschieht nichts Neues unter der Sonne.«
Prediger 1:9

Als Reporter verließ ich einmal zu Fuß die Grüne Zone in Bagdad, zusammen mit zwei Kollegen und auf dem Höhepunkt der Phase von Bombenanschlägen und Entführungen Anfang der 2000er-Jahre. Damals sah der übliche *modus operandi* außerhalb der Grünen Zone so aus, dass man liegend auf der Rückbank eines verbeulten Autos mit getönten Scheiben unterwegs war, vorne saßen zwei Wachen mit Sturmgewehren im Anschlag. Als ich den letzten von US-Soldaten bewachten Checkpoint passiert hatte, begann jeder einzelne Schritt an Bedeutung zu gewinnen. Jeder führte mich einen Schritt weiter weg von der Zone der Sicherheit – und von jeder Hilfe, falls etwas schiefgehen sollte.

Es ist ein eigenartiger Ort, einer, in dem es nur wenige Menschen gibt und keiner das Sagen hat. Es gibt keine Strukturen, kein Gesetz, und diejenigen, die sich in dieses Niemandsland vorwagen, fallen ganz eindeutig in eine unserer beiden bekannten Kategorien: »wir« oder »die anderen«. Journalisten wurden einst als neutral anerkannt, aber diese Zeiten sind vorbei, und in vielen

Konflikten gelten wir heute als Ziele für Vergeltungsaktionen – oder für Entführung und Erpressung. An diesem Tag gingen wir ein paar Hundert Meter, sprachen mit einer Gruppe Zivilisten, wurden dabei allerdings immer unruhiger, dann beeilten wir uns, zurück in die relative Sicherheit der Grünen Zone zu gelangen. Zu jener Zeit wurden regelmäßig Mörsergranaten auf die Zone abgefeuert, aber wir waren uns einig, dass ein schneller Tod durch einen Granatsplitter immer noch besser wäre, als in die Hände der blutrünstigen Bande von Abu Musab al-Zarqawi zu fallen – der damals in der Entstehung befindlichen »al-Qaida im Irak«.

Diese eigenartigen Zwischenzonen werden oft erst durch unsere Konflikte und Spaltungen geschaffen. Mitunter gehören sie immer noch zum umkämpften Territorium, manchmal sind es auch einvernehmlich vereinbarte Pufferzonen. Aber wie auch immer: Sie zu betreten kann die Nerven extrem strapazieren. Jeder wagt diesen Schritt auf eigene Gefahr, oft im Bewusstsein, möglicherweise im Fadenkreuz beider Seiten zu stehen.

An modernen Beispielen herrscht leider kein Mangel. Zypern wird durch eine 178 Kilometer lange Pufferzone in der Mitte geteilt zwischen griechischen und türkischen Zyprioten. Der extremste Abschnitt ist die Gegend von Varosia am Stadtrand von Famagusta. 1974 flohen die Einwohner aus Furcht vor einem Massaker durch türkische Truppen und kehrten nie mehr zurück. Varosia ist heute isoliert durch Stacheldraht, Wachtürme und türkisches Militär. Im Innern dieser Geisterstadt herrscht fast völlige Stille, nur Vogelgezwitscher ist zu hören. Die Straßen sind menschenleer, die Gehwege von Unkraut überwuchert, viele der verlassenen Gebäude sind Ruinen, eine Erinnerung an die Kriegszeiten. Nachts versinkt die Stadt in der Dunkelheit; es gibt keine Lichter, weil keine Menschen da sind. Die Grenzlinie kann man in Varosia auch nicht überqueren, obwohl es heute sieben Stellen auf der Insel gibt, an denen ein Beamter einer Seite Ihren Pass kontrollieren wird, bevor Sie dann die paar hundert Meter bis zur anderen Seite durchqueren dürfen, wo Sie erneut die Papiere vorzeigen müssen. Beide

Seiten beobachten den Raum dazwischen; eine Schattenwelt, außerhalb der Grenzen von Sicherheit und Komfort, wo man immer beobachtet wird und hinter der »das andere« liegt.

Erzwungene Trennung und gewalttätige Konfrontation sind die extremen Folgen dessen, was geschieht, wenn wir Mauern errichten – und wenn die Spaltungen, für die sie stehen, augenscheinlich unüberwindbar sind. Niemand möchte das: Solche Bereiche und solche Situationen sind beängstigend, entmenschlichend. Von einer Seite zur anderen unter ständiger Beobachtung zu wechseln kann extrem nervtötend sein.

Das Überqueren der Grenze zwischen Israel und Gaza ist ein kaltes, einsames Erlebnis: Man fühlt sich wie gefangen, irgendwo zwischen Science-Fiction-Albtraum und einer Art Laborexperiment. Wer von Israel nach Gaza will, muss durch zwei israelische Checkpoints. Bewaffnete Wachen behalten hinter Panzerglas jede Bewegung im Auge. Die persönliche Habe wird gründlich durchsucht. Am Ende eines langen Korridors drücken Sie einen Summer; die Kamera darüber bleibt lange auf Sie gerichtet, bevor sich die Tür mit einem Klick öffnet. Wenn Sie dann im Freien sind, befinden Sie sich in Gaza. Da ist aber kein Mensch; Sie stehen in einem abgezäunten Korridor, in einem rund 1000 Meter breiten Streifen Niemandsland (an manchen Stellen ist er sogar noch breiter). Schließlich treten Sie hinaus ins grelle Sonnenlicht einer Buschlandschaft. Mehrere Hundert Meter weiter erwartet Sie ein palästinensischer Checkpoint, dort sind die Überprüfungen aber weniger scharf. Bei der Rückkehr sind die Kontrollen auf der israelischen Seite wieder wesentlich strenger: Grenzposten hinter getönten Fenstern überwachen Reihen von Kameras; akustische und berührungsempfindliche Sensoren sind auf dem ganzen Weg und in der Nähe der Mauer angebracht; Ganzkörperscanner, wie man sie heute vom Flughafen kennt, sind im Einsatz; das Gepäck wird auf Spuren von Sprengstoff gefilzt.

Das mag einem als abweisende oder übertrieben rigorose Prozedur erscheinen, aber es funktioniert wohl. Die Mauer reduziert die Gefahr, dass Selbstmordattentäter von Gaza nach Israel gelangen, und das Stück Niemandsland vergrößert die Entfernung potenzieller Ziele von Raketenangriffen auf Israel um rund einen Kilometer. Das ist eine unbequeme Wahrheit. Ja, schon der Anblick der Mauer von Gaza, der Barrieren um Bangladesch, des Stacheldrahts zwischen Ungarn und Serbien beleidigt unser Gefühl und zeugt davon, dass wir unsere Differenzen anders offenbar nicht zu lösen vermögen. Es ist einfach, die Tendenz zum Mauerbau zu beklagen; und Mauern können sogar als Reaktion auf schwierige Fragen ein trügerisches Gefühl einer Lösung vermitteln. Allerdings können sie auch vorübergehend und partiell Probleme zumindest abmildern, während die Länder an längerfristigen Lösungen arbeiten, vor allem in Konfliktgebieten. Die Mauer von Gaza hat, zusammen mit vielen anderen Maßnahmen, wie etwa dem »Iron Dome«, einem mobilen Raketenabwehrsystem, die Zahl der Todesopfer auf der israelischen Seite dramatisch reduziert. Die Mauer zwischen Saudi-Arabien und dem Irak hat immerhin geholfen, eine Infiltration durch den IS zu verhindern.

Aber wie ist es mit den Mauern in Regionen, in denen gar keine Konflikte herrschen? Die Stacheldraht-Politik Ungarns hat, materiell wie politisch, den Zustrom von Menschen nach Ungarn reduziert, wird ihn aber schwerlich ganz stoppen können. Und die Massenmigration wird in absehbarer Zukunft nicht enden. Die Menschen, die da unterwegs sind, fliehen vor Armut und/oder Gewalt, wollen in wohlhabendere und stabilere Länder gelangen. Solange Armut und Konflikte in diesem Ausmaß bestehen bleiben – und das wird in Nahost und Afrika wohl durchweg der Fall sein –, werden auch die Migrantenströme nicht nachlassen und vielleicht sogar zunehmen. Die Weltbevölkerung wächst nach wie vor: In Afrika, wo die Armut ohnehin allgegenwärtig ist, wird sich die Bevölkerungszahl vermutlich verdoppeln, von 1,2 Milliarden heute auf 2,4 Milliarden in rund 30 Jahren. Selbst wenn die Armutsrate also zurückgeht, wird die absolute Zahl der Menschen, die in Armut gefangen sind, aufgrund des Bevölkerungswachstums wohl sogar zunehmen, und für diese besteht wenig Hoffnung oder Gelegenheit, etwas an ihrem Schicksal zu ändern.

Einige reichere Länder werden auch weiterhin Mauern bauen, um den Strom der Migranten aufzuhalten. Es gibt aber auch Leute, die sagen, wir sollten nicht nur auf Mauern verzichten, sondern auf Grenzen überhaupt – und damit völlige Bewegungsfreiheit gewährleisten, sodass jeder Mensch auf dem Planeten hingehen kann, wo er möchte.

2017 beschrieb Nathan Smith, Wirtschaftsprofessor an der School of Business der Fresno Pacific University, in einem Essay für die Zeitschrift ›Foreign Affairs‹ diese Idee der »offenen Grenzen« wie folgt:

> Eine Politik nahezu völliger Freiheit der Migration weltweit, mit wenigen Ausnahmen zur Verhinderung von Terrorismus oder der Verbreitung ansteckender Krankheiten … das Ende von Migrationskontrollen würde mehr Freiheit bringen, die weltweite Armut senken und das Wirtschaftswachstum ankurbeln. Noch grundlegender aber würde diese Maßnahme das Recht der Regierungen infrage stellen, Migration mit der beliebigen Begründung staatlicher Souveränität zu regulieren … Die effizientere Allokation von Arbeitskraft würde zu einem globalen Produktivitätszuwachs führen und die Weltwirtschaftsleistung nahezu verdoppeln. Von dieser verstärkten wirtschaftlichen Aktivität würden überdies die Ärmsten der Welt überproportional profitieren.

Smith argumentiert, durch Öffnen der Grenzen könnten wir die Armut in der Welt besiegen, deshalb sei dies in gewisser Weise eine moralische Pflicht für uns im Westen, gerade im Hinblick auf die Wiedergutmachung für historische Ungerechtigkeiten. Es gibt sogar die Ansicht, die Praxis der Staatsbürgerschaft sei ebenso gewalttätig und diskriminierend wie der Sklavenhandel, da sie die Rechte von Staatsbürgern über die Menschenrechte stellt und damit die Vorstellung legitimiert, bestimmte Personen seien bessere oder wertvollere Menschen als andere. Würde diese Praxis wegfallen, wäre der Druck der Ressourcenknappheit im Westen immens – so müssten zum Beispiel wohlfahrtsstaatliche Systeme aufgelöst werden. Smith räumt ein, dass »offene Grenzen vermutlich zu einer deutlichen Zunahme sichtbarer extremer Armut im Westen führen«, hält dem aber entgegen, dass »der Zustand der Verarmung nach westlichen Standards dem Rest der Welt immer noch wie großer Wohlstand vorkommen würde« und dass die Vorteile für Millionen die Unannehmlichkeiten und Nachteile für die Menschen im Westen überwiegen würden.

Auf den ersten Blick wohnt dieser Argumentation einige Logik inne. Aus humanitärer Sicht käme es, so die Idee, insgesamt zu einer Angleichung der Lebensbedingungen. Allerdings werden dabei offenbar zwei entscheidende Faktoren nicht ausreichend gewürdigt. Erstens ist da die Frage nach den Folgen einer solchen Massenbewegung für die Länder, die dabei verlassen zurückbleiben. Zuerst würden diejenigen auswandern, die es sich leisten können und sich nicht mehr, auf Gedeih und Verderb Schleppern ausgeliefert, in Gefahr begeben und Wüsten durchqueren oder Meere überwinden müssten. Die Herkunftsländer hätten damit weniger Ärzte, Lehrer und andere Bildungseliten und würden einem entsprechenden Niedergang entgegensehen – vielleicht sogar dem völligen Kollaps, und sie würden vollkommen verarmen, ohne jede Aussicht auf Fortschritt.

Das zweite Problem ist die menschliche Natur – genauer gesagt: die Gruppenidentität. Optimistisch betrachtet werden die Zielländer der Einwanderung ihre Mühe haben, aber dennoch irgendwie zurechtkommen, und sie werden die Neuankömmlinge absorbieren. Ein Blick in die Geschichte und auf die Gegenwart legt jedoch eine etwas vorsichtigere Beurteilung der Menschheit nahe. In Wirklichkeit haben Massenwanderungen von Menschen seit jeher dem Aufkommen eines verstärkten Nationalismus Vorschub geleistet: Die Einheimischen sind anscheinend nicht sehr glücklich darüber, wenn Fremde in großer Zahl in ihr Land kommen. Die Auswirkungen auf die Politik in Europa sind eindeutig: Es erfolgte eine scharfe Wendung nach rechts, sogar zur extremen Rechten. Weltweit sieht es ähnlich aus. Ständig liest man Artikel, die die westlichen Länder schmähen, weil sie sich durch die weltweit restriktivsten Einwanderungsgesetze und ein besonders hohes Maß an Rassismus hervortun. Anderswo wissen sie es besser; doch andere Regionen sind nicht minder fähig zu Fremdenfeindlichkeit, Gewalt, religiöser Intoleranz und Rassismus. Der Druck durch die Globalisierung und das Bevölkerungswachstum ist überall auf der Welt spürbar, und im Ergebnis erleben wir einen Aufstieg der Nationalismen – säkular ebenso wie religiös fundiert. In Indien etwa ist angesichts der vorherrschenden Haltung zum aktuellen Ausmaß der Zuwanderung in die nordöstlichen Bundesstaaten kaum zu erwarten, dass eine massive Zunahme der Einwanderung aus Bangladesch zur Entspannung beiträgt.

Das gilt auch anderen Orts: Seit 2014 sind die Einwohner der Stadt Encarnación in Paraguay von ihren argentinischen Nachbarn in Posadas nicht nur durch einen Fluss, sondern auch durch eine viereinhalb Meter hohe und eineinhalb Kilometer lange Mauer auf dem argentinischen Flussufer getrennt. Die offizielle Begründung für das Bauwerk ist vage, aber der Kontext ist offensichtlich: In Argentinien, heute einem der liberalsten Länder Lateinamerikas, wächst die Angst vor der Zuwanderung. Ein weiteres Nachbarland ist Bolivien, von wo ebenfalls Migranten nach Argentinien kommen. Das veranlasste den Abgeordneten Alfredo Olmedo aus der nordargentinischen Provinz Salta zu der Aussage: »Wir müssen eine Mauer bauen … Ich gebe Trump zu 100 Prozent recht.«

Offene Grenzen werden im gegenwärtigen Klima schlicht nicht funktionieren – weder jetzt noch in absehbarer Zukunft. Die Idee des »Nationalstaates« hat natürlich ihren Anteil an den Problemen. Wir haben das offenbar erkannt, als wir die Gesetze der Vereinten Nationen über das Eigentum im Weltraum entwarfen. Darin heißt es:

> Der Weltraum, einschließlich des Mondes und anderer Himmelskörper, unterliegt nicht der nationalen Aneignung durch Souveränitätsansprüche, Besetzung oder auf andere Weise.

Der Vertrag etabliert die Erforschung und Nutzung des Weltraums als »Wirkungsfeld der gesamten Menschheit«. Der Mondvertrag erweitert diese Regelungen dahingehend, dass

> weder die Oberfläche noch der Untergrund des Mondes (oder anderer Himmelskörper im Sonnensystem), auch nicht Teile davon oder dort vorhandene natürliche Ressourcen, in das Eigentum eines Staates, zwischenstaatlicher oder nichtstaatlicher Organisationen, nationaler Organisationen oder nichtstaatlicher Körperschaften oder einer natürlichen Person übergehen dürfen.

Für die Erde kommen derlei Vorkehrungen freilich zu spät. Der Planet und seine menschlichen Bewohner sind zu komplex, als dass eine plötzliche Umstellung auf eine Weltregierung möglich wäre, in der sich Nationalstaaten auflösen und die Welt in der Tat zum »Wirkungsfeld der gesamten Menschheit« würde. Überdies hat die Welt der Nationalstaaten, in der wir leben, bei all ihren Nachteilen immerhin eine relative Stabilität geschaffen. Wir haben einen langen Weg hinter uns, aber einen noch längeren vor uns. Vergleichen Sie die Ära nach dem Zweiten Weltkrieg mit den 75 Jahren davor, dann erkennen Sie, welch gewaltige Fortschritte wir gemacht haben. Im globalen Maßstab ist die Alphabetisierungsrate gestiegen, die Armutsrate gesunken. Krankheiten wurden geheilt, die Kindersterblichkeit reduziert, ebenso wie die geburtsbedingte Müttersterblichkeit. Mit Hilfe von Wissenschaft, demokratischen Prinzipien und guter Politik kann dieser Fortschritt anhalten.

Klar ist aber auch: Wenn wir nicht mehr Geld dorthin transferieren, wo die meisten Menschen leben, werden viele dorthin zu gehen versuchen, wo das Geld ist. In der unmittelbaren Zukunft müssen die Budgets für Entwicklungshilfe erhöht werden. In der näheren Zukunft brauchen wir einen Marshallplan des 21. Jahrhunderts für die Entwicklungsländer, um die Reichtümer der G20-Staatengruppe in einer globalen Umverteilung des Wohlstands besser zu nutzen. Nach den Zerstörungen des Zweiten Weltkriegs sorgte der Marshallplan für den Wiederaufbau Europas. Es war ein enormer Kraftakt, vorangetrieben durch die Amerikaner und durchgeführt in der Gewissheit, dass beide Seiten Nutzen davon haben würden. Heute brauchen wir einen noch größeren, noch ehrgeizigeren Plan, den wir umsetzen müssen in der Erkenntnis, dass er allen zugutekommt. Entwicklungshilfe, Infrastruktur, Handel, Bildung, Gesundheit, Klimawandel – alle Themenbereiche müssen darin Berücksichtigung finden.

Wir haben schon einen Vorgeschmack davon bekommen, was ohne derartige Maßnahmen geschehen wird. Die Migration wird weitergehen und sogar noch zunehmen, und angesichts dieser »Gefahr« für Wohlstand und Stabilität im eigenen Land werden die reichen Nationen nur noch mehr auf Besitzstandswahrung – Territorium, Sozialleistungen, Kultur – bedacht sein, was nationalistischen Bewegungen und der Mode des Mauerbaus weiter Auftrieb verleihen wird. Die Politik wird gehässiger, die Barrieren höher, und der Einsatz von Gewalt gegen diejenigen, die die Mauern zu überwinden versuchen, wird weiter zunehmen. Viele Hardliner und Fremdenfeindliche (oftmals die gleichen Leute) wollen null Einwanderung. Das ist weder menschlich noch wirtschaftlich wünschenswert.

Die westlichen Länder benötigen mittelfristig Einwanderer, um sich selbst zu erhalten. Ich sage »mittelfristig«, weil ich erst noch gerne eine Prognose darüber sähe, was geschieht, wenn der Wendepunkt erreicht ist – will sagen: wenn eine Technologie, die viele Jobs überflüssig macht, und der Höhepunkt der Migration zusammentreffen. Vorerst jedoch braucht die Welt Migration in nachhaltigem Ausmaß, die also zum Beispiel nicht Bangladesch ausblutet und zugleich Indien destabilisiert. Wie man das steuern soll, ist indes unklar: Wen soll man hereinlassen – Wirtschaftsmigranten, die dem Wohlstand des aufnehmenden Landes nützen, oder Menschen, die vor Krieg und Verfolgung flüchten? Wer entscheidet, wer zur letztgenannten Kategorie gehört? Wie viele soll man aufnehmen?

Und wie kann man die Neuankömmlinge integrieren, ohne dass Probleme mit den Einheimischen entstehen? Die meisten Menschen im Westen haben die Diversität akzeptiert, mitunter sogar begrüßt. Alle Gedanken an »Rassenreinheit« haben sich längst erledigt, existieren allenfalls am ganz rechten Rand, wie man bei den Demonstrationen der »White Supremacists« von Charlottesville in den USA 2017 sehen konnte. Jede Form von Gewalt gegen »die anderen« ist inakzeptabel: Die Brandanschläge auf Flüchtlingsunterkünfte in Deutschland beispielsweise gelten als eine Schande.

Während jedoch die Menschen im Westen in aller Regel von solch extremem Verhalten nichts wissen wollen, wollen sie doch die grundlegenden Werte ihrer Kultur bewahren. Nach Jahrhunderten des Blutvergießens, des Imperialismus und vieler anderer Übel beruht der Westen heute auf einem gemeinsamen Glauben an die Demokratie, an Geschlechtergerechtigkeit, Religions- und Redefreiheit. Natürlich verhält sich eine Nation nicht immer im Einklang mit ihren eigenen zivilisatorischen Werten, aber diese Heuchelei heißt ja nicht, dass es diese Werte nicht gäbe. Die Mehrheit der Menschen will, dass diejenigen, die in ihre Gemeinden einwandern, ihre Werte teilen oder doch zumindest tolerieren und nicht dagegen angehen. Ein großer Teil der modernen Europäer hätte nichts dagegen, wenn ein homosexuelles Paar in der Nachbarschaft einzieht, wäre aber sehr wohl unglücklich über einen homophoben Nachbarn, der zum Hass gegen Homosexuelle aufstachelt. Wir müssen daher Wege finden, wie Neuankömmlinge sich in die Gemeinde ihrer Gastgeber integrieren können und nicht etwa versuchen, deren Werte auszuhöhlen. Das ist keine Frage von »Rasse« oder Religion oder einfach nur guter Manieren: Der einzige Ort, wo es dem Gast erlaubt ist, das Geschirr zu zerdeppern, ist ein griechisches Restaurant. In dieser beiderseitigen Beziehung hat auch der Gastgeber die Verantwortung, dem Gast das Gefühl zu geben, willkommen zu sein. Dies gilt für Gäste und Gastgeber in Ländern und Kulturen weltweit. Auf diese Weise können beide Seiten Brücken bauen und dem »anderen« die Hand reichen.

Solange es keine universelle menschliche Gemeinschaft gibt und eine Welt ohne Wettbewerb um Ressourcen, werden wir nicht aufhören, Mauern zu bauen. Das war schon immer so. Wir Menschen sind letztendlich auch nur Tiere. Wunderbar, mal schön, mal hässlich, mit unglaublichen Fähigkeiten ausgestattet, unendlicher Vorstellungskraft, aber doch nur Geschöpfe dieser Welt, und wie jedes andere Geschöpf brauchen wir unseren Raum.

Es gibt ein Sprichwort, das man in den meisten Sprachen findet: »Gute Zäune schaffen gute Nachbarn.« Das ist keine abgedroschene Volksweisheit; es spricht eine unvermeidliche Wahrheit aus über Grenzen, physische wie psychologische. Wir planen für eine Zukunft, in der wir aufs Beste hoffen und das Schlimmste fürchten, und weil wir fürchten, bauen wir Mauern.

Das mag wie ein deterministisches Menschenbild wirken, aber das Ganze hat auch einen Vorteil. Dank unserer Fähigkeit zu denken und zu bauen sind wir auch in der Lage, die Räume zwischen den Mauern mit Hoffnung zu füllen – und Brücken zu bauen. Für jede Mauer zwischen Ländern gibt es einen Datenhighway, für jede al-Qaida gibt es eine interkonfessionelle Initiative, und für jedes Raketenabwehrsystem gibt es eine internationale Raumstation. Reiche Länder geben Milliarden Dollar an Hilfsgeldern. Die Kodifizierung der Menschenrechte bestätigt, dass die Menschen zumindest in der Theorie alle gleich geschaffen sind. Wir haben große Versammlungssäle errichtet, in denen wir uns treffen, miteinander diskutieren und unsere Differenzen zu überwinden versuchen. Die Vereinten Nationen, die EU, die Afrikanische Union, ASEAN, MERCOSUR, OPEC, NATO, die Weltbank und Hunderte weiterer pannationaler und globaler Organisationen wurden allesamt geschaffen, um uns zu einen und unsere Konflikte beizulegen. Sie sind eine formelle Anerkennung des Menschseins, und durch sie versuchen die Mega-Stämme, ihre Differenzen zu lösen, ihre Mauern aufrechtzuerhalten und zugleich nach langfristigen Lösungen zu suchen.

Auch wenn also gegenwärtig Nationalismus und Identitätspolitik Oberwasser haben, gibt es immer das Potenzial, dass der Lauf der Geschichte sich auch wieder der Einheit zuneigen wird.

DANK

Herzlichen Dank an alle bei Elliott & Thompson für die konstante Unterstützung eines Zwei-Jahres-Projekts – und fürs Rausschneiden von so vielen blumigen Formulierungen, dass man damit glatt einen Blumenladen aufmachen könnte. Mein Dank gilt auch Wen Qi, Sabrina Zeng, Sam Bamba, Sameer Bazbaz, Mina al Orabi, Dr. Rogier Creemers, Dr. Reece Jones, Fawaz Gerges, David Waywell, Henry Robinson, Professor Stuart Elden und David Kornbluth.

LITERATUR

1: China

Bandurski, David, »China's ›positive‹ prescription for dissent«, *China Media Project*, 17. November 2014 (cmp.hku.hk/2014/11/17/37177/)

ChinaKnowledge.de (www.chinaknowledge.de/Literature/Historiographyhiji.html)

»China's urban-rural divide«, *OECD Observer*, Oktober 2016 (oecdobserver.org/news/fullstory.php/aid/5669/China_92s_urban-rural_divide.html#sthash.4EDnGCMf.dpuf)

Clapp, Frederick G., »Along and across the Great Wall of China« in: *Geographical Review*, Bd. 9 (April–Juni 1920), S. 221–249

Denyer, Simon, »China's scary lesson to the world: Censoring the Internet works« in: *Washington Post*, 23. Mai 2016

Goh, Chor-ching; Luo, Xubei und Zhu, Nong, »Income growth, inequality and poverty reduction: A case study of eight provinces in China« in: *China Economic Review*, Bd. 20, Nr. 3 (September 2009), S. 485–496

Man, John, *The Great Wall*, Bantam Press, London 2008

Piketty, Thomas, und Zucman, Gabriel, »Capital is back: wealth-income ratios in rich countries 1700–2010« in: *Quarterly Journal of Economics*, Bd. 129, Nr. 3, 2014, S. 1255–1310

Waldron, Arthur N., »The problem of the Great Wall of China«

in: *Harvard Journal of Asiatic Studies*, Bd. 43, Nr. 2 (Dezember 1983), S. 643–663

Whiteley, Patrick, »The era of prosperity is upon us« in: *China - Daily*, 19. Oktober 2007

Wong, Sue-Lin, und Martina, Michael, »China adopts cyber security law in face of overseas opposition«, Reuters, 7. November 2016

2: USA

Channick, Robert, »Illinois contractor bidding to build Trump's border wall – with a tourist draw« in: *Chicago Tribune,* 3. April 2017

Cook, Lindsey, »US education: still separate and unequal« in: *US News*, 28. Januar 2015

Dear, Michael, *Why Walls Won't Work: Repairing the US-Mexico Divide*, Oxford University Press, New York 2015

»Education at a glance 2012: OECD indicators« in: *OECD Publishing*, September 2012 (www.oecd.org/edu/EAG%202012_e-book_EN_200912.pdf)

Goodhart, David, *The Road to Somewhere,* Hurst Publishers, London 2017

Hershbein, Brad, »A college degree is worth less if you are raised poor«, Brookings Institution, 19. Februar 2016

Martinez, Oscar J., »Border conflict, border fences, and the ›Tortilla Curtain‹ incident of 1978–1979« in: *Journal of the Southwest*, Bd. 50, Nr. 3, »Fences« (Herbst 2008), S. 263–278

Mexico's Constitution of 1917 with Amendments through 2015, Constitute (www.constituteproject.org/constitution/Mexico_2015.pdf?lang=en)

Neeley, Jenny, »Over the line: Homeland Security's unconstitutional authority to waive all legal requirements for the purpose of building border infrastructure« in: *The Arizona Journal of Environmental, Law & Policy*, 11. Mai 2011

Nowrasteh, Alex, »Guide to Trump's Executive Order to Limit

Migration for ›National Security‹ Reasons«, Cato Institute, Washington, D. C., 26. Januar 2017

Obama, Barack, »Floor statement on immigration reform«, Rede am 3. April 2006 (obamaspeeches.com/061-Immigration-Reform-Obama-Speech.htm)

»Political polarization in the American public«, Pew Research Center, 12. Juni 2014 (www.people-press.org/2014/06/12olitical-polarization-in-the-american-public/)

Stovall, Preston, »Reassessing cultural divisions in the United States« in: *Quillette*, 13. Januar 2017

Yearbook of Immigration Statistics (Washington, D. C.: DHS Office of Immigration Statistics, 2015)

3: Israel und Palästina

»A document of general principles and policies«, Hamas, 1. Mai 2017 (hamas.ps/enost/678/a-document-of-general-principles-and-policies)

»Behind the headlines: facts and figures – Islam in Israel«, Israel Ministry of Foreign Affairs, 9. Juni 2016 (mfa.gov.il/MFA/Foreign Policy/Issues/Pages/Facts-and-Figures-Islam-in-Israel.aspx)

»Internal fight: Palestinian abuses in Gaza and the West Bank«, Human Rights Watch, Juli 2009 (www.hrw.org/report/2008/07/29/internal-fightalestinian-abuses-gaza-and-west-bank)

»OECD reviews of labour market and social policies: Israel«, OECD, Januar 2010 (www.oecd-ilibrary.org/employment/oecd-reviews-of-labour-market-and-social-policies_20743408)

Starr, Kelsey Jo, und Masci, David, »In Israel, Jews are united by homeland but divided into very different groups«, Pew Research Centre, 8. März 2016

Vallet, Elisabeth (Hrsg.), *Borders, Fences and Walls: State of Insecurity?*, Ashgate Publishing, Farnham 2014

4: Der Nahe Osten

Al Homayed, Tariq, »Interview with His Majesty King Abdullah II« in: *Asharq Al Awsat*, 23. Januar 2007 (kingabdullah.jo/en/interviews/interview-his-majesty-king-abdullah-ii-71)

»The Berm«, GlobalSecurity.org, aufgerufen am 4. Dezember 2017 (www.globalsecurity.org/military/world/gulf/kuwait-the-berm.htm)

Tomkins, Richard, »Airbus, Saudi Arabia finish Northern Border Security project«, United Press International, 23. September 2014

5: Der indische Subkontinent

Ambedkar, B. R., und Anand, S. (Hrsg.), *Annihilation of Caste: The Annotated Critical Edition,* Verso, London und New York 2014

Couderé, Hanne, »India: Violence against Dalits on the rise« in: *The Diplomat*, 19. Mai 2016

Hanson, S., Nicholls, R., Ranger, N., et al., »A global ranking of port cities with high exposure to climate extremes« in: *Climatic Change*, Bd. 104, Nr. 1 (Januar 2011), S. 89–111

Hasnain, Lieutenant General Syed Ata, »Why the fence on the line of control« in: *South Asia Defence and Strategic Review*, Mai 2014

Jones, Reece, *Violent Borders: Refugees and the Right to Move*, Verso, London und New York 2016

Lindley, Mark, »Changes in Mahatma Gandhi's views on caste and intermarriage« in: *Social Sciences Journal,* Hacettepe University, Ankara, Bd. 1 (1999)

Roy, Arundhati, »India's shame« in: *Prospect Magazine*, 13. November 2014

Shamshad, Rizwana, »Politics and origin of the India-Bangladesh border fence«, Papier vorgelegt bei der 17. zweijährlichen Konferenz der Asian Studies Association of Australia in Melbourne, 1.-3. Juli 2008

»Skin colour tied to caste system, says study« in: *Times of India*, 21. November 2016

Sukumaran Nair, P., *Indo-Bangladesh Relations*, APH Publishing, New Delhi 2008

Tripathi, Sanjeev, »Illegal immigration from Bangladesh to India: Toward a comprehensive solution«, Carnegie India, 29. Juni 2016

6: Afrika

Agyemang, Felix, »The emergence of gated communities in Ghana and their implications on urban planning and management« in: *Developing Country Studies*, Bd. 3, Nr. 14 (Juli 2013), S. 40–46

Aisien, Ebiuwa, und Oriakhi, Felix O. U., »Great Benin on the world stage: Re-assessing Portugal-Benin diplomacy in the 15th and 16th centuries« in: *IOSR Journal of Humanities and Social Science*, Bd. 11, Nr. 1 (Mai/Juni 2013), S. 107–115

Beegle, Kathleen G., Christiaensen, Luc, Dabalen, Andrew L., Gaddis, Isis, *Poverty in a rising Africa*, World Bank Group, Washington, D. C., 2015

Breetzke, Gregory D., Landman, Karina, und Cohn, Ellen G., »Is it safer behind the gates? Crime and gated communities in South Africa« in: *Journal of Housing and the Built Environment*, Bd. 29, Nr. 1 (März 2014), S. 123–139

Ediagbonya, Michael, »A Study of the Portuguese-Benin trade relations: Ughoton as a Benin port (1485–1506)« in: *International Journal of Humanities and Cultural Studies*, Bd. 2, Nr. 2 (Juli bis September 2015), S. 206–221

Fisher, Max, »The dividing of a continent: Africa's separatist problem« in: *The Atlantic*, 10. September 2012

Global Study on Homicide 2013, Büro der Vereinten Nationen für Drogen- und Verbrechensbekämpfung (UNODC), März 2014

»International Court of Justice gives judgment in Cameroon-Nigeria boundary dispute«, Pressemitteilung des Internationalen Gerichtshofs vom 10. Oktober 2002 (www.un.orgress/en/2002/icj603.doc.htm)

»Land and Maritime Boundary between Cameroon and Nigeria« in: *The Hague Justice Portal* (www.haguejusticeportal.net/index.php?id=6220)

Onuoha, Mimi, »A 5-mile island built to save Lagos's economy has a worrying design flaw« in: *Quartz Africa*, 18. März 2007

Pearce, Fred, »The African queen« in: *New Scientist*, 11. September 1999

»Yoruba Kingdoms – Benin and Ife«, GlobalSecurity.org, aufgerufen am 12. Dezember 2017 (www.globalsecurity.org/military/world/africa/yoruba.htm)

7: Europa

»Attitudes towards immigration in Europe: myths and realities« in: *European Social Survey*, Europäisches Parlament, 19. Juni 2017 (www.europeansocialsurvey.org/docs/findings/IE_Handout_FINAL.pdf)

Judt, Tony: *Große Illusion Europa: Gefahren und Herausforderungen einer Idee*, Hanser, München und Wien 1996

Katz, Bruce, Noring, Luise, und Garrelts, Nantke, »Cities and refugees: the German experience«, Bericht des Brookings Institute, 18. September 2016

Lambert, Charles, »French immigration problems«, in: *Foreign Affairs* (Januar 1928)

Leuenberger, Christine, »Constructions of the Berlin Wall: How material culture is used in psychological theory« in: *Social Problems*, Bd. 53, Nr. 1 (Februar 2006), S. 18–37

Pew-Templeton Global Religious Futures Project, Bericht des Pew Research Center, 2010

Ross, Corey, »East Germans and the Berlin Wall: Popular opinion and social change before and after the border closure of August 1961« in: *Journal of Contemporary History*, Bd. 39, Nr. 1 (Januar 2004), S. 25–43

Stein, Mary Beth, »The politics of humor: the Berlin Wall in jokes and graffiti« in: *Western Folklore*, Bd. 48, Nr. 2 (April 1989), S. 85–108

Steinmetz, Vanessa, »Das sollen Flüchtlinge künftig leisten«, *Spiegel Online*, 24. Mai 2016

8: Das Vereinigte Königreich

Bruce, John Collingwood, *The Roman Wall*, J.R. Smith, London 1851

Divine, David, *Hadrians's Wall: North-west Frontier of Rome*, Barnes and Noble, New York 1995.

Nolan, Paul, »Two tribes: A divided Northern Ireland« in: *Irish Times* vom 1. April 2017

»Population of the UK by country of birth and nationality: 2015«, Office for National Statistics, 25. August 2016

Torney, Kathryn, »How integrated are the schools where you live?«, *The Detail*, 23. November 2012

United Kingdom 2011 Census, Office for National Statistics (www.ons.gov.uk/census/2011census)

Bildnachweis

Fotos: S. 18/19 (China), S. 88/89 (Israel): iStock
S. 50/51 (USA), S. 120/121 (Naher Osten), S. 148/149 (Indien), S. 186/187 (Afrika), S. 218/219 (Europa), S. 258/259 (Großbritannien): Getty Images

Karten: S. 28, 34 (China), S. 59, 74 (USA), S. 95, 110 (Israel), S. 128 (Naher Osten), S. 155, 164 (Indien), S. 193, 197 (Afrika), S. 225, 234 (Europa), S. 276 (UK): JP Map Graphics Ldt

PERSONENREGISTER

SACHREGISTER

L

M

N

V

W

X

Z

EINBLICKE VON INSIDERN

ALLE LIEFERBAREN TITEL, INFORMATIONEN UND SPECIALS
FINDEN SIE ONLINE

Auch als eBook

www.dtv.de dtv